미디어 허스토리 3.0

한국 사회와 여성, 30년의 기록

미디어 Media 허스토리 Herstory 3.0

여성커뮤니케이션 연구총서 19

한국 사회와 여성, 30년의 기록

박동숙 · 강혜원 · 정사강 · 정영희 · 이소현 · 한희정 · 홍지아 · 김해원 · 백지연 ·
이재원 · 최은경 · 나은희 · 최이숙 · 문현영 · 김은진 · 이희은 · 박소영 지음

이화여자대학교출판문화원

머리말

여성이 겪고 쓰는 미디어사

『미디어 허스토리 3.0: 한국 사회와 여성, 30년의 기록』은 한국여성커뮤니케이션학회가 그간 수많은 여성 연구자들에게 활발한 학술적 논의의 장과, 소속감과 친밀감을 느낄 수 있는 따뜻한 공동체를 제공하고자 노력해 온 공통의 경험을 기념하는 활동의 일환으로 기획되었다. '허스토리'라는 표현은 문자 그대로 주류 남성의 관점에서 쓰인 역사history 서술을 거부하고, 여성her의 역할과 관점을 강조하는 대항 역사 서술을 하겠다는 의지를 담고 있다. 서로 다른 세대와 관심사를 가진 여성 연구자들의 시선으로 여성과 미디어의 변화를 함께 돌아보고 여성의 관점에서 지난 30년의 역사를 기록함으로써, 여성주의 관점으로 일종의 '집단기억collective memory'(Zelizer, 1995)[1]을 적극적으로 재구성하고 기록하고자 하는 것이다. 한국 사회와 미디어의 변화 속에서 중요한 사회 변화의 계기를 마련했거나 사회적 논쟁을 불러일으켰던 사건들을 현재 시점에서 여성주의적 관점에서 되짚어보는 일을 통해, 오늘날 여성주의 연구자들의 고민과 학문적 결실을 미래에 전달할 수

1 Zelizer, B.(1995). Reading the Past Against the Grain: The Shape of Memory Studies. 『Critical Studies in Mass Communication』. 12(2): 214-239.

있는 연결점을 마련해보고자 한다.

이번 연구총서는 한국여성커뮤니케이션학회 30주년 기념사업의 일환으로 만들어졌다. 한국여성커뮤니케이션학회는 1993년 4월 3일 당시 이화여자대학교 신문방송학과 윤희중 교수를 1대 회장으로 모시고 출발한 여성커뮤니케이션 연구회에 뿌리를 두고 있다. 10여 년간 꾸준히 총 57번의 학술세미나를 개최하며, 2003년에는 정식 학회로 발족하게 되었다. 여성 학자 27명이 주축이 되어 운영되었던 여성커뮤니케이션 연구회는 격월로 연구논문 발표회를 열었고, 언론학회와 공동으로 '쟁점과 토론'이라는 공동세미나를 개최했다. 1996년과 1998년 방송학회 〈커뮤니케이션과 젠더〉 연구 분과와 언론학회의 〈젠더 & 문화〉 연구회 개설에 참여하고, 학회장 선거에서 여성 회원들을 위한 공약을 내는 등 학계에서 여성 연구자들의 목소리를 한데 모으는 역할을 해왔다. 올해 열아홉 번째를 맞은 연구총서 시리즈 역시 1994년에 발간된 제1호『성, 미디어, 문화: 여성과 커뮤니케이션』으로 출발하여 기호학, 정치학, 사이버문화, 가족, 이주민, 인공지능 등의 사안을 젠더 연구의 관점에서 깊이 있게 다뤄온 역사를 가지고 있다.[2]

이 책에서는 30년이라는 시간이 흐르면서 변화한 것과 변화하지 않은 것을 균형 잡힌 관점에서 되짚어보고자 했다. 미디어 이용 행태와 생산 양식에 총체적인 변화가 일어나고 있지만, 소수자에 대한 차별이나 불평등은 여전히 개선되지 않고 있다는 문제의식 속에서 미디어가 재현하는 여성의 삶, 여성들의 삶을 구성하는 다양한 사회·문화·정치적 요소들, 그리고 새로운 미디어 기술이 여성의 삶과 주고받는 영향을 고루 다루고자 했다.

2 2023년 4월 한국여성커뮤니케이션학회 봄철정기학술대회, 제24대 홍지아 회장 발표문.

지난 30년간 한국 사회는 숨가쁘게 민주화와 정보화, 그리고 글로벌화를 경험했다. 사회의 여러 변화 속에서 특히나 미디어 환경은 그야말로 상전벽해桑田碧海를 겪었다. 1990년대까지만 해도 KBS, MBC, SBS 세 개의 지상파 방송사와 인쇄 매체로서 신문의 위상이 침범하기 어려운 철옹성처럼 느껴졌다면, 정보통신 기술의 발달로 인해서 이제 미디어 지형은 완전히 달라졌다. 2022년 언론진흥재단의 조사에 따르면, 20대의 83.2%가 유튜브를, 48.2%가 넷플릭스를 주로 이용하고 있었고, 종이 신문 이용률은 3.5%에 그치는 등 소셜 미디어와 글로벌 OTT 중심으로 미디어 이용 패턴이 변화한 것이다. 뿐만 아니라 소위 4차 산업혁명이라 불리는 기술 혁신이 광범위하게 일어나면서, 미디어 산업 현장에서도 뉴스 기사, 영상 등 미디어 콘텐츠 제작에 인공지능이 본격적으로 활용되고 있다. 폭넓은 미디어 지형의 변화는 여성들의 일상을 어떻게 바꾸어놓았을까? 혹은 오랜 변화에도 불구하고 여전히 영속되고 있는 불평등이나 차별을 개선하기 위해서 어떤 노력을 할 수 있을까?

이 책은 이 같은 문제의식을 가지고 여성과 미디어의 변화를 3부에 걸쳐 살펴본다. 여성과 미디어를 둘러싼 30년간의 변화에 관해 논하는 데 있어 크게 미디어 재현, 사회·문화·정치적 변화와 여성, 그리고 계속해서 등장하는 미디어 기술과 여성 간의 관계에 대해 고찰해보는 것이다. 1부에서는 미디어가 여성을 재현하는 양상을 중심으로 여성의 경험과 미디어에 관해 살펴본다. 미디어가 세상을 보여주는 투명한 거울이라는 신화를 거두고, 미디어가 담아내는 (여성의) 삶이 당대의 시대정신이나 미디어 환경 변화와 연관을 맺고 있는 양상을 분석적으로 살펴보려는 것이다. 1장 '낭만적 사랑과 섹슈얼리티의 재현과 변화: 당신은 (어떤) 사랑을 믿으십니까?'에서는 멜로영화, 드라마, 리얼리티 프로그램까지 이어지는 다양한 영상 콘텐츠들이 '낭만적 사랑' 이라는 감정과 섹슈얼리티를 다루는 양상이 어떻게 변화했는지를 짚어본다. 사회문화적 구성물로서 대중문화 서사가 사랑과 관계에 대한 사회의 통념 변화와 어떻게 영향을 주고받고 있는지를 살펴본다. 2장 '한국 텔레비전 드라마 속 어머니의 변화: 〈엄마의 바다〉(1993)에서 〈슈룹〉(2022)까지'에서는 1993년에 방영된 드라마 〈엄마의 바다〉에서 2022년에 방영된 〈슈룹〉까지 드라마가 재현하는 모성의 변화를 다룬다. 서구와 한국의 모성 담론의 변화 속에서 계속해서 변주되는 어머니에 관한 이야기의 변화를 통시적으로 알아보고자 했다. 3장 '제빵공장 여성 노동자의 죽음과 한국 사회의 여성 노동 담론'에서는 한 제빵공장에서 일어난 비극적 사망사고를 계기로 수면 위로 올라온 계층화된 여성 노동의 현실과 역사를 노동 인권과 여성 노동운동의 역사와 함께 조망한다. 4장 '장애(인)의 미디어 재현과 "장애=역량"의 가능성'에서는 〈이상한 변호사 우영우〉의 세계적인 인기에도 불구하고, 여전히 많은 한계를 보여주고 있는 한국의 장애(인) 담론을 분석했다. 장애인/비장애인이라는 이분법적 범주 안에서 우리 사회가 장애를 바라보는 인식과 미디어가 장애를 재현하는 양상에서 읽어낼 수 있는 사회적 한계에 대해 고민해볼 수 있는 기회를 제공한다.

2부에서는 여성 정치, 노동, 그리고 저널리즘의 차원에서 여성 문제를 살펴본다. 여성의 삶과 핵심적인 영향을 주고받는 영역에서 일어났던 변화들을 역사적으로 조망함으로써, 현재에 우리가 마주하고 있는 문제점들을 보다 종합적으로 판단할 수 있는 근거를 제공하고자 했다. 5장 '여가부 폐지 논쟁과 젠더 갈등'에서는 존폐 위기에 놓인 여성가족부를 둘러싼 사회적인 논란의 맥락을 역사적으로 살펴본다. 사회적으로 젠더 갈등이 격화되면서 여가부의 위치와 역할을 둘러싸고 어떠한 논쟁이 벌어지고 있는지, '여가부 폐지'를 다루는 한국의 언론의 태도에는 어떤 특성이 있는지를 논의한다. 6장 '디지털 공간에서의 페미니즘 운동: '미투, 혜화역 시위 등을 중심으로'에서는 여성운동의 문제의식과 작동 양식의 변화를 통시적으로 살펴보는 것과 더불어, 소셜 미디어가 대중화된 이후 디지털 공간에서 나타나는 집단적 의사 표명의 양태들을 이해할 수 있는 이론적 맥락을 제공한다. 7장 '"저, 아가씨 아닌데요?!": 여성 미디어 노동자에 대한 오해와 진실'에서는 미디어 기업을 여성의 일터라는 차원에서 바라본다. 많은 여성들이 아나운서, 작가, 기자, 프로듀서 등으로 전문적인 역할을 수행하고 있는 방송사와 신문사 안에서 이들의 일을 둘러싸고 나타나는 갈등과 긴장을 여성주의 관점에서 살펴본다. 8장 '사회적 참사, 공감과 연대의 공간을 위한 모색'에서는 2022년 말 참담함을 안겨준 이태원 참사에 대한 언론의 보도를 삼풍백화점 붕괴사고와 세월호 사건 등의 사회적 참사에 대한 보도의 맥락에서 비판적으로 검토한다. 오래전부터 이어져온 한국 언론의 재난 보도 관행을 개선하기 위한 방안으로서, 여성주의 미디어 윤리를 새로운 저널리즘의 실행 준칙이자 생산물을 평가하는 가치기준으로 제안한다.

마지막 3부에서는 빠른 속도로 새롭게 등장하는 미디어 기술의 변화를 여성주의 관점에서 분석하고, 현재와 미래에 가져가야 할 질문들을 짚어본다. 9장 '하리수와 풍자: 변화하는 미디어 환경 속 트랜스젠더 연예인의 여성 되기'에서는 2000년대 초반에 '여자보다 예쁜 여자'라는 타이틀을 달고 큰 인기를 끌었던 트랜스젠더 하리수와 최근 소셜 미디어를 통해 영향력을 발휘하고 있는 풍자의 미디어 활동을 대조적으로 살펴봄으로써, 레거시 미디어가 주도하던 시기와 소셜 미디어가 이끄는 오늘날 미디어 환경에서 성소수자를 재현하는 관점에 어떠한 변화가 있었는지를 알아본다. 10장 '디지털 성폭력: 디지털 성 착취와 게임 내 성폭력'에서는 디지털 기술의 변화를 타고 모습을 바꿔가며 끈질기게 이어지는 성범죄들의 양상과 다양한 층위의 악영향에 대해 살핀다. 11장 '왜 우리는 뉴미디어에 현혹되는가?: 신기술의 블랙박스화와 여성'에서는 새로운 미디어가 등장할 때마다 반복적으로 더 많은 이용자를 끌어 모으기 위해 낙관적인 전망을 강조하는 전략적 접근에 무게가 실리는 상황에서 잊지 말아야 할 비판적인 관점을 논의한다. 점차 개발 과정과 작동 방식이 블랙박스화되고 있는 새로운 미디어 기술이 가져올 수 있는 불평등을 간과해서는 안 된다는 것이다. 마지막 12장 '4차 산업혁명 기술과 여성, 미래의 화두들'에서는 지난 30년의 경험을 통해 축적된 학술적 문제의식을 지금 현재와 미래에 연결하는 의미에서 2023년 현재 미디어 기술의 최전선에서 함께 머리를 맞대야 하는 지점들을 살펴본다.

이 책은 한국여성커뮤니케이션학회의 초창기부터 여성들의 학술 공동체를 단단히 하고자 노력해 온 중견 학자들과 새롭게 학회에 진입한 신진 학자들이 그간의 고민과 학술적인 결실을 담아낸 소중한 결과물이자, 미래 세대와 공유하고 싶은 문제의식을 녹여낸 결과물이다. 부디 다양한 세대의 독자들을 만나 이 책이 학회 안팎으로 여성 공동체의 온기와 지혜를 널리 알릴 수 있는 계기가 될 수 있기를 희망한다.

2023년 가을

저자를 대표해서 박동숙, 강혜원

차례

3부 새로운 미디어 기술과 여성

1부

미디어 속 여성, 그리고 사회적 소수자

MEDIA HERSTORY

1장

낭만적 사랑과 섹슈얼리티의 재현과 변화

당신은 (어떤) 사랑을 믿으십니까?

— 정사강

몸이 약해 요양을 하기 위해 어느 마을로 가족과 함께 이주해서 살고 있던 한 소녀는 우연히 숨어 있던 소년을 만난다. 소년은 문명과 동떨어진 것처럼 보였고 소녀와 가족은 마음이 쓰여 그가 인간세상에서 적응할 수 있도록 길들인다. 소년은 그렇게 소녀의 가족과 함께 지내면서 따듯함을 느끼고 특히 점점 더 소녀와 가까워진다. 소년은 강한 군인을 만들고자 하는 모종의 목적에 의해 늑대와 인간을 대상으로 하는 실험의 결과로 탄생한 존재로 인간보다 훨씬 우월한 운동능력 등을 지니고 있었다. 소녀와 가족에게 경제적인 도움을 주면서 호시탐탐 소녀를 노리고 있던 남자가 어느 날 집에 와서 소녀를 억지로 데리고 가려고 하자 소년은 싸움을 하게 되고 사건은 일단락되는 것처럼 보였지만 남자의 신고로 소년은 식구들과 집에서 지내지 못하고 다른 공간에 격리된다. 소년의 정체를 알게 된 마을 사람들과 군인들은 소년을 위험한 존재로 인식하고 소녀를 노리는 남자는 소년을 제거하자고 주장하지만 소녀는 그를 보호하려고 한다. 남자의 모함으로 소년은 함정에 빠지고 사살될 위기에 처하는데 소녀가 그를 구하려고 하면서 둘은 함께 도망을 치게 된다. 그들은 숲으로 도망가 서로를 애틋하게 돌보지만 찾는 사람들이 점점 더 가까워지자 소녀는 이대로는 소년이 위험하다고 판단해 수

십 년이 지나 할머니가 된 소녀가 다시 그 장소로 돌아왔을 때, 그곳에는 예전 모습 그대로의 소년이 그 오랜 시간 동안 소녀를 기다리고 있었다.

- 영화 〈늑대소년〉 줄거리

1. 낭만적 사랑이라는 환상

'사랑'은 무엇인가? 누가, 누구와 어떻게 맺는 관계를 우리는 '사랑'이라고 부르는가? 기실 넓은 의미의 '사랑'이라고 하는 관념에서 우리가 떠올릴 수 있는 관계는 여러 가지가 있을 것이다. 가족 간의 관계에서 느끼는 감정으로서의 사랑도 있을 것이고 누군가에 대한 존경심에 가까운 형태, 깊은 우정에서 비롯된 형태로서의 사랑도 있을 것이다. 그러나 '사랑'이 아닌 '낭만적 사랑'이라는 감정으로 조금 더 좁혀보면 흔히 떠올릴 수 있는 사랑의 감정은 타인에 대한 연애 감정에 가까운 것을 의미한다. 이 낭만적 사랑은 문화적인 구성물로 시대마다 다르게 표상되거나 제시되어 왔으나 현재 한국 사회에서 통용되고 있는 대상으로 생각해보았을 때는 '이성애' 로맨스를 기반으로 하며 여러 사람에게 동시에 느끼는 것이 아닌 주로 특정 대상에 대한 감정으로 우선 생각해볼 수 있다. 그리고 낭만적 사랑은 오랜 기간 학계뿐만 아니라 문학을 비롯하여 음악, 영화, 드라마 그리고 그 외의 문화 콘텐츠에서 광범위하게 다루어져 온 주제로, 미디어는 낭만적 사랑 담론을 구성하고 유포하는 데 주된 역할을 담당했다.

2023년 현재까지 한국 멜로영화 흥행 1위는 2012년에 개봉했던 영화 〈늑대소년〉이다. 〈늑대소년〉 개봉 전까지의 1, 2위는 역시 2012년에 개봉했던 영화 〈내 아내의 모든 것〉과 〈건축학개론〉이었다. 2012

년에 멜로영화 중 현재까지 가장 대중에게 사랑을 받은 흥행순위 1, 2, 3위가 모두 탄생했던 셈이다. 그리고 지금까지 그 기록은 유지되고 있다. 2012년 이후로 이들의 흥행 기록을 갱신하는 멜로영화가 나오지 않았다는 것은 흥미로운 시사점을 지닌다. 더 이상 대중적으로 크게 흥행하는 멜로영화는 드물어졌지만 오늘날 범람하고 있는 연애 리얼리티 프로그램들을 떠올려 보면 더욱 그러하다. 차후 보다 구체적으로 다루겠지만 2010년대 당시 멜로영화는 한국 사회의 변화와 맞물려서 기존과는 다른 방식의 재현 양상을 나타냈다. 〈늑대소년〉은 언뜻 보면 가장 순수한 형태의 '낭만적 사랑'에 대해서 이야기하는 영화처럼 보인다. 이 영화에서 사랑을 하는 주인공들은 속세의 때가 묻지 않은, 몸이 약해 학교도 가지 않고 가족과만 지내는 소녀와 인간 사회에서 격리돼 야생에서 성장한 탓에 사회생활은 전혀 경험하지 못한 소년이고, 그들의 사랑은 설레고 애틋하며 다른 욕망이나 이기심에 기반해 있지 않다. 그리고 특히 소녀에 대한 소년의 사랑은 처음부터 끝까지 지고지순하게 남는다. 그렇다면 〈늑대소년〉이 당시 시대와 맞물려서 '낭만적 사랑'과 관련해 기존의 대중문화물과 차이점을 지니는 부분은 무엇이었을까? 가장 주요하게는 이 영화에 등장하는 소년은 실제 현실에서는 존재할 수 없는 사람이라는 점이며 그가 사랑의 주체라는 점이다. 그는 사회에서 살아가는 인간 '남성'과는 차이점을 지닌다. 하는 행동에 있어서는 인간에 가깝기보다는 동물에 가까운데 그때 인간 '남성'이 아니라는 점은 극중에서 대척점을 형성하는 '남자'와의 대립되는 특징들에서 찾아볼 수 있다. 소녀를 욕망하는 또 다른 존재인 남자는 돈을 무기로 소녀와 소녀의 가족을 괴롭히고 본인의 이기적이고 일방적인 감정으로 소녀에게 강압적으로 접근한다. 하지만 소년은 처음부터 끝까지 순수한 감정을 지니고 자신의 세상의 중심에 소녀를 놓아두고 있다. 남자의 감정은 낭만적 사랑이 아니지만 소녀의 감정은 낭만적 사랑이다. 그러나 소년은 역시 처음부터 끝까지 판타지적인 존재이며 소년과 소녀의 관계는 현실에서는 성립 불가능한 관계이다.

대중문화 콘텐츠에서 낭만적 사랑의 재현의 변화 양상들은 사회문화적 구성물로서의 사랑의 개념을 보여주며 낭만적 사랑이 그렇게 순수하거나 절대적인 형태로 현실에 존재할 수 없음을 역설적으로 드러낸다. 대체로 사람들이 낭만적 사랑에 대해서 이야기하거나 낭만적 사랑을 욕망하는 경우에 흔히 외면하거나 간과되는 사실이지만 낭만적 사랑은 엄연히 사회적인 것으로서 권력관계와 온갖 이데올로기의 작용을 포함하고 있고 사회와 다층적이고 복잡한 관계를 맺고 있으며 시대에 따라 변화해 왔다. 즉 대중문화 중 영화에서 1970년대 〈미워도 다시 한번〉, 1990년대 〈편지〉, 〈접속〉, 2010년대 〈건축학개론〉, 〈늑대소년〉 등이 보여주는 사랑의 방식과 낭만적 사랑을 통해서 추구하고자 하는 가치는 각기 다 다르며, 또한 오늘날 리얼리티 프로그램이 현실의 관계들을 바탕으로 재현하는 사랑의 모습도 다를 수밖에 없는 것이다.

다른 한편으로는 비혼과 비연애가 증가하고 있는 2023년의 현실과 비교했을 때 왜 리얼리티 예능 프로그램들에서 그 어느 때보다 이성간의 짝짓기를 적극적으로 재현하고 있는지에 대해서도 우리는 생각해볼 수 있다. 더 이상 며칠 만에 절대적인 사랑에 빠지는 셰익스피어의 '로미오와 줄리엣' 식의 사랑 재현은 드물어지고 대중의 공감을 얻기 어렵지만 일반인들을 며칠씩 또는 몇 주씩 합숙시키면서 낭만적 사랑의 감정이 가능할 수 있다고 전제하고 관찰하는 예능 프로그램들은 늘어나고 있는 것, 그 프로그램들과 등장인물들이 화젯거리가 되는 것은 무엇을 의미하는가? 이성애를 중심에 둔 낭만적 사랑의 재현은 성별 이분법을 강화하고 낭만적 사랑에 있어서의 성역할 규범은 여전히 차별적인데 낭만적 사랑에 대한 일상적인 논의에서 그리고 미디어의 재현 과정에서 이는 왜 그리고 어떻게 은폐되며 앞으로도 그렇게 은폐될 수 있을 것인가? 이 장에서는 이러한 질문들을 바탕으로 주로 대중문화 콘텐츠들에서 재현되어 왔던 낭만적 사랑과 그에 동반되는 섹슈얼리티의 변화 양상을 한국의 사회문화적인 변화, 특히 젠더와 연관된 논의 속에서 살펴보고자 한다.

2. 낭만적 사랑과 섹슈얼리티 개념의 변화

낭만적 사랑은 흔히 절대적인 것, 낭만적 사랑의 상대는 대체불가능한 것으로 상상된다. 특히 물질적인 것은 낭만적 사랑과 함께 존재할 수 없으며 조건에 기반한 관계는 낭만적 사랑을 전제할 수 없다고 여겨져 왔다. 일루즈(Illouz, 1997)는 문화적 관행으로서 낭만적 사랑은 합리적이기보다는 비합리적인 것, 공적이기보다는 사적이며 이윤을 추구하는 것이 아니라 이유가 없는 것이었다는 점을 지적한다. 인류학, 사회학, 역사학 등 여러 학계도 이러한 견해에 어느 정도는 은연중에 동의를 해왔으며 대중문화와 사회적인 통념에서도 낭만적 사랑은 자본주의 사회에서의 상품 교환의 영역을 벗어나는 것이며 심지어는 사회질서에 맞서는 것이기도 했다는 것이다. 이러한 논의는 오늘날에도 쉽게 찾아볼 수 있는데 가령 앞서 언급된 〈늑대소년〉의 사례는 개인의 이기심과 자본 및 권력의 논리와 대조되는 무조건적인 낭만적 사랑의 개념을 재현하는 것처럼 보인다. 그러나 이후 학계의 새로운 논의들은 감정이 그렇게 보편적인 심리적 메커니즘의 결과라기보다는 규범이나 언어, 고정관념, 상징 등 문화의 여러 가지 변화 가능한 요소들에 의해 영향을 받으며 틀 지워진다(Illouz, 1997)는 관점을 보여주기도 한다.

우리는 사랑 자체가 사회문화적인 구성물로서, 낭만적 사랑이 발명된 것이며 문화에 영향을 받는 산물이라는 데 좀 더 주의를 기울여볼 필요가 있다. 물론 사랑이 사회적 구성의 산물이라는 점이 사람들이 그간 인류의 역사에서 사랑 또는 이와 유사한 감정을 느끼지 못했다가 어느 순간 갑자기 느끼게 되었다는 것을 의미하지는 않는다. 다만 사랑에 대한 개념 정의, 사랑의 수행 방식, 사랑의 지향점 등이 사회문화적으로 끊임없는 변화를 겪어왔고 이에 따라 사람들이 추구하거나 생각하는 사랑이라는 관념도 달라졌던 것이다. 일례로 오랫동안 낭만적 사랑의 결실 또는 낭만적 사랑이 도달할 수 있는 '행복한 결말'이 결혼인 것처럼 여겨져 왔지만 과연 언제부터 결혼이 낭만적 사랑과 관계를 맺게 된 것일까?

낭만적인 감정의 종착점으로 결혼이 이상화된 것은 얼마 되지 않는다. 쿤츠(Coontz, 2005)에 따르면 고대 그리스 시대에서 사랑은 훌륭한 감정으로 여겨지기도 했으나 그때의 감정은 이성 간에 느끼는 것이 아니라 남자가 남자에게 느끼는 것이었으며, 사랑은 부모, 형제, 친척, 이웃 등과의 연대감과 같은 감정보다는 중요하지 않은 것으로 여겨지기도 했다. 고대 인도에서는 결혼 전에 사랑에 빠지는 것은 반사회적인 행동이었고 그리스인들은 사랑을 일종의 광기로 생각했는데 이런 관점은 중세까지도 이어져서 중세 프랑스에서 사랑은 '정신착란'으로 정의되기도 했다. 12세기와 13세기 유럽에서는 혼외관계가 귀족들 사이에서 고귀한 사랑의 형태로 여겨졌고, 진정한 사랑은 결혼한 관계에서는 성립하기 불가능하다고 생각되었으며 18세기까지도 어느 정도 사랑과 결혼은 구분되는 것이었다(Coontz, 2005). 그런데 17세기와 18세기 초가 되면 결혼 규범이 변화하기 시작한다.

18세기에 시장경제가 전파되고 계몽주의가 등장하면서 변화가 나타난다. 이 시기 서구에서 자리 잡은 결혼 시스템은 법적인 차원에서 결혼이라는 제도를 보호하면서 배우자를 선택할 수 있는 개인의 자유를 강화시켰다. 그 과정에서 사랑을 기반으로 한 결혼이 장려되었는데. 이제 결혼이 정치적이거나 경제적인 동맹을 우선시하는 관계라기보다는 사적인 관계로 여겨지기 시작했던 것이다. 이 시기 사람들은 사랑에 빠지면 결혼을 하게 되는 것이라고 믿게 되었다. 사적인 것으로서의 결혼 개념의 변화는 기존에 노동과 정치의 기본 단위로 여겨졌던 가정이 쉴 수 있는 공간으로 변화했음을 의미하는 것이기도 하고(Coontz, 2005) 이는 이후 가정 내의 성역할 등과 연결되기도 한다. 당시 계몽주의와 자본주의는 이러한 관념 변화에 큰 영향을 미쳤는데 유럽에서 발생했던 17세기와 18세기의 혁명들은 새로운 정치적 이상을 불러일으켰고 이에 따라 개인의 권리와 행복 추구가 중요해졌으며 비록 지역이나 계급에 따라 받아들이는 속도가 완전히 같지는 않았으나 점차적으로 결혼관계가 공적인 것이 아니라는 인식이 확산되었다—물론 그렇다고 당시의 대다수의 계몽주의자들이 성평등 의식을 지니고 있었다고 보기는 어렵다. 그리고 낭만적 사랑의 결실로서 결혼에 대한 의심과 비판도 동시에 존재했다. 자본주의 문화에 기초한 것으로서 낭만적 사랑에 대한 논의는 엥겔스의 『가족, 사유재산 그리고 국가의 기원』에서도 지적된 바 있는데 엥겔스에게 있어서 일부일처제 결혼은 감상보다는 계급이 중요한 조건이 되는 위선적인 환상이고 여성을 남성에게 종속시키며 여전히 사랑보다는 편익에 입각한 것이었다(Illouz, 1997).

결혼이 사적인 것이라는 인식이 확산되면서 사랑을 기반으로 한 결혼이 장려되기도 하고 비판적인 조망이 이뤄지기도 했지만 여전히 낭만적 사랑의 결과로서의 결혼은 사회 현실과는 유리되어 바람직한 목표로 간주되고 있었으며 매력적인 대상으로 남아 있었고 때로 분명하게 '나쁜' 현실에도 불구하고 사랑하는 관계는 계속 이상화되어 왔다. 사랑에 대한 사람들의 믿음은 어떤 면에서는 종교와 비슷한 측면까지 있는데 사랑은 일상생활의 평범함과는 거리가 있는 것처럼 보이면서 궁극적인 답을 줄 수 있는 이상적인 대상처럼 여겨졌던 것이다. 그리고 최근으로 오면서 개인화가 극에 달한 후기산업사회에서 결혼과 가족이 해체되는 과정 속에서는 낭만적 사랑은 이상화됨과 동시에 끊임없이 불신되는 양가적 현상이 나타난다. 사람들은 한편으로 사랑이라는 희망을 품는데 사랑은 자체의 규칙들로 사람들의 불안과 기대, 행동에 특정한 메시지를 보내면서 사람들로 하여금 결합하고 헤어지고 또 재결합하도록 한다(Beck & Beck-Gernsheim, 1999). 결혼과 가족은 빠르게 해체되지만 동시에 지지되고 있으며 수많은 사람들이 사랑을 불신하고 있지만 여전히 사랑을 바라고 추구하고 있는 것이다.

그리고 사랑 개념과 결혼 관계의 변화와 더불어 성적인 차원에서의 논의도 변화 양상을 보였다. 낭만적 사랑과 결혼의 문제에 있어서 섹슈얼리티는 복합적인 위치성을 지닌다. 낭만적 사랑이 결혼에서 중요한 요인이 되기 전, 경제적 상황이 결혼에서 중요한 요인이었을 때는 성적 매력은 결혼에 있어서 큰 고려대상이 아니었고 성적인 요인은 권력과 더 밀접한 관련이 있는 것이었다. 그런데 낭만적 사랑에 있어서는 숭고한 사랑의 요소들이 성적인 열정의 요소들을 지배하는 한편으로 사랑은 섹슈얼리티와 단절하면서도 끌어안는 것이 되었다. 낭만적 사랑과 결혼의 관계에서 성적인 매혹이 낭만적 사랑의 일부가 되기 위해서는 강박적인 성적 충동과는 구분될 필요가 있었다(Giddens, 1996). 이처럼 섹슈얼리티와 친밀성이 모순에 처하게 된 상황에서 섹슈얼리티와 사랑, 결혼을 새롭게 통일하기 위한 공식이 탐색되며 이는 개인의 자기실현이라는 이념 속에서 발견된다. 낭만적 사랑이 결혼에서 중요하게 되면서 섹슈얼리티에 대한 관심과 표현은 낭만적 사랑의 맥락에서 비난받지 않게 되고 사랑으로 인한 결혼을 위해 감각적인 관능과 영혼의 통일이 요구되었던 것이다. 성적인 친밀성은 혼인한 부부의 행복으로 이야기되며 정신적인 과정에 감각적 관능을 포함시킬 것을 필요로 하게 되었다(Luhmann, 1982).

이성애를 기반으로 한 낭만적 사랑 담론이 전개되면서 개인들에게 요구되는 젠더 규범과 성역할도 영향을 받았다. 계몽주의와 개인화가 진행되면서 사랑에 기반한 배우자상이 정립되고 이때 일견 여성과 남성은 동반자로서 일대일의 관계를 맺는 것으로 인식될 수 있으나 공사분리 담론 하에서 여성과 남성의 성역할 규범은 다르게 규정되었다. 남성들은 공적 영역에서 경제 활동을 해서 가족을 부양하고 여성은 사적 영역에서 친밀함과 정서적 안정을 제공하는 역할을 맡게 되었다. 그리고 그 연장선에서 결혼으로 이어지는 자본주의 로맨스 정치경제는 여전히 남성, 즉 노동자의 재생산을 중시했고 여성은 사적인 영역 안에 묶어두었다(이현재, 2013). 남성은 가정의 경제적 동력이 되고 여성은 감정의 중심이 되었던 것이다(Coontz, 2005). 그리고 이 과정에서 가정의 역할과 가정을 구성하는 낭만적 사랑은 신비화되었으며 사적인 공간에 속하는 여성이 사랑의 주된 주체로 지목되었다(홍지아, 2009). 즉 낭만적 사랑의 담론이 변화하는 과정에서 사랑이 결혼과의 연관성 속에서 논의되었으며 개인주의, 자본주의, 계몽주의의 영향력은 여성과 남성에게 각기 다른 방식으로 작동하여 젠더와 섹슈얼리티를 둘러싼 규범들을 생산해냈다.

그리고 미디어-문화는 현재에 이르는 동안 낭만적 사랑과 관련된 가장 강력한 담론을 생산하는 상징적 공간을 만들어왔다. 문화가 만들어내는 사랑에 대한 의미 부여와 관련하여 일루즈(Illouz, 1997)는 다음과 같이 기술한다.

> 문화는 감정 경험이 조직화되고 식별되고 분류되는 하나의 프레임으로 작동한다. 문화적 프레임은 감정에 이름을 붙이고 그것을 규정하며, 감정의 강렬성에 한계를 설정하고, 감정에 부착된 규범과 가치를 구체화하고, 감정이 사회적으로 소통할 수 있게 해주는 상징과 문화적 시나리오를 제공한다. 성적 각성이 사랑이라는 부호화된 감상으로 진화하는 과정에서 문화는 적어도 세 가지 역할을 수행한다. … 문화는 생리적 각성을 분류하여 그것에 의미를 부여한다. 이를테면 문화적 전통에 따라 성적 각성은 "서로에게 운명으로 맺어진 두 영혼의 알아봄", "첫눈에 반한 사랑", "사랑의 열병", "강한 욕정", 또는 말 그대로의 "호르몬 장애" 등으로 다양하게 해석될 수 있다. … 문화는 낭만적 감정이 집약되고 소통될 수 있는 상징, 가공품, 이야기 그리고 이미지—상징적 '스냅샷'—를 제공한다. 이들 상징은 종종 말 그대로 사진—이를테면 어느 커플의 휴가나 신혼여행을 요약적으로 보여주거나 그들이 해질녘에 해변에서 포옹하는 모습을 찍은 '낭만적' 사진—이다. … 현대 문화가 제공하는 이미지, 가공품, 이야기의 레퍼토리들은 다양하지만 한계가 설정되어 있으며, 이들 문화적 상징 중 몇몇은 다른 것들보다 더 쉽게 이용될 수 있다. …

> 왜 손잡고 해변을 걷는 커플의 이미지가 별생각 없이 텔레비전을 보고 있는 남녀의 이미지보다 더 널리 퍼져 있는가? 왜 대부분의 사람은 단명하고 강렬한 연애 사건을 더딘 관계보다 더 잘 기억하는가? 왜 오랜 대화가 농구 게임을 하는 것보다 '친밀성'과 '로맨스'의 감정을 더 적절히 전달하는가?
>
> – 일루즈, 『낭만적 유토피아 소비하기』, 22-23.

오늘날 문화의 주요 유통 통로인 매스미디어는 여전히 다양한 맥락에서 낭만적 사랑 담론을 생산해내고 있다. 만화, 로맨스 소설을 비롯한 전 문화 영역에서 사랑과 관련된 담론이 만들어지고 변화해 왔지만 이 장에서는 주로 미디어 콘텐츠에서의 재현, 특히 영화와 드라마, 리얼리티 예능을 중심으로 한국 미디어가 그간 구성해 온 낭만적 사랑 담론과 섹슈얼리티의 재현 양상의 변화를 살펴보고자 한다.

3. 미디어와 사랑, 섹슈얼리티의 재현과 젠더

영화, 드라마에서의 사랑과 섹슈얼리티

낭만적 사랑을 주로 다루는 장르로서 멜로영화를 들 수 있다. 멜로영화는 영화산업의 초기부터 존재해 왔지만 처음부터 낭만적 사랑을 중심으로 한 영화를 멜로드라마로 정의하지는 않았다. 가령 1970년대와 1980년대에 멜로영화라는 단어는 가족의 맥락을 배경으로 한 여성 지향의 최루물을 의미하기 위해 채택되기도 했다(Mercer·Singler, 2004). 국내에서 멜로영화는 주로 '장애가 많은 연애 이야기'를 통칭하는 포괄적인 서사 장르 개념(대중서사장르연구회, 2007), 또는 '일반적인 남녀 간의 애정을 주로 다루는 영화'(유지나 외, 1999)로 통용되었다. 본 절에서 살펴보고자 하는 멜로영화는 낭만적 사랑을 주로 다루고 있는 장르로 정의될 수 있을 것이다.

국내에서 사랑을 다루는 영화는 다양한 시대상을 반영해 왔다. 〈자유부인〉(1956)은 당대의 시대 풍조를 반영한 멜로영화(김소영, 1996)로 미국을 중심으로 서구의 문물이 급격히 들어오고 있었지만 아직 전통적인 요소가 남아 있던 시기에 한 여성이 사회에 대한 관심과 성애적인 호기심 등을 드러내는 영화였다. 해당 영화는 크게 흥행을 하기도 했는데 가정이 있는 여성이 다른 남성에게 호감을 느낀다는 것 자체가 당시 사회적으로 화제를 불러일으키는 한편 문제적인 것으로 지적된 영화이기도 했다. 1960년대에는 주로 가족 중심의 멜로영화들이 주를 이뤘던 가운데 1960년 영화 〈하녀〉는 당시 중산층 계급의 문화를 보여주며 자본주의와의 관계 속에서 다양한 계급적 위치를 지니는 여성들과 그들의 욕망을 보여준다. 1970년대에는 호스티스 멜로물이 흥행을 거두기도 했다. 〈영자의 전성시대〉(1975), 〈○양의 아파트〉(1978) 등은 당대의 여성들이 처했던 경제적 상황과 여성들이 겪을 수밖에 없었던 어려움을 보여준다. 이때 여성들은 성애적으로 대상화되면서 낭만적 사랑의 관계에서는 주로 좌절을 경험하는 모습들을 보인다. 이 과정에서 영화들은 낭만적 사랑을 다루더라도 섹슈얼리티의 측면에서 여성의 성적인 위반(타의에 의한)이 사랑에 장애 요인으로 작용하는 등 강력한 가부장제 이데올로기나 성역할 규범을 전달하는 기제로 작용하기도 했다. 1990년대가 되면 사회적 변화를 동반하며 새로운 사랑 관계들이 재현되기 시작한다. 〈나의 사랑 나의 신부〉(1990), 〈결혼 이야기〉(1992) 등의 영화는 당시에 변화하는 사회상을 반영하며 과거의 영화들에서 사랑의 관계가 주로 여성의 희생과 좌절 등으로 나타났던 것에 비해 보다 평등한 여성과 남성 간의 현실적인 갈등 등이 다루어지는 모습을 보였고(남명자, 1999), 이 시기의 영화들은 당시의 낭만적 사랑의 결과로서 결혼을 보여주기도 했다.

낭만적 사랑이라는 주제가 한국 영화에서 매우 중요하게 부상했던 시기는 1990년대 후반이었다. 〈접속〉(1997), 〈편지〉(1997), 〈8월의 크리스마스〉(1998), 〈약속〉(1998), 〈미술관 옆 동물원〉(1998), 〈해피엔드〉(1999) 등의 영화들이 연이어 대중적으로 큰 성공을 거두면서 영화시장의 기폭제로 작용했고(윤석진, 2006; 김정희, 2007) 그 이전 시대의 영화들에서 사랑을 다루는 방식과는 확연한 차이를 드러낸다. 이는 1990년대 후반 한국 사회의 변화가 여실히 반영된 결과였다. 여성 주인공들은 모두 직업을 가지고 있으며 그 이전 시대의 사랑의 대상이었던 남성들과 달리 남성 주인공들은 스스로 사랑의 주체로 각성하고 표현하며 대체로 부드럽고 섬세하며 사랑의 대상인 여성에게 지고지순한 모습을 보인다. 특히 영화 〈8월의 크리스마스〉, 〈편지〉 등의 영화에서는 모든 조건이나 상황과 무관한 것으로서 사랑이 그려지며 다른 상황들—주인공의 상황적인 요인 등 은 그 사랑의 순수성이나 진정성을 극대화하는 장치로 기능한다. 또한 중요한 변화로 전반적으로 가족과 관련된 부분이 사라지고 개인적인 애정이 부각되었는데 이는 도시화와 핵가족화를 비롯한 한국 사회에서의 개인주의의 확산과 여성의 사회 진출 증가 등의 변화를 반영하는 것이었다(김훈순·김은정, 2000).

2001년에 개봉한 〈엽기적인 그녀〉와 〈결혼은 미친 짓이다〉(2002), 〈싱글즈〉(2003) 등은 2000년대 들어 기존에 없던 새로운 여성상을 보여주기도 했고 매우 현실적인 한국 사회의 면면을 드러내기도 했다.

〈엽기적인 그녀〉에서는 거침없이 행동하는 여성 주인공이 큰 인기를 얻기도 했으며 〈결혼은 미친 짓이다〉는 사랑과 결혼을 분리해서 생각하는 여성과 남성 주인공을 등장시키고 그 갈등 양상을 보여줌으로써 결혼이 단순히 사랑만으로 완성될 수 있는 것이 아니라는 점을 나타냈고, 〈싱글즈〉에서도 일과 사랑 사이에서 자유롭게 성적 욕망을 드러내기도 하는 다양한 여성들의 모습을 통해 낭만적 사랑이 결혼으로 귀결되는 것이 아니라는 점을 부각시켰다. 즉 이 시기의 영화들은 사랑—섹슈얼리티—결혼이라는 통합적인 형태에서 벗어나는 양상들을 보인다(김명혜, 2013).

그러나 한편으로 1990년대와 2000년대는 각기 다른 변화들이 존재하면서도 주된 가치인 애정지상주의와 가부장제는 여전히 작동하는 모습을 보였다(김훈순·김은정, 2000). 주인공들의 가치관이나 스타일이나 행동 방식은 변화했으나 낭만적 사랑은 여전히 매우 굳건한 믿음 속에 존재하는 것으로서 절대적인 가치를 지니고 있었다. 낭만적 사랑이 점점 더 강화되는 맥락에서 여성의 역할 규범과 낭만적 사랑과의 관계에서는 차이점이 나타나기도 했는데 한국의 1970년대 대표적인 멜로영화이자 후로도 1980년과 2002년 두 차례 리메이크된 적이 있는 〈미워도 다시 한번〉에 대한 분석에서 김훈순과 김은영(2010)은 원작과 리메이크작들이 전반부에는 낭만적 사랑을, 후반부에는 모성을 중심으로 유사한 이야기 전개 구조를 지니지만 최근으로 올수록 낭만적 사랑의 절대성을 부각하는 방향으로 진행됨으로써 모성을 더 중요한 위치에 놓았던 기존의 여성성에 대한 인식에 변화가 존재함을 논의한다. 즉 여성들에게 있어서 낭만적 사랑과 모성의 공존 가능성이 열려 있게 된 것이다. 이러한 양상은 1990년대 후반, 2000년대 드라마에서 사랑을 재현하는 데 있어서도 나타난 변화였다.

그 이후 낭만적 사랑을 다루는 멜로영화가 다시 한번 대중에게 크게 소구했던 시기는 2010년대였다. 〈아내가 결혼했다〉(2008), 〈시라노: 연애조작단〉(2010), 〈건축학개론〉(2012), 〈내 아내의 모든 것〉(2012), 〈늑대소년〉(2012)으로 이어졌던 일련의 영화 흐름은 기존의 흥행 기록을 갱신하며 당시 대중으로부터 폭발적인 호응을 이끌어냈다. 그리고 그 이후로는 〈헤어질 결심〉(2022) 등 작품성의 측면에서 극찬을 받았던 영화들은 있으나 두드러지게 대중적으로 흥행을 하며 주목받은 영화는 나오지 않고 있다. 2010년대 흥행했던 멜로영화들은 낭만적 사랑을 재현하는 데 있어서 공통적인 특성을 드러냈는데 여성과 남성 간의 낭만적 사랑이 결혼으로 이어지고 애정지상주의가 중요한 가치로 추구되었던 과거의 재현 방식과 비교했을 때 낭만적 사랑에 있어서 그 이상의 견고함과 영원성이 해체되는 탈근대적 사랑으로의 이행이 나타나는 것이다. 즉 당시에서 지금까지 이어지는 한국 사회의 흐름과 맞물려 가족과 결혼이 해체되고 파편화되는 맥락에서 낭만적 사랑의 재현이 이루어졌고 낭만적 사랑은 과거 가부장제와의 타협하에서 결혼의 전제로서 기능했던 역할을 상실하고 담론의 경합을 보여주며 균열의 가능성을 드러냈다(정사강·심훈순, 2015).

국내의 드라마는 딱히 멜로드라마로 장르 구분을 하지 않더라도 수시로 이성애 사랑 이야기를 중심에 두고 서사를 전개하는 양상을 보였다. 과거에는 거의 모든 드라마—가족 드라마를 포함하여—에서 낭만적 사랑을 다루었는데 그중에서도 낭만적 사랑을 주 테마로 하여 크게 흥행했던 드라마들을 살펴보면 〈안녕 내 사랑〉(1999), 〈가을동화〉(2000)와 같이 주인공이 불치병에 걸려 비극적인 결말을 맞아서 낭만적 사랑의 절대성이 극대화되거나 〈파리의 연인〉(2004), 〈내 이름은 김삼순〉(2005), 〈커피프린스 1호점〉(2007)과 같이 캔디형 주인공이 등장해서 부유한 남성 주인공과 사랑을 이루는 밝은 분위기의 드라마들이 주를 이루었다. 그러나 그런 가운데서도 앞서 언급한 것처럼 1997년에 방영했던 〈애인〉의 경우에는 이미 가정을 이루고 아이들이 있는 여성의 낭만적 사랑의 가능성을 보여줌으로써 낭만적 사랑의 주체로서의 여성의 위치성에 있어서 변화 가능성을 보여주었으며 이후의 드라마들에서도 〈밀회〉(2014)와 같이 파격적인 나이 차이를 지닌 연상의 여성과 연하의 남성 커플이 등장하는 등 기존의 여성과 남성의 낭만적 사랑과는 다른 양상들이 나타나기도 했다. 드라마의 경우에는 최근으로 오면서 OTT 등의 등장과 같은 미디어 환경의 변화로 말미암아 과거와 같이 낭만적 사랑이 주를 이루는 콘텐츠들보다는 스릴러 등 좀 더 장르물적 성격이 강한 콘텐츠가 다수 등장하는 가운데 여전히 〈킹더랜드〉(2023)와 같이 전형적인 캔디렐라의 서사로 낭만적 사랑을 다루는 드라마—심지어 결혼으로 마무리함으로써 낭만적 사랑을 완성시키는—와 〈일타스캔들〉(2023), 〈남남〉(2023)처럼 모녀를 주된 주인공으로 하여 어머니와 딸의 관계와 어머니의 연애 감정과 섹슈얼리티를 보다 자연스럽게 드러내는 드라마 등 기존의 낭만적 사랑 담론에서 벗어난 형태가 공존하는 양상을 보인다.

리얼리티 예능 프로그램과 연애, 사랑?

과거 낭만적 사랑이 주로 재현되었던 대중문화의 영역이 영화, 드라마 등 가상의 콘텐츠였다면 최근에 낭만적인 가능성이 있는 관계를 주로 보여주고 만들어나가는 영역은 리얼리티 예능을 중심으로 형성되는 것으로 보인다. 2023년 현재만 하더라도 〈하트시그널 4〉, 〈나는 SOLO〉, 〈돌싱글즈 4〉, 〈나는 SOLO, 그 후 사랑은 계속된다〉 등이 방영 중이며 대중의 높은 관심을 받고 있다. 해당 프로그램들은 연예인이 아닌 일반인 출연자들이 프로그램에 나와 기간을 정해놓고 합숙을 하며 그 기간 동안 미션을 수행하거나, 식사를 하고 대화를 하는 등의 과정을 통해 서로를 알아가면서 관계를 형성하는 것을 핵심으로 한다. 연예인 패널들은 주로 스튜디오에서 이들의 화면을 보면서 코멘트를 하는 구성으로 프로그램이 진행되는데 이때 연예인 패널들의 코멘트를 통해 출연자들의 상황과 행위에 의미가 덧붙여지는 양상을 보인다.

리얼리티 예능 프로그램에서 낭만적 사랑 관계로서 이성애 관계를 다루었던 것은 2000년대 초반 리얼리티 프로그램의 확산과 연관되어 논의해볼 수 있다. 카메라 기기가 소형화되는 등 촬영 기술이 발달하고, 대본 등이 크게 필요하지 않아 제작비를 절감할 수 있으며 대중의 흥미를 끌 수 있는 장르로 리얼리티 프로그램이 각광을 받기 시작했고 해당 프로그램들은 관찰을 통해 실제 인물들의 행위와 감정을 포착하고 진정성을 느끼게 함으로써 소구하는 특성을 지닌다. 이러한 리얼리티 프로그램에서 공간의 곳곳에 존재하는 카메라는 내밀하고 사적인 영역을 들여다보는 즐거움으로서 관음증적 속성을 극대화하며 흔히 활용되는 인터뷰 기법은 프로그램 안에서 벌어진 개별 사건들에 의미를 부여하고 그 과정에서 발생한 갈등이나 상황 등에 대한 인물들의 해석과 심리 상태를 전달한다.

국내에서는 2000년대 초반 〈산장미팅: 장미의 전쟁〉(2002), 〈강호동의 천생연분〉(2002) 등이 주말 버라이어티 예능 프로그램의 한 코너로 등장하여 짝짓기 프로그램의 형태로 진행되었다. 그러나 이 시기까지는 합숙 등 함께 일상생활을 하면서 낭만적 사랑의 재현을 보여주는 형태는 아니었으며 다만 커플게임 등을 통해 출연자들의 감정을 유도하는 방식이 주를 이뤘다. 이후 2008년 방영해 대중적으로 큰 관심을 끌었던 〈우리 결혼했어요〉의 경우에는 연예인들이 출연하여 가상결혼을 체험해보는 것을 주된 내용으로 하면서 보다 본격적으로 '연애' 리얼리티의 형태를 띠게 되었는데 해당 프로그램은 비현실적인 낭만적 사랑의 기준을 제시하며 남성은 사회적인 상황(일)이 더 중요하고 여성은 남성을 위한 감정적 지지를 보내는 전통적인 낭만적 사랑 담론을 구성하는(홍지아, 2009) 양상을 보이기도 했다. 2010년대에는 〈짝〉(2011)을 제외하고는 크게 흥행한 리얼리티 연애 프로그램은 부재했으나 2017년 〈하트시그널〉이 흥행을 하면서 그즈음부터 짝짓기 프로그램의 본격적인 확산이 이루어진다.

연애 리얼리티 프로그램이 가상의 재현물인 영화나 드라마에서의 낭만적 사랑의 재현과 차이점을 지니는 부분은 보고 있는 상황이 실제라는 가정 하에 오늘날 낭만적 사랑 관계에서 요구되는 성역할의 자기통치를 여실히 드러내고 있다는 점이다. 가령 〈선다방〉(2018), 〈하트시그널〉(2017-2023), 〈나는 SOLO〉(2021-2023), 〈환승연애〉(2021-2022) 등은 이성애 만남-연애 관계에서 어떤 행동을 통해서 상대에게 호감을 얻을 수 있고 어떤 말을 해야 하는지, 어떤 상황에서는 무슨 태도가 적절한지 등에 관한 규범을 끊임없이 만들어낸다. 그리고 다른 한편으로는 이들의 관계는 어떤 프로그램의 경우에는 결혼을 염두에 두고 진행되는 경우도 있을 수 있으나 대다수 리얼리티 연애 프로그램의 진행 과정에서는 처음 만나서 관계가 깊어지기 전까지의 단계를 주로 재현하고 있다는 점도 눈여겨볼 필요가 있다. 주로 합숙 과정을 통해 서로를 알아가게 되는 이들의 만남과 관계 형성 과정은 이미 매우 비현실적인 상황이고 불과 수일에 걸쳐서 일어나는 상황임에도 불구하고 (비록 순간일지라도) 진정한 감정으로 재현되며 그 과정에서의 관계 형성은 다시 경쟁을 기반으로 한 신자유주의 통치성을 바탕으로 하고 있다.

최근에 방영했던 〈좋아하면 울리는 짝!짝!짝!〉(2022-2023)처럼 성적 지향과 관련하여 차이를 두고자 하는 시도도 극히 제한적으로 나타나기는 하나 연애 리얼리티 프로그램은 경쟁을 바탕으로 하는 찰나의 감정들과 자기계발로서의 연애를 보여주며 그 관계 안에서 외적인 요인들의 강조, '애교가 많은 여성다운 여성', '남성에게 사랑받는 여성', '의자왕으로 등극하는 남성' 등의 언술을 통해 다시 보수적인 성규범을 강화하는 양상을 보인다. 즉 현재 사람들에게 쉽게 소비되고 있는 연애 리얼리티 프로그램에서 나타나는 것은 결국에는 연애 '관계'에 대한 조언들과 테크닉이고 이는 기존의 성역할 고정관념을 재생산하며 이성애 연애를 기반으로 하여 결혼 또는 그에 준하는 배타적인 관계를 형성하는 것을 지향하는 양상을 보여준다.

4. 미디어가 구성해 온 사랑과 섹슈얼리티 담론의 변화와 그 의미: 오늘날 한국에서 낭만적 사랑은 가능한가?

대중문화 콘텐츠에서의 사랑에 대한 재현은 시대의 변화와 맞물려서 다르게 구성되어 왔다. 1950년대 배우자가 있는 여성이 다른 남성과 춤을 추는 것만으로도 문제적이라고 분노했던 한국 사회는 1990년대 후반부터 개인화되고 변화하는 관계의 모습들을 수용하고 미디어의 재현물들을 통해서 보여주면서 2000년대가 되면 사랑-결혼-섹슈얼리티의 관계를 벗어나는 데 이른다. 과거 낭만적 사랑을 할 수 없는 주체로 상정되었던 '어머니' 또는 '연상의 여성'들은 낭만적 사랑의 주체로 등장하고 과거 무뚝뚝하거나 거친 모습으로 묘사되었던 남성들은 본인의 감정에 솔직하고 섬세하고 부드러워지기도 했다. 비록 미디어가 선도한 변화는 아니었으나 가부장적 사랑의 허울에 가려진 억압을 깨달은 여성들은 낭만적 사랑을 위해 자신의 직업을 버리지 않으며 전보다 분명하게 자신의 욕망과 생각을 드러낸다.

그러나 한편으로는 현재 한국 사회의 변화와 상황을 낭만적 사랑 담론과 연관시켜서 생각해보지 않을 수 없다. 그 어느 때보다도 낭만적 사랑이 부정되지만 다른 한편으로는 끊임없이 로맨스와 관계를 갈구하는 시대에 사랑은 어떻게, 무엇으로 구성되는가? 이때 낭만적 사랑을 구성해 온 문화적 담론에 대해 해석해보는 것, 문제제기를 하는 것은 한편으로는 낭만적 사랑의 신화가 은폐해 온 억압과 사회 구조를 가시화하며 다른 한편으로는 한국의 문제적 상황을 드러내는 것이며 이에 지금까지 낭만적 사랑 담론이 유포해 온 신화를 재검토하고 이에 대해 성찰할 필요가 있는 것이다.

한국 사회는 앞서 고찰한 서구의 맥락과는 또 다른 지점에서 봉건과 근대, 탈근대적 현상들이 혼재되어 나타나는 낭만적 사랑 담론을 드러낸다. 이는 매우 짧은 시간에 서구에서 겪었던 변화를 경험하면서 사회경제적 변화에 따라 이루어졌어야 할 과거 문화와의 단절과 새로운 문화로서의 사랑 담론의 형성이 제대로 이루어지지 못한 채 낭만적 사랑 담론이 전개됐기 때문이다. 더불어 한국의 유교적인 문화에서 여성 억압은 더욱 두드러졌고 사랑의 낭만화는 여성의 삶에 더 많은 영향을 끼쳤다(조한혜정, 1994; 이박혜경, 1998).

이러한 가운데에 변화 양상은 있었으나 낭만적인 사랑을 다루는 문화 콘텐츠들은 이성애 기반 로맨스를 전제로 하여 기존의 성역할 규범을 여전히 교묘하게 재생산하는 모습들을 보여왔고 연애 리얼리티 프로그램에서는 끊임없이 이성애 짝짓기 과정의 규범들을 만들어냈다. 그리고 그 규범들은 공감과 이해의 가능성을 확장하는 것이기보다는 경쟁을 통한 신자유주의 자기통치와 가부장제 이데올로기의 내면화로 이어지게 했다.

그러나 어쩌면 리얼리티 프로그램에서 사랑은 신자유주의적인 경쟁으로는 소비되지만 낭만적이고 이상적인 대상으로서의 소구는 줄어들었고 흔히 낭만적 사랑의 결과로 이야기되었던 결혼에 대한 온갖 문제를 드러내는 솔루션 프로그램들이 보여주듯이 현실은 이미 낭만적 사랑의 각본으로부터 멀리 와 있다. 현재의 청년들은 연애와 결혼에 뜻이 없는 경우가 다수를 차지한다. 2022년 저출산인식조사 토론회에서 인구보건복지협회가 발표한 '청년의 연애, 결혼 그리고 성 인식' 조사 결과에 따르면 청년의 65.5%는 연애를 하고 있지 않고 이 가운데 70.4%는 자발적으로 연애를 하지 않는다고 답했다. 그리고 그중 자발적 비연애 비중은 여성 82.5%, 남성 61.4%로 나타났다. 연애 중이지 않은 청년 중 48.3%는 현재 상태에 만족한다고 답했는데 여성은 62.3%, 남성은 37.8%가 만족한다고 한 것으로 나타났다. 이 외에도 결혼과 출산에 대해서 여성이 남성보다 부정적인 인식을 보이는 것으로 나타나 여성이 연애와 결혼, 출산 의향 모두에 있어서 남성보다 낮으며 비연애 상태에 만족하고 있는 것으로 드러났다.[1] 현재 청년들이 더 이상 낭만적 사랑에 대해 환상을 가지지 않고, 그중에서도 여성들의 비율이 높다는 것은 시사하는 바가 크다.

낭만적 사랑 담론은 그간 변화를 겪어오기는 했어도 근원적으로

1 "여성, 연애·결혼·출산의향 남성보다 낮아…비연애 상태에 만족." 〈연합뉴스〉, 2022. 9. 27.

여성을 사적 영역, 남성을 공적 영역에 위치시키면서 그와 관련된 권력 구조들을 교묘하게 은폐해 왔다. 벡과 벡-게른샤임(Beck & Beck-Gernsheim, 1999)에 따르면 아무리 낭만적 사랑을 강조해도 이제 더 이상 가족의 요구와 개인적 자유 사이의 모순, 사랑의 이름으로 강제되고 은폐되는 억압이 감춰질 수 없게 되었다. (여성을 억압하던) 전통적인 맥락에서의 사회적 정체성은 사라지고 성별 역할에 대한 적대 관계가 출현하게 되는 것이다. 그리고 이는 어찌 보면 일상의 사소해 보이기도 하는 문제에서부터 아주 중요해 보이는 문제에 이르기까지 전방위로 걸쳐져 있으며 누가 봐도 분명하게 사회를 변화시키고 있다. 개인의 성장이 최우선시되는 사회에서 사랑은 한편으로는 더 우상화되고 다른 한편으로는 희미해져 간다. 과거 페미니즘의 고전들에서는 여성들이 더 이상 억압당하지 않을 때 여성과 남성이 공존하며 함께 살아갈 수 있는 방법을 발견할 수 있으리라는 희망에 대해 이야기했다. 이것이 전제하는 바는 사랑이라는 것은 자유롭고 평등한 파트너 사이에서만 가능하다는 점이다(Beck & Beck-Gernsheim, 1999). 이 통찰은 매우 중요하다. 그리고 더 나아가 한국 사회에서 낭만적 사랑 담론을 둘러싼 공고한 이데올로기 중 하나인 강고한 이성애 중심성, 정상성의 이데올로기에 대한 문제제기 또한 동반되어야 할 것이다. 기존에 구성되어 있던 사랑 관념이 유지되지 않음을 비관하거나 사랑의 신화를 과잉으로 전시하고 쇼로 소비하는 것이 아닌 억압하지 않는 자유롭고 평등한 주체들 사이의 관계의 가능성과 그 실현에 대한 고민이 필요하다.

더 찾아보기

영화 〈아무르Amour〉(2012, Michael Haneke).
〈타오르는 여인의 초상Portrait de la jeune fille en feu〉(2019, Céline Sciamma).
〈셰이프 오브 워터: 사랑의 모양The Shape of Water〉(2018, Guillermo del Toro).

책 Barthes, Roland(1977). *Fragments d'un discours amoureux*. 김희영 옮김(2004).『사랑의 단상』. 동문선.
hooks, Bell(2002). *Communion: The Female Search for Love*. 양지하 옮김(2020).『사랑은 사치일까?』. 현실문화.

참고문헌

김소영(1996).『시네마, 테크노 문화의 푸른 꽃』. 열화당.

김정희(2007). 멜로 영화 콘텐츠의 스토리텔링 전략 분석.『인문콘텐츠』 10: 211-233.

김훈순·김은영(2010). 모성과 낭만적 사랑의 담론경합: 멜로영화 〈미워도 다시 한번〉 시리즈를 중심으로.『미디어, 젠더 & 문화』 15: 121-153.

______(2000). 한국 멜로영화의 장르연구: 관습의 반복과 변형.『한국방송학보』 14(1): 113-154.

남명자(1999). 한국 멜로드라마 영화에 대한 소고: 멜로드라마 영화 대표적인 작품에 대한 분석을 중심으로.『비교한국학』 5: 179-193.

대중서사장르연구회(2007).『대중서사장르의 모든 것: 1 멜로드라마』. 이론과 실천.

유지나(1997). 한국 멜로드라마, 원형과 의미작용 연구: 낡은 것과 새로운 것 사이 틈새, 〈미워도 다시 한번〉과 〈아낌없이 주련다〉.『영화연구』 13: 7-27.

유지나 외(1999).『멜로드라마란 무엇인가: 〈자유부인〉에서 〈접속〉까지』. 민음사.

윤석진(2006). 한국 멜로드라마와 가부장제 이데올로기의 길항 관계 고찰: 〈정사〉와 〈해피엔드〉를 중심으로.『한국극예술연구』 23: 209-241.

이박혜경(1998). 사랑이 우리를 평등하게 하리라?. 특집: 1990년대, 성평등의 신화와 불평등의 현실.『여성과 사회』 9: 80-93.

이현재(2013). 로맨스 정치경제학을 위한 시론: 근대 자본주의 도시와 낭만적 사랑의 욕망을 중심으로.『한국여성철학』 19: 35-58.

정사강·김훈순(2015). 한국멜로영화의 낭만적 사랑에 대한 서사적 실험과 장르관습.『기고학연구』 43: 227-261.

조한혜정(1994).『한국사회의 남성과 여성』. 창작과비평사.

홍지아(2009). 리얼리티 프로그램의 서사전략과 낭만적 사랑의 담론.『한국방송학보』 23(3): 567-608.

Beck, Ulich. & Beck-Gernsheim, Elizabeth(1990). *Das ganz normale Chaos der Liebe*. Frankfurt am Main: Suhrkamp Verlag. 강수영·권기돈·배은경 옮김(1999).『사랑은 지독한, 그러나 너무나 정상적인 혼란』. 새물결.

Coontz, Stephanie(2005). *Marriage, a History*. Penguin Books. 김승욱 옮김(2009).『진화하는 결혼』. 작가정신.

Giddens, Anthony(1993), Transformation of intimacy. Stanford University Press. 배은경·황정미 옮김(1996).『현대사회의 성·사랑·에로티시즘』. 새물결.

Illouz, Eva(1997). *Consuming the Romantic Utopia*. The Regents of the University of California. 박형신·권오현 옮김(2014).『낭만적 유토피아 소비하기』. 이학사.

Luhmann, Niklas(1982), *Liebe als Passion*. Frankfurt am Main: Suhrkamp Verlag. 정성훈·권기돈·조형준 옮김(2009).『열정으로서의 사랑』. 새물결.

Mercer, J. & Singler, M.(2004). *Melodrama: Genre, Style, Sensibility*. Wallflower Press. 변재란 옮김(2011).『멜로드라마: 장르, 스타일, 감수성』. 커뮤니케이션북스.

2장

한국 텔레비전 드라마 속 어머니의 변화

〈엄마의 바다〉(1993)에서 〈슈룹〉(2022)까지

— 정영희

"엄마 얼굴에 그늘이 드는디 그 품에 든 자식헌테 그늘 안 들 재간이 있니? 니가 행복해야 애도 행복한 겨, 지금이야 애니께 모르지 엄마 인생 고스란히 말아다가 자식 밑에 장작으로 쑤셔 넣는 거 필구한테도 멍울이라고. 니 인생 살어라, 니 인생, 필구니 덕순이니 다 제쳐두고…"(〈동백꽃 필 무렵〉에서 곽덕순의 대사)

드라마 속 곽덕순은 젊은 시절 남편을 잃고 유복자 용식을 포함하여 세 아들을 키우는 데 평생을 바쳤다. 억척스럽고 강하게 오로지 자식을 먹여 살리기 위해 살아왔으며, 자식을 위해서 '독하고 모진 년'이라는 손가락질도 참아냈다. 그런 덕순 앞에서 젊은 엄마 동백이 같은 선택을 하려고 하자, 덕순은 자신의 아들과 연애 중인 동백이 미우면서도 '엄마로서 행복하겠다'며 자신의 인생을 포기하려는 동백이 안쓰럽다. 덕순은 동백에게 자식을 위해서만 살지 말고 자신의 삶을 살아가라고 한다. 그 조언마저도 '자식에게 멍울이 되지 않게'라는 목적을 내포하고 있다. 모성의 굴레는 어머니로 하여금 종종 인간으로서의 행복을 포기하게 만든다. 이 대사는 나이 든 덕순이 과거의 자신에게 건네는 공허한 절규다. 하지만 동시에 살아갈 날이 많은 젊은 엄마들을 위한 따듯한 조언이기도 하다.

1. 텔레비전 드라마와 어머니

한국 텔레비전 드라마에서 엄마, 어머니, 모성은 1962년 드라마 개시 후 지속적으로 다루어지는 주제이다. 2023년에도 〈나쁜 엄마〉(JTBC)가 방영되었다. 드라마명만 보면 자식에게 못된 진짜 나쁜 엄마로 생각할 수 있지만, 이 '나쁜 엄마'는 자식을 위해 인생을 바친 희생적인 엄마이다. 전통적으로 한국 텔레비전 드라마에서 보아온 희생적이고 인내하는 어머니와의 차이라면 이 엄마는 남편의 억울한 죽음을 밝히려고 아들을 검사로 키우고자 했고 그 목적을 위해 아들을 채찍질했다는 점이다. 아들도 그것을 자신의 꿈으로 생각하고 성장했다. 오직 그 꿈을 이루기 위해 자식을 통제했기 때문에 엄마는 자신을 '나쁜 엄마'로 규정한다. 〈나쁜 엄마〉는 텔레비전 드라마가 시청률 5%를 넘기기도 힘든 경쟁 환경임에도 불구하고 최고시청률 12%로 종영했다. 2022년에는 〈슈룹〉(tvN)에서, 2019년에는 〈동백꽃 필 무렵〉(KBS2)에서 적극적이고 강한 어머니, 자식을 위해 무엇이든 해내는 어머니가 부각되었다. 〈더 글로리〉(2022, Netflix), 〈작은 아씨들〉(2022, tvN)에서처럼 자식을 외면하거나 자식보다 자신의 안위가 우선인 엄마의 모습도 보이지만, 한국의 대중문화에서는 여전히 '여성은 약해도 어머니는 강하다'는 관념이 강하게 힘을 발휘하고 있다.

텔레비전 드라마 속에서 가족을 위해 희생하고 인내하는 어머니상에 약간의 변화가 있었던 것은 1990년대이다. 1980년대 후반에 시작된 정치적 민주화로 인해 1990년대에는 사회 전반에 큰 변혁이 있었다. 그러한 분위기는 텔레비전 드라마에도 반영되어 다양한 어머니의 모습이 재현되었다. 2000년대 들어와서 어머니 모습이 더욱 다양해졌지만 그럼에도 불구하고 바람직한 어머니상과 어머니 역할에 대한 기대는 현실 사회의 요구에 따라 재구성되어 변할 뿐 결코 사라지지 않았다.

텔레비전 드라마 속에 묘사 혹은 재현[1]되는 어머니에 대해 문제제기해야 하는 이유는 재현된 어머니와 실제 어머니 간의 간극 문제도 있지만, 무엇보다도 텔레비전 드라마에 재현된 완벽하고 이상적인 어머니가 만들어낸 모성 판타지가 현실의 어머니를 제약하고 비난하는 근거로 작동하기 때문이다. 우리는 가정 경제, 자녀 양육과 교육에 문제가 생기면 그 어머니를 비난하는 사례를 자주 보아왔다. 모성 혹은 어머니에 대해 어떤 입장을 취하든, 모성 투쟁의 핵심은 오랜 기간 동안 가부장적 인식틀 내에서 고통받아온 어머니를 구해내는 것이다.

이 장에서는 모성론의 역사적 변화, 한국 사회의 모성(혹은 어머니) 인식, 텔레비전 드라마 속 어머니가 지난 30년 동안 어떻게 변화해왔는지를 기술하고자 한다. 30년 동안의 사회문화적 환경에 연동하여 변화한 부분과 변하지 않은 부분을 함께 살펴보았다. 텔레비전 드라마에서 어머니는 늘상 존재하기 때문에 어머니가 등장하는 모든 드라마를 살펴볼 수는 없었다. 따라서 명백하게 어머니가 소재 혹은 주제인 드라마를 선별했고, 특별히 드라마명에 드러난 경우만 골라냈다.

---

1 재현의 일반적 의미는 그 과정을 통해 '실재' 세계의 다른 사물 혹은 실천을 대표하거나 묘사하기 위해 의미화 작용의 실천이 일어나는 일련의 과정이다. 재현은 따라서 독립적인 객관세계를 반영하는 상징주의의 한 행위이다. 하지만 문화연구 입장에서 재현은 독립적인 객관세계에 존재하는 '사물'을 단순하게 상징적인 형태를 통해 반영하는 것이 아니며, 오히려 재현은 그 재현을 대신하고자 하는 바로 그것에 대한 의미로 구성된다. 즉 재현은 기호와 대상 간의 일대일 대응을 수반하는 것이 아니라 리얼리즘의 '재현적인 효과'를 창조해낸다(Barker, 2004/2009).

2. 모성 관념의 역사적 변화[2]

서구 모성론의 역사

모성[3]은 여성과 관련된 이슈 중 핵심 부분이기도 하다. 하지만 페미니즘의 역사에서 상대적으로 홀대받아온 영역이다. 20세기 후반에 그동안의 페미니즘의 편향성에 변화가 있었고 2006년 앤드리아 오라일리Andrea O'Reilly가 '모성 연구motherhood studies'라는 명칭을 제안한 이후 어머니에 대한 연구는 비로소 독립적인 학문 분과로 자리 잡았다(Rose, 2018/2020).

모성 및 어머니 노릇에 대한 규정에 처음으로 문제를 제기한 것은 1960년대 말~1970년대 초, 서구의 페미니스트들이었다. 에이드리언 리치Andrienne Rich, 도로시 디너스타인Dorothy Dinnerstein, 낸시 초도로우Nancy chodorow 등의 연구는 사회적 구성물로서의 모성을 부각시키기 시작했고 모성이 여성운동의 주요 영역이 되고, 될 수 있음을 입증했다(이정옥, 1999). 페미니스트들은 운동의 초창기에 '모성은 여성의 피할 수 없는 운명'이라는 신화에 도전하는 데 강조점을 두었다. 급진주

2 이 부분은 정영희의 2020년 논문인 「텔레비전 드라마 속 모성 판타지에 대한 여성주의적 고찰: KBS 드라마 〈동백꽃 필 무렵〉을 중심으로」(『한국언론학보』 제64권 4호)에서 다수 인용했다.

3 '모성'은 영어 'maternity'와 'motherhood'의 번역어이다. 'maternity'가 어머니가 될 수 있는 생물학적 능력을 의미한다면, 'motherhood'는 어머니가 된다는 것의 의미까지를 포함하는 사회적 개념이다(천성림, 2003). 모성 인식은 출산적 모성maternity, 양육적 모성mothering, 그리고 어머니로서 필요한 성품, 자질과 같은 인성적 차원을 의미하는 모성 정체성의 세 요소로 이루어진다(최은영, 2014). 이 글에서는 maternity, mothering, motherhood를 모두 포함하는 포괄적 의미로서 '모성'을 사용했으며, 이는 생물학적 측면만이 아니라 사회문화적·이데올로기적 측면까지 포괄하기 위한 것이다.

의 페미니스트들이 가장 크게 관심을 보였는데, 그들 내에서도 생물학적 모성을 억압의 원인으로 보고 반대하는 입장과 해방의 원천으로 간주하고 옹호하는 입장이 있었다. 슐라미스 파이어스톤Shulamith Firestone과 앤 오클리Ann Oakley는 모성을 억압의 원천으로 보았는데, 파이어스톤은 재생산을 여성 억압의 원인으로 보면서 생물학적 모성에 반대했고, 오클리는 생물학적 모성은 여성의 자연적인 필요가 아니라 억압적인 목적을 가진 신화, 즉 문화적 구성물이라고 간주했다. 이들과는 반대로 메리 오브라이언Mary O'Brien과 리치는 생물학적 모성을 옹호했다. 오브라이언은 재생산을 여성 해방의 원천으로 보았고, 리치는 경험으로서의 모성('여성들이 재생산과 자녀들에 대해 갖는 잠재적인 관계')와 제도로서의 모성('그러한 잠재력을 남성의 통제하에 두려는 제도들')을 구분하면서 이후 제도화된 모성 신화를 해체하면서 한편으로는 모성의 경험을 페미니즘적으로 전유할 수 있는 길을 열어주었다.

여성의 삶이 출산과 양육에 의해 구속되어서는 안 된다는 이러한 주장은 1980년대에 들어와서 어머니가 되지 않을 권리뿐만 아니라 어머니가 되는 경험에 중점을 둔 주장으로 발전했다(이연정, 1999). 그와 동시에 사회적으로 모든 계층의 여성, 특히 아이를 둔 여성들이 일하기 시작하면서 어머니로서의 여성의 정체성이 여전히 중요하지만 그것만이 유일한 정체성이 아니라는 점이 담론화되기 시작했다(이정옥, 1999). 이러한 인식의 변화를 거치면서, 모성에 대한 비판은 한편에서는 '자연스러운 것'으로 인식되어 온 모성이 사실은 사회적으로 구성된 것이라는 입장이, 다른 한편에서는 '자연스러운 것' 그 자체가 문제가 아니라 그것이 남성에 의해 규정되어 왔다는 점을 강조하면서 진행되어 왔다. 모성에 관한 대표적 저서 『만들어진 모성』에서 엘리자베트 바댕테르(Badinter, 1980/2009)는 모성은 만들어진 것으로, 모성애란 자녀와 함께하는 시간이 쌓일수록, 또한 자녀들에게 베푸는 보살핌이라는 기회를 통해 생겨난 것이라고 주장하며 본능적인 것이라는 데 이의를 제기한다. 섀리 엘 서러(Thurer, 1995/1995) 또한 역사적 현상으로서 어머니가 처했던 삶의 실상, 즉 '유모 제도'와 '자녀 유기' 관행은 자녀에 대한 어머니의 무조건적 사랑과 헌신이라는 현대의 모성 관념과는 완전히 다른 것이라고 주장하며 모성의 신화를 벗겨보고자 했다.

오늘날 여성주의 입장에서 모성에 관한 접근은 모성이 사회·역사적으로 구성된다는 사실을 입증하려는 연구로 모아지고 있다. 이 연구들은 사회마다 시대에 따라 어머니의 역할과 지위에 대한 정의가 다르고 다양하다는 점에 주목한다(이정옥, 1999). 하지만 여전히 모성에 관한 논의는 어머니 노릇을 사회적으로 고립된 노동으로 만들어버리는 가부장적 모성 담론과 여성의 주체적인 모성론이 충돌하면서 진행되고 있다.

한국 사회의 모성 인식

한국의 경우, 모성을 규정해 온 역사는 남성의 눈과 귀, 입으로 말해진 역사라고 할 수 있다. 전통적으로 여성은 '나의 어머니'라는 이름으로 호명되어 역사 속에 배치되어 왔다. 가족과 친지를 위해 평생을 바친 여성은 '나의 어머니'로 칭송되었고, 모성은 말 그대로 가부장제의 역사 속에서 남성 중심적으로 구성되었다(정영희, 2020; 정지영, 2005). 대중문화 속에 여전히 잔존하는 '여성은 약하지만 어머니는 강하다'는 서사가 한국 사회의 모성에 관한 통념을 또렷하게 보여준다(정영희, 2020).

1990년대 엄마, 어머니, 모성상을 통합적으로 이해하면 가정경제를 책임지고, 자녀교육에 올인하며, 성적으로 매력적인 여성으로 축약될 수 있다. 자녀교육 담당자로서의 어머니 역할이 사회적으로 파급력을 가진 것은 1960년대 소위 '무즙 파동'[4] 이후부터다. 이후 '치맛바람'이라는 말이 유행했고, 이는 가정경제와 자녀교육에서 어머니 역할의 적극성과 부정적 인식을 동시에 표현하는 용어가 되었다. 1990년대는 남에게 밀리지 않도록 기氣를 키워주는 것이 자녀교육의 기본이 되었다. 입시 전쟁과 사교육 광풍이 불었던 1990년대 어머니의 '희생'은 과욕의 산물 비슷한 게 되어버렸다. 과거 어머니들의 희생은 대학 입시 전선의 후방을 지키면서 이루어졌던 것인 반면, 1990년대의 어머니는 최일선에 배치됨으로써 비가시적이고 잠재적이었던 '자궁 가족'의 권력관계를 너무 적나라하게 드러내 보이는 결과를 초래했기 때문이다. 그래서 1990년대의 어머니들은 '희생'하면서도 비판의 대상이 되는 기구한 운명에 처하게 되었다(강준만, 2009).

그러한 1990년대의 어머니는 가정 내에서는 사교육의 관리자로서, 학교 교육에서는 녹색 어머니회나 어머니 급식당번 등을 통해 동원되었다. 이러한 동원에는 취학 자녀를 둔 가정의 어머니는 경제 활동을 하지 않으며, 자식 일이라면 언제라도 달려갈 수 있다는 어머니에 대한 통상적인 관념이 작동했다. 이러한 관념은 직업을 가진 어머니들의 죄의식을 양산했고, 아동교육에서 일하는 엄마와 전업주부 엄마

4 '무즙 파동'은 1965년도 서울의 중학교 입시 문제에서 무즙과 관련된 질문에 대해 복수의 정답을 인정해야 하는지에 대해 논란이 벌어졌던 사건을 말한다. 당시 자연 과목에서 엿을 만들 때 엿기름 대신 넣어도 좋은 것을 묻는 질문이 있었다. 의도된 정답은 '디아스타제'이나 '무즙'을 선택한 학생이 다수 있었고, 이 문제 하나로 불합격한 학생들의 부모는 초등학교 교과서에 '침과 무즙에도 디아스타제가 들어 있다'는 내용이 있으므로 무즙도 답이라고 강력하게 반발했다. 법적 공방 끝에 서울고등법원은 무즙도 정답으로 봐야 하며, 이 문제로 인해 불합격된 학생들을 구제하라는 판결을 내렸다.

간의 간극을 만들어냈다. 그와 동시에 1990년대에 와서는 페미니즘의 주요 과제에서 여성의 경제 활동 참여 논의가 활성화되었기 때문에 자녀 양육의 사회화 문제가 중심과제로 부상했고, 또한 양육 책임자로서 아버지의 문제가 사회적으로 대두되었다.

1990년대에는 어머니의 성, 섹슈얼리티에 대해서도 새로운 관념이 만들어졌다. 전통적으로 여성은 결혼·출산과 동시에 무성적 존재로 인식되는 경향이 있었다. 아내이자 어머니인 여성의 성적 매력은 가정과 자녀에게 유해한 일종의 타락으로 간주되었다. 2023년 지금도 대중문화 속에서 훌륭한 '어머니'로서 묘사된 인물은 섹슈얼리티가 탈각된 여성으로 재현되는 경향이 있다. 결혼한 여성의 성적 매력이 공적으로 언급되고 장려된 것은 1990년대 중반에 들어와서이다. 다분히 상업적 발명인 '매력적인 기혼 여성' 이미지는 기존의 어머니상과는 전혀 다른 이른바 '미스' 같은 어머니, 소위 '미시족' 담론을 유행시켰다. 한편에서는 촌지 수수, 고액 과외, 부정 입학 등의 사건이 터졌다 하면 부정적인 여론을 감당해야 했던 어머니들이 다른 쪽에서는 매력적인 여성이 되기 위해 스스로를 가꾸는 꾸밈 노동에 노출되어야 했다.

여성들이 생물학적인 어머니상에 적극적으로 도전한 것은 2000년대 들어와서이다. 우리 사회에서는 모든 여성이 생애 언젠가는 어머니가 될 존재라고 사유되는 잠재적 어머니 담론이 강하다. 그 결과 생물학적 어머니가 '좋은 엄마'가 되는 핵심적 조건으로 인식되며 출산자 어머니에게 우월한 위치를 부여해 왔다. 하지만 신자유주의가 한국 사회의 일상에 편재된 IMF 이후 모성이 사유되는 방식이 변화했다. 본질주의 모성론을 비판하면서 모성에 대한 다른 문화적 이미지를 구축하려는 노력(이경아, 2009), 모성을 리더십과 연결하려는 시도(이상화, 2005), 한국에서 모성이 사유되는 방식의 변화를 감지하려는 질적 연구(최은영, 2014), 1990년대 모성 변화의 특징을 분석하는 연구(신경아, 1999) 등이 활발하게 이루어졌다.

실질적인 어머니 경험에서도 변화가 있었는데, 2000년대 이후에는 결혼과 출산을 기피하는 여성이 증가하여 모든 여성이 어머니가 되지는 않는, 또는 입양과 같이 생물학적 출산의 경계를 넘어서는 어머니의 위치가 빈번하게 등장하기 시작했다(최은영, 2014). 한국 사회에서 생물학적 모성 이데올로기는 여전히 강하고 출산이 독려되었지만, 여성 개인의 경험 세계에서는 출산적 모성의 의미가 약해졌다. 그에 따라 생물학적 속성과는 무관한 모성의 발현이 이루어졌다. 양육적 모성의 발현으로 모성은 구매, 대행, 위임 가능한 것으로 사유되기 시작했다. 이러한 상황에서는 어머니는 아이를 위해 전적으로 시간과 에너지를 투자하지 않는 것에 대해 죄책감이 들지 않아도 되었고 엄마가 행복해야 아이도 행복하다는 논리가 수용되기 시작했다. 변화된 모성 인식의 주체들은 모성의 버거움과 과부하를 숨기지 않으며, 주변의 자원을 적극적으로 활용했다. 모든 것이 상품화되는 신자유주의 시장중심주의 속에서 양육적 모성의 제반 영역은 위임, 대행의 형태로 상품화되기에 이르렀다. 그에 따라서 경제 주체로서의 '맘mom'이 생산되었고(최은영, 2014), 모성 논쟁의 새로운 영역이 만들어지게 되었다.

모성에 대한 가부장적 인식과 여전히 여성의 생물학적 잠재성을 강조하는 한국에서 여성들은 몇 해 전에 하나의 큰 비난에 맞서야 했다. 바로 출산율 저하의 책임 논란이다. 2000년대 들어와서 출생률의 현격한 저하를 여성의 책임으로 몰아가는 분위기가 있었다. '출산 장려책'이라는 명분으로 발표된 '출산 지도' 논란은 여전히 변하지 않은 우리 사회의 여성 인식을 명확하게 보여주었다. 결혼하지 않은 여성,

결혼을 해도 출산하지 않는 여성을 본능을 거스르는 사람 혹은 이기적인 반국가적인 집단으로 몰아간 것이다. 또한 저출산의 원인을 소위 '고스펙 여성'에게 돌리며, 교육 수준과 소득 수준이 높은 여성들에게 하향 선택 결혼을 권장하는 것을 대책으로 내놓은 적도 있었다(김수정, 2017. 2. 26). 이후 여성계에서는 여성을 출산의 도구로만 간주하면서, 동시에 저출산의 정책적·사회적 요인은 무시한 채 오로지 여성의 책임으로만 몰고 간다고 강력하게 항의했다.

2020년대 현재, 한국 사회의 모성에 대한 논의는 양육 조건의 변화, 양육 방식의 변화, 취업 여성의 양육 문제 등의 현실적 차원이 함께 고려되면서 진행되고 있다. 그럼에도 불구하고 여성의 생물학적 모성에 대한 기대와 전통적인 모성 인식은 대중문화 속에서 다양한 방식으로 나타나며 모성에 관한 판타지를 재생산하고 있다. 1997년 말 IMF 직후에 한동안 사회적으로 '강한 어머니'에 대한 향수가 일었듯이 한국 사회에서 어머니는 사회적 위기와 연동하며 계기적으로 변화하고 있다.

3. 텔레비전 드라마와 모성에 관한 학문적 관심

텔레비전 드라마와 어머니 혹은 모성에 관한 연구는 1990년대 들어와서 시작되었다. 텔레비전 드라마 자체가 학문의 대상이 되고 드라마와 여성의 관계가 관심받기 시작한 것이 1980년대 후반인 것을 감안하면, 1990년대 중반부터 텔레비전 드라마 속 모성에 대한 관심이 시작되었다고 평가해도 무방하다. 텔레비전 드라마 속 어머니(모성)에 대한 연구는 서사 전략 연구, 재현 연구, 모성 담론 분석 등 모성과 가부장적 이데올로기의 관계를 조명한 연구에 집중되어 왔다. 이들 연구는 텔레비전 드라마 속 어머니의 모습에서 모성의 새로운 가능성을 발견할 수 있다는 입장과 여전히 가부장적 기획을 틀을 벗어나지 못하고 있다는 인식으로 구분될 수 있다. 김미라(2018)는 드라마 〈마더〉(2018)에서 기존의 모성 신화를 해체시키는 '모성' 연대의 가능성을 발견할 수 있다고 평가했다. 이은지(2019) 또한 〈마더〉가 기존의 모성 신화나 모성 이데올로기를 재현한 것이 아니며, 〈마더〉에서 모성의 실천은 관계와 맥락 속에서 수많은 양상으로 발현될 수 있는 '다양체적 특성'을 가진다고 주장한다. 이와 반대로 권양현(2019)은 〈마더〉가 남성의 질서가 만들어낸 신화적 모성에 포섭되지 않는 어머니들의 서사를 차용하기는 했지만, 모성의 실존을 재현하기보다는 기존의 모성 서사 구조를 답습하고 모성의 신성성을 강화했기 때문에 〈마더〉는 견고하게 제도화된 모성을 극복한 텍스트는 아니라고 밝혔다. 동일한 텍스트에 대한 이러한 상반된 평가는 모성에 대한 가부장적 서사와 새로운 가능성이 하나의 이야기 속에 잘 짜여 있는 〈마더〉의 텍스트적 특성에 기인한 것으로 보인다.

한편, 여러 개의 드라마를 분석한 홍지아(2009)의 논문에는 텔레비전 드라마의 가부장적인 모성 재현의 서사 전략이 보다 명료하게 드러나 있다. 홍지아(2009)는 사회 구성원들에 의해 합의된 인위적인 생산물인 상징적 경계를 모성의 영역에 접목하여 한국 사회가 어떠한 어머니를 이상적인 어머니로 규정하는지를 분석했다. 또한 이러한 상징적 경계가 어머니에 대한 사회적 차별의 기제로 작용하는 맥락을 밝혔다. 이 연구는 한국 사회에서 일상적이고 보편적으로 소비되는 대중문화가 이상적인 어머니와 어머니 노릇에 대한 관념을 어떻게 자연스럽게 규정해가는지를 잘 보여주고 있다. 다만 아쉬운 것은 분석

드라마가 2007년 이전 것이라는 점이다. 분석 사례는 적지만, 텔레비전 드라마 속 어머니, 모성에 대해 새로운 가능성을 부여하는 연구 결과들이 등장하고 있는 현재, 이러한 경향이 대중문화 속에 표현된 모성 인식의 실질적 변화를 의미하는 것인지를 판단하기 위해서는 보다 면밀하고 신중한 검토가 필요해 보인다. 정영희(2020)의 연구는 '잘 만들어진 드라마' 안에서도 모성을 다루는 방식은 여전히 과거 지향적이며 모성 판타지를 생산한다고 주장하며 '억압적이고 수동적인 동시에 해방적이고 능동적인 개념인 모성의 새로운 가능성'(채성주, 2009)이 텔레비전 드라마의 서사 속에서 제한되고 있다고 주장한다.

4. 1993~2022년, 한국 TV 드라마 속 어머니들

어머니가 주제인 드라마

1993년부터 2022년까지 방영된 한국 텔레비전 드라마 중에서 제목에 어머니, 엄마(마더), 모성이 들어간 경우는 총 65건이다. 그중 10부작 이상 드라마는 32건이며(〈표 1〉 참조), 나머지는 〈드라마 게임〉(KBS1), 〈MBC 베스트극장〉(MBC), 〈오픈 드라마〉(SBS) 등에서 단막극으로 방송되었거나 설과 추석의 특집극이었다. 해당 시기에 아버지가 드라마 제목인 경우는 56건에, 10부작 이상이 10건인 것과 비교하면, 어머니에 관한 드라마가 월등히 많음을 알 수 있다. 텔레비전 드라마에서 어머니는 묵직하고 꾸준한 주제인 것이다.

흥미로운 것은 SBS가 타방송사에 비해 '어머니'를 제목으로 드라마를 많이 방영했다는 점이다. 그중에서 아침 드라마가 가장 많은데,

표 1. 방송사별 방영 드라마 수(10부작 이상)

	KBS		MBC	SBS	tvN	JTBC	계
	1TV	2TV					
일일 드라마(저녁)	–	1	1	1	–	–	3
일일 드라마(아침)	2	1	–	5	–	–	8
주간 드라마	–	2	2	2	1	1	8
주말 드라마	–	3	4	4	2	–	13
계	2	7	7	12	3	1	32

〈엄마의 딸〉(1998), 〈엄마의 노래〉(2002), 〈어머님은 내 며느리〉(2015), 〈나도 엄마야〉(2018), 〈엄마가 바람났다〉(2020)가 이에 속한다. 이 중에서 〈어머님은 내 며느리〉는 제목에는 어머니가 들어갔으나 어머니, 모정과는 무관한 이야기다. 시아버지가 드라마 여주인공의 친구이기도 한 나이어린 여성을 아내로 들이면서 꼬여버린 가족 관계를 자극적으로 묘사한 것이어서 어머니, 모성을 다뤄온 다른 드라마와는 차이가 있다.

방영된 드라마를 연도별로 나열하면 〈표 2〉와 같다. 2000년대에는 아침 드라마 3편, 주간 드라마 2편, 주말 드라마 3편 등 총 8편이 방영되었고, 2010년대에는 아침 드라마 3편, 일일 저녁 드라마 3편, 주간 드라마 3편, 주말 드라마 7편 등 15편이 방송되었다. 방영 드라마 수만 단순 비교하면 2000년대보다 2010년대에 어머니, 엄마가 텔레비전 드라마의 소재로 더 주목받았음을 알 수 있다.

드라마 제목만으로 보면, 일일 아침 드라마에서는 인고의 세월을 살아온 어머니의 희생과 인내가 부각되고, 주간 드라마에서는 젊은 엄마의 이야기가 주를 이룬다. 주말 드라마는 가족 내에서 엄마의 정체성과 역할이 부각되어 나타난다.

표 2. 연도별 방영 드라마 목록(10부작 이상)

드라마명	방영년도	방송사	회차	드라마 형식
엄마의 바다	1993	MBC	66	주말 드라마
엄마는 출장중	1996	KBS2	12	월화 드라마
엄마의 깃발	1996	SBS	120	일일 드라마(저녁)
〈TV 소설〉 모정의 강	1997	KBS1	156	일일 드라마(아침)
엄마의 딸	1998	SBS	155	일일 드라마(아침)
엄마야 누나야	2000	MBC	50	주말 드라마
〈TV 소설〉 새엄마	2001	KBS1	233	일일 드라마(아침)
엄마의 노래	2002	SBS	144	일일 드라마(아침)
최강! 울엄마	2007	KBS2	25	주말 드라마(아침, 일)
강남엄마 따라잡기	2007	SBS	18	월화 드라마
엄마가 뿔났다	2008	KBS2	66	주말 드라마
엄마 셋 아빠 하나	2008	KBS2	16	수목 드라마
워킹맘	2008	SBS	16	수목 드라마
엄마도 예쁘다	2010	KBS2	174	일일 드라마(아침)
웃어요 엄마	2010	SBS	50	주말 드라마
바보엄마	2012	SBS	20	주말 드라마
엄마가 뭐길래	2012	MBC	27	월화 시트콤
원더풀 마마	2013	SBS	48	주말 드라마
마마	2014	MBC	24	주말 드라마
엄마의 정원	2014	MBC	126	일일 드라마(저녁)
앵그리맘	2015	MBC	16	수목 드라마
어머님은 내 며느리	2015	SBS	136	일일 드라마(아침)
부탁해요 엄마	2015	KBS2	54	주말 드라마
엄마	2015	MBC	50	주말 드라마
마더	2018	tvN	16	수목 드라마
시크릿 마더	2018	SBS	32(16)[5]	주말 드라마(토)
나도 엄마야	2018	SBS	124	일일 드라마(아침)
우아한 모녀	2019	KBS2	103	일일 드라마(저녁)
하이바이, 마마!	2020	tvN	16	주말 드라마
엄마가 바람났다	2020	SBS	122	일일 드라마(아침)
그린마더스 클럽	2022	JTBC	16	수목 드라마
슈룹[6]	2022	tvN	16	주말 드라마

어머니, 모성에 대한 드라마적 재현

30년간 방영된 어머니 제목의 드라마 중 시청률이 높았거나, 각종 상을 수상했거나 사회적으로 논란이 되었던 드라마를 선별하여 살펴보면 한국의 텔레비전 드라마가 어머니를 재현할 때 내용적 혹은 이데올로기적으로 무엇에 중점을 두었는지 알 수 있다. 방영된 드라마 중 10여 개를 살펴보았다.

1993년에 방영된 드라마 중 단연 두각을 드러낸 것으로는 〈엄마의 바다〉(1993)를 들 수 있다. 이 드라마는 평균 50%에 육박하는 높은 시청률을 보였고, 몇몇 출연자는 이 드라마를 통해 1990년대를 대표하는 신세대 아이콘으로 부상했다. 드라마에 대한 평판도 좋아서 1994년 백상예술대상에서 대상, 작품상, 연출상, 극본상을 수상했다. 당시에는 이 드라마가 주말 연속극의 소재를 확대했다는 평가도 있었다. 당시 유행했던 주말 드라마의 불륜 소재 경향과 달리 이 드라마는 40대 남성 사망률 1위라는 현실에서 이 땅의 가장들에게는 자신을 되돌아보는 계기를 제공하고 어머니들의 끈질긴 생명력을 확인시켜 주었다는 것이다(오광수, 1993. 12. 28). 〈엄마의 바다〉는 중소기업을 운영하는 남편의 보호 속에서 온실 속 화초처럼 살고 있던 엄마(김혜자 분)가 갑자기 남편을 잃고 생활을 꾸려나가기 위해 굳센 어머니로 변모해 간 과정에 대한 이야기다. 이 엄마는 남편의 부도와 사망으로 인해 집을 압류당해 친척집에 얹혀살게 되었고, 세상 물정을 모르기 때문에 반복적으로 곤란을 겪었다. 첫째(고현정 분)는 엄마가 반대하는 사랑을 찾

5 1회당 35분/4회 연속 방송.

6 제목에 엄마, 어머니가 들어가지 않았지만 드라마 내용을 고려하면 '슈룹'이 명백하게 '어머니의 우산'을 의미하는 것이어서 포함했다.

아갔고, 천방지축 신세대인 둘째(고소영 분)는 엄마의 고충을 모른다. 생활고와 자녀들과의 갈등 속에서도 엄마는 꿋꿋하게 엄마의 자리를 지키며 4남매를 잘 성장시켰고 가정을 일으켰다. 그럼에도 불구하고 마지막 회에서 엄마는 "아빠가 그리 일찍 안 가셨으면 아직도 욕심 부리고 교만 떨고 그렇게 살았을 거다. 아빠 덕분에 엄마가 철났다"라고 하며 자기반성의 말을 내뱉는다. 1990년대에는 어머니로서의 정체성이 여성 개인으로서의 정체성보다 우선시되었기 때문에 드라마 어느 곳에서도 엄마의 성과 재혼에 대한 이야기 없이 어려운 시기에 가정과 자식을 위해 희생하는 어머니가 강조되었다. 아버지의 경우는 이와 사뭇 다른데 〈엄마는 출장중〉(1996, KBS2)에서는 정식으로 계약을 맺고 일하는 직업 가정부가 1남 3녀를 둔 50대 홀아비의 집안에서 실질적인 주부 노릇을 하던 끝에 새엄마가 된다는 이야기가 코믹하게 그려졌다.

1990년대 KBS의 일일 아침 드라마 〈TV 소설〉도 어머니를 제목으로 두 편의 드라마 시리얼을 방송했는데, 〈모정의 강〉(1997)과 〈새엄마〉(2001)이다. 〈모정의 강〉에서 엄마는 '미혼모의 딸로 태어나 고아원에서 어렵게 자라나 굳은 의지로 온갖 역경을 헤쳐 나가며 1970년대 기성복 붐을 일으키는 기업인으로 성공'한 엄마이거나, '어머니에게 버림받고 성장하여 미 8군의 삼류가수에서 나이트클럽 댄서로 전락한 여성이 미혼모가 되어 자신의 아기를 친구에게 맡긴 채 세상을 떠난 엄마'이다. 이 드라마는 미혼모였던 과거를 숨기는 어머니 등 미혼모들이 대거 등장하는 설정으로 인해 방영 당시 비정상적인 가족 관계를 묘사한다며 비난받기도 했다. 동시에 한국가족문화학회로부터 '가족공동체적 사랑과 화해의 따뜻함을 보여주었다'는 이유로 '가족문화상'을 받았다(김희경, 1998. 1. 8). 〈새엄마〉는 자신의 의지와 무관하게 미혼모가 되고, 새엄마가 되고, 두 번째 며느리가 된 여성의 질곡 많은 인생을 통해, '어머니란 무엇인가', '가족이란 무엇인가'에 대한 화두를 던진다고 프로그램이 소개되었다. 이 드라마에는 여주인공이 16살에 성폭행을 당한 뒤 상대 남성의 아이를 낳고 후처로 들어가게 되어 본처의 자식들한테 구박받는 내용이 들어 있다. 여성에 대한 그러한 설정이 시대에 뒤떨어진 내용이라는 비판을 받았다. 〈TV 소설〉이 아침 시간대 주부들을 대상으로 한 드라마이고, 주인공의 성장 배경이 대부분 1960~1970년대 근현대 시기의 가난했던 시절이었음을 감안하더라도 2000년대 드라마에서 여성에 대한 그러한 재현은 분명히 비난받을 소지가 있었다.

2000년대의 엄마는 과거와 좀 다르다. 텔레비전 드라마에서 어머니, 엄마가 아니라 '맘mom'이 공식화되어 소환된 되기 시작한 것은 2000년대 중반 이후이다. 〈강남엄마 따라잡기〉(2007, SBS), 〈워킹맘〉(2008, SBS)을 그 시작으로 볼 수 있다. 〈워킹맘〉은 출산으로 인해 직장을 그만뒀다가 복직해 육아와 직장일 사이에서 고군분투하는 워킹맘이 소재이다. 이 드라마에서 워킹맘인 여주인공이 아이 맡길 친정엄마가 필요해서 혼자된 아버지를 재혼시켰고, 재혼한 여성은 애 키우기와 이혼 사이에서 갈등한다는 스토리이다. 드라마가 전체적으로 코믹터치로 그려졌지만 여성의 사회 진출이 급증한 현실에도 불구하고 육아는 여전히 여성의 몫으로 묘사되었다.

같은 해에 방영된 〈강남엄마 따라잡기〉는 학교에서는 자녀 교육의 보조자이자 가정의 책임자로서의 '맘'에 대한 이야기이다. 이 드라마에서는 '강남'으로 압축되는 대한민국의 사교육 현장을 쥐락펴락하는 엄마들이 주인공이다. 드라마 기획 의도에는 "…교육을 위해 너도 나도 강남으로 이사를 간다. 강남의 집값이 오르기 시작한 것도 어찌 보면 교육 때문… 오늘 한국의 위기의 주부들에 대한 이야기를 해보자!" 라고 되어 있지만, 드라마 내용은 엄마들을 사교육과 아파트값 상승을 부추기는 비난받아 마땅한 존재들로 묘사한다. 또한 사고로 일찍 남편을 잃고 하나뿐인 아들을 위해 낮에는 식당, 밤에는 대리운전을 하면서 아들 교육을 위해 강남으로 이사 와서 억척스럽게 살아가는 한 어머니를 통해 자녀교육에서 바람직한 어머니는 어떠해야 하는지에 대한 규범을 제시한다.

2008년 KBS의 주말 드라마는 그동안 텔레비전 드라마에서 보여주었던 어머니와는 사뭇 다른 어머니의 모습을 보여주었다. 〈엄마가 뿔났다〉에서 엄마가 엄마 역할, 주부 역할 파업을 선언한 것이다. 이 드라마에서 엄마(김혜자 분)는 당시로 보면 노년인 62세인데, 이 엄마는 가난한 집 딸로 태어나서 여상을 졸업하고 작은 출판사 경리로 있다가 25살에 결혼하여 27살에 첫 아이를 출산했다. 어려운 형편임에도 시동생들을 뒷바라지해 왔건만, 남편은 여전히 좋은 사람일 뿐 경제적으로 무능하다. 그런 엄마가 각성하기 시작했다. 보낸 세월이 억울해지면서 달라지기 시작한 것이다. 남편, 남편의 혈육, 자녀들과의 관계 속에서 자신의 정체성을 찾아 온 엄마는 마침내 각성하고 자신에게 몰입하기 시작했다. 〈엄마가 뿔났다〉의 작가 김수현은 3대 중심의 가족 드라마를 주로 집필해 왔는데, 이 드라마에서는 엄마를 드라마 전면에 내세워 가부장적 남성 중심으로 드라마를 전개해 왔던 기존 경향을 달리했다고 평가받았다. 황혼의 성性을 과감하게 드러내고, 독백의 비중을 강화하여 억압되고 고단했던 어머니의 심경을 드러냈다. 그래서 일면에서는 동시대 엄마들의 모습과 심경을 잘 대변해주었다고 평가받기도 했다(김부원, 2008. 9. 28). 〈엄마가 뿔났다〉는 가사노동의 무임금, 재혼 가정의 육아 문제, 중년의 자아, 노년의 사랑 등 논란거리를 쉴 새 없이 쏟아냈지만, 특히 가족들에게서 벗어나 잠시 쉬겠다는 엄마의 가출 선언은 찬반 논란이 일어날 만큼 큰 파장을 일으켰다.

2018년에 방송된 〈마더〉(tvN)는 텔레비전 드라마 속 모성에 관해 논문이 여러 개 나올 정도로 학문적으로도 관심을 받았다. 이 드라마는 일본의 니혼TV에서 2010년에 방송한 동명의 드라마가 원작인데, 학대받는 소녀를 구하기 위해 그 소녀의 엄마가 되기로 한 비출산 모성에 대한 이야기다. 극 중 납치를 연상시키는 설정에 대한 비난은 있었지만 비혈연 관계가 혈연보다 끈끈한 모녀 관계로 발전하는 과정은 그동안 텔레비전 드라마에서 혈연과 출산자를 우선적 가치로 재현해 온 모성과는 분명히 차이가 있었다.

2018년에는 대리모에 대한 드라마도 있었다. 〈나도 엄마야〉(SBS)는 "대리모이기 때문에 모성을 박탈당한 여자가 새롭게 찾아온 사랑 앞에서 온갖 어려움에도 불구하고 사랑을 쟁취하며 가족의 소중함과 따뜻한 세상의 의미를 새겨가는 이야기"라고 소개되어 있다. 이 드라마는 자신의 유전자와 무관하게 단지 자궁만 빌려준 여성의 모성에 관한 이야기로, 모성은 핏줄이나 생물학적 관계가 아니라 자식에 대한 사랑이라는 것을 말하고 싶어했으나 시청률은 좋지 않았다. 이렇게 2010년대 후반에는 비혈연, 비출산 모성에 대한 이야기가 텔레비전 드라마 속에 등장하게 시작했다. 대리모와 대리모 의뢰인이 가족으로 얽힌다는 설정은 2009년의 드라마 〈천만번 사랑해〉에서도 있었기 때문에 〈나도 엄마야〉가 대리모에 관한 첫 드라마는 아니지만, 이 드라마는 어머니, 모성을 강조했다는 점에서 차이가 있다. 20회 전후에는 대리모와 양육자 엄마의 아이 쟁탈전이 전개되었고 시청자들 사이에서는 아이가 누구에게 가야 옳은가에 대한 논란이 있었다. 현실에서는 대리모가 친모와의 친권 소송에서 승소하기도 한 만큼 시청자 게시판 등에서 어느 쪽에게 엄마 자격이 있는지 갑론을박이 벌어지기도 했다.

2022년에도 현실 속 '맘'을 연상시키는 드라마가 방영되었다. 드라마 제목인 〈그린마더스 클럽〉(JTBC)은 실제 존재하는 '녹색어머니회'를 연상시켰다. 이 드라마에서는 초등학교 맘커뮤니티가 사건 전개의 주요 배경이다. 드라마 소개 포스터에는 "대한민국 엄마라면 피할 수 없다"는 문구가 쓰여 있고, 공식 홈페이지에서는 "…제 아무리 난다 긴다 하는 배우도, 그룹의 CEO도, 장관도, 유명인사도 초짜일 수밖에 없는 곳이 있다. 바로 초등 커뮤니티"라고 프로그램 소개의 서두를 열었다. "그곳에서 인싸가 되는 일은 여타의 사회생활보다 치열하고 갓 입사한 신입사원처럼 서로를 관찰하는 눈치싸움은 상상을 초월한다"며 "우정은 인간의 영역이다. 그러나 모정은 짐승의 영역이다"라고 소개한다. 커뮤니티 안에서 우정으로 위장한 맘들의 갈등과 경쟁이 주요 서사를 이루고 있다. 이 드라마가 자식들의 경쟁과 엄마들의 대리전을 해피엔딩으로 위장했다고 할지라도, 자녀 교육을 위해 자신의 커리어와 욕망을 포기한 엄마를 당연하게 묘사하고, 그러한 엄마들에게는 자녀를 중심으로 좁은 세계가 세상의 전부인 것처럼 묘사했다. 또한 자녀교육은 엄마의 몫으로 재현하면서도 엄마의 적극성은 극성스럽고 이기적인 것으로 표현되었다. 이러한 드라마적 재현은 양육 여성의 새로운 정체성인 '맘'에 대해 분명하게 부정적 인식을 덧씌웠다.

2022년에는 기존의 어머니와는 완전히 다른 직업의 엄마가 등장했다. 〈슈룹〉(tvN)에서 엄마는 왕족이다. 이 드라마는 중전이라는 직책을 가진 고위 공직자 엄마에 대한 이야기인데, 드라마 속에서 중전(김혜수 분)은 자식에 관한 일에서는 필부와 다르지 않다. 맘대로 되지 않는 자식을 위해 고군분투하며 자식의 흠이 밖으로 노출되지 않도록 애쓴다. 정적인 대비가 견제하고 있는 상황에서 중전의 친생자가 왕위를 계승하는 것이 생명 유지와 직결된다는 설정이 있지만, 어찌 됐든 중전은 친생자를 다음 왕으로 만들기 위해 교육하고 훈육한다. 아들을 권력욕의 도구로 활용한 대비와 왕세자 자리를 욕망하여 아들들을 다그치는 후궁들 사이에서 중전은 퀴어인 아들도 인정하고 따듯이 감싸며 이상적인 엄마의 모습을 보여준다. 혹자는 〈슈룹〉을 대치동 사교육 현장에 빗대었고, 중전과 후궁들을 사교육 현장에 뛰어든 강남 엄마들이라고 평가했다.

1993년에서 2022년까지 어머니, 엄마를 제목으로 내세운 드라마가 32편이 방영되었으니 단순 계산하면 1년에 1편은 어머니 소재의 드라마가 만들어진 셈이다. 드라마가 지속되는 한 어머니 소재 드라마는 계속될 것이다.

5. 모성에 대한 기대, 변화와 연속성

한국 텔레비전 드라마에서 어머니가 드라마 제목에 처음 나타난 것은 1962년 특집극으로 방영된 〈엄마의 비밀〉(KBS)에서이다. 어머니는 한국 텔레비전 드라마가 꾸준히 선호해 온 소재이다. 제목에 명시되지 않아도 어머니는 드라마 곳곳에 스며들어 있으며, 경제적·사회적 위기 시에는 필요에 맞게 재구성되어 소환되어 왔다. 1990년대 중반에는 자녀교육(대학 진학)에 전념하는 교육 관리자인 동시에 매력적인 여성으로서, 1990년대 후반에는 경제적 위기에 처한 가족들의 피난처로서, 2000년대 이후에는 어린 자녀를 위한 소비자 여성으로서 소환되며, 드라마 속 어머니는 자아 정체성을 잃어버린 채 항상 가족과의 관계 속에서 위치지어졌다.

시대는 변했어도 한국의 텔레비전 드라마에서 자식을 위해 헌신하고 자신은 무화無化한 희생적인 어머니로서의 한 가지 정체성은 1993년과 같이 2022년에도 여전했다. 이러한 정체성은 사회적 혼란기나 위기 시에 불쑥불쑥 나타나서 강력한 힘을 발휘했다. 텔레비전 드라마는 왜 위기 때마다 강하고 희생적인 어머니를 소환하는가? 신경아(1999)는 어려울 때마다 희생적인 어머니상이 각광받는 데에는 여성에게 일종의 안전판buffer 역할을 요구하는 사회적 관행이 자리하고 있다고 말한다. 강하지만 희생적인 어머니, 즉 자신에게 주어진 임무를 수행할 때는 강한 정신력으로 자신의 의지를 관철하지만 권리를 주장하지 않는 어머니의 존재는 사회적 위기 시 역할을 다하지 못하는 남성의 공백을 채우고 위기가 지나면 다시 모든 것을 본래의 자리로 되돌릴 수 있는 기제가 된다는 것이다. 모성의 사회적 구성은 언제나 '누군가'의 필요에 따라 제기되었고, 어머니 노릇은 특정한 역사적 국면들 속에서 이루어지는 남성 및 여성의 행위들을 통해 구성되어 왔다(채성주, 2009).

한국 텔레비전 드라마가 어머니를 묘사하고 재현하는 방식에 여전히 변하지 않는 것이 있다고 할지라도 희망은 있다. 〈마더〉에서처럼 비혈연적 어머니가 등장하고, 어머니가 되지 않을 권리나 어머니가 아닌 한 인간으로서의 재현, 자녀와의 관계가 부각되지 않는 어머니들이 있다. 그러한 어머니는 2020년 이후 부상하는 중인데, 〈더글로리〉(2022, Netflix)에서 문동은의 엄마와 박연진의 엄마는 통상적으로 보아온 엄마가 아니다. 〈마인〉(2021, tvN)에서도 출산자 엄마, 양육자 엄마, 모성과 거리를 둔 양육자 여성 등 다양한 어머니의 모습이 보인다. 이들이 모두 긍정적으로 묘사된 것은 아니지만 적어도 모성과 어머니 역할을 여성의 본능적인 생물학적 요소로 이해하는 관념에 대해서는 이의를 제기하는 효과가 있다.

페미니즘의 전통 안에서 이루어진 모성에 대한 논쟁은 모성을 본질적인 것, 여성의 본능으로 이해하는 관념에 대한 저항이자 투쟁이다. 2023년 현재, 모성에 관한 논의는 '모성은 여성의 본능'이라는 관점에 대한 도전과 여성만이 갖는 강력한 힘, 즉 어머니로서의 권한 강화 및 여성적 가치의 부각이라는 두 관점이 중심축을 이루고 있다. 모성 혹은 어머니에 대해 어떤 관점을 취하든, 오랜 기간 동안 가부장적 인식틀 내에서 고통받아온 어머니를 구해내는 것이 모성 투쟁의 핵심이다. 현대를 살아가는 다수에게 가장 보편적인 이야기 양식인 텔레비전 드라마가 그러한 투쟁의 장이 되어주었으면 한다.

더 찾아보기

영화 〈모성〉(2022, 히로키 류이치)
〈The Mother〉(2023, 니키 카로)

드라마 〈동백꽃 필 무렵〉(2019, KBS2)
〈마더〉(2018, tvN)
〈남남〉(2023, ENA)

책 윤택림(2001). 『한국의 모성』. 미래인력연구센터.
사라 러딕(2002). 『모성적 사유』. 이혜정 옮김. 철학과현실사.

참고문헌

강준만(2009). 『어머니 수난사』. 인물과 사상사.

권양현(2019). 모성 서사의 재현 양상과 의미: 텔레비전드라마 〈마더〉를 중심으로. 『국제어문』 82: 537-567.

김미라(2018). '모성'의 확장과 재사유: TV드라마 〈마더〉를 중심으로. 『한국극예술연구』 61: 333-368.

김부원(2008. 9. 28). ['엄뿔'이 남긴것④] 인기요인 3가지는?. 〈아시아경제신문〉.

김수정(2017. 2. 26). 출생률 낮으니 고스펙 여성들은 눈 낮춰 결혼하라?. 〈노컷뉴스〉. https://www.nocutnews.co.kr/news/4740102.

김희경(1998. 1. 8). KBS1 '모정의 강' MBC '우리시대의…' 가족문화상 받아. 〈동아일보〉.

신경아(1999). 1990년대 모성의 변화: 희생의 화신에서 욕구를 가진 인간으로. 심영희·정진성·윤정로 편. 『모성의 담론과 현실: 어머니의 성, 삶, 정체성』. 389-413. 나남출판.

오광수(1993. 12. 28). TV평 막내린 엄마의 바다. 〈경향신문〉.

이경아(2009). 모성에 대한 여성주의 재사유. 『한국여성철학』 11: 173-197.

이상화(2005). 리더십과 권력에 대한 여성주의적 재개념화. 『여성학논집』 22(1): 3-22.

이연정(1999). 여성의 시각에서 본 '모성론'. 심영희·정진성·윤정로 편. 『모성의 담론과 현실: 어머니의 성, 삶, 정체성』. 21-41. 나남출판.

이은지(2019). "엄마가 되는 건 다른 작은 존재를 위해서 자기를 다 내줄 때에요": TV 드라마 〈마더〉에 재현된 모성 실천에 관한 연구. 『가족과 문화』 31(3): 34-79.

이정옥(1999). 페미니즘과 모성: 거부와 찬양의 변증법. 심영희·정진성·윤정로 편. 『모성의 담론과 현실: 어머니의 성, 삶, 정체성』. 21-41. 나남출판.

정영희(2020). 텔레비전 드라마 속 모성 판타지에 대한 여성주의적 고찰: KBS 드라마 〈동백꽃 필 무렵〉을 중심으로. 『한국언론학보』 64(4): 132-166.

정지영(2005). 한국 가부장제의 역사와 모성. 조형 편. 『여성주의 가치와 모성 리더십』. 89-115쪽. 이화여자대학교출판문화원.

채성주(2009). 『근대교육 형성기의 모성 담론』. 학지사.

천성림(2003). 1920-30년대 중국지식인의 '모성' 담론과 '모성보호' 인식. 『중국사연구』 24: 204-245.

최은영(2014). 「한국 여성의 모성 기획과 균열에 관한 질적 연구」. 서울대학교 대학원 박사학위논문.

홍지아(2009). TV드라마에 나타난 모성재현의 서사전략과 상징적 경계의 구축. 『한국방송학보』 23(6): 284-321.

Badinter, E.(1980). *(L')amour en plus: histoire de l'amour maternel, XVIIe-XXe siècle*. Paris: Flammarion. 심성은 옮김(2009). 『만들어진 모성』. 동녘.

Barker, C.(2004). *The SAGE Dictionary of Cultural Studies*. SAGE Publications: London Thousand Oaks New Delhi. 『문화연구사전』(2009). 이경숙·정영희 옮김. 커뮤니케이션북스.

Rose, J.(2018). *Mothers: An essay on love and cruelty*. Farrar, Straus and Giroux. 김영아 옮김(2020). 『숭배와 혐오: 모성이라는 신화에 대하여』. 273-284. 창비.

Thurer, S. L.(1995). *The Myths of Motherhood: How Culture Reinvents the Good Mother*. Houghton Mifflin Company. 박미경 옮김(1995). 『어머니의 신화』. 까치.

3장

제빵공장 여성 노동자의 죽음과 한국 사회의 여성 노동 담론

— 이소현

"노동자의 피 묻은 빵을 먹을 수 없다"

2022년 10월 15일 새벽 6시쯤 SPC 계열 SPL 제빵공장에서 20대 여성 노동자 A씨가 샌드위치 소스 배합 기계에 끼여 숨지는 사고가 일어났다. 샌드위치 소스를 혼합하는 작업은 원래 2인 1조로 진행되어야 하는데, 사고 당시 A씨는 홀로 작업하고 있었으며 사고가 발생한 기계는 덮개를 열면 자동으로 기계를 멈추게 하는 장치인 자동방호장치(인터록)가 없었다(《한겨레》, 2022. 10, 18). 사고를 당한 A씨는 대학 진학을 포기하고 남동생과 어머니를 부양해 왔던 청년 가장이었다. 이 사고는 노동자들의 안타까운 죽음을 초래하는 열악한 노동 환경 문제에 다시금 주목하게 했을 뿐 아니라, 해당 기업의 과거 실책과 안일한 대응이 드러나면서 대규모의 불매운동을 촉발했다.

제빵공장 끼임 사고로 목숨을 잃은 20대 여성 노동자의 이야기는 익숙하게 느껴져 더 안타깝다. 왜냐하면 한국 사회에 남겨진 여성 노동의 발자취를 투영하고 있기 때문이다. 1960년대 산업화 초기에서부터 한국의 여성 노동자들은 노동집약적 산업 인력으로서 저임금·미숙련 노동을 전담해 왔으며, 가부장제 이데올로기의 지배 속에서 가정을 부양하기 위해 희생을 감내해 왔다. '한강의 기적'이라 불리는 눈부신 경제 발전 과정 속에서 여성 노동자들이 생산하는 제품 또는 제공하는 서비스는 달라졌지만, 여성 노동에 대한 담론과 가치, 여성 노동자들의 위치는 얼마나 달라졌을까? 한국 사회 여성 노동의 역사 속에서 "노동자의 피 묻은 빵"은 어떤 의미이며, 어떻게 해야 사라지게 할 수 있을까?

---

1. 한국의 경제 발전과 여성 노동의 변화

한국은 급속도의 경제 발전을 이루어내면서 불과 반세기 정도 만에 농업사회에서 산업사회, 후기산업사회, 지식정보사회에 이르는 변화를 거쳐 왔다. 이러한 급성장 뒤편에는 여성 노동에 대한 불편한 진실이 가려져 있는데, 바로 한국의 성별 임금 격차가 OECD에 가입한 원년인 1996년부터 27년째 최하위를 기록하고 있다는 것이다. 2021년 기준 한국의 성별 임금 격차는 31.1%로, OECD 회원국 평균(12.0%)보다 20% 정도 높은 수준을 기록했다. 이는 남성이 100만 원을 받을 때 여성은 68만 9천 원을 받는다는 의미다(《경향신문》, 2022. 3. 23) 한국인의 '워라밸'(일과 삶의 균형) 또한 OECD 국가들 중 최하위를 차지했는데, 연간 근로시간 평균 1915시간으로, 31개국 평균 1601시간을 훨씬 웃도는 최장 근로시간을 기록했다(《서울신문》, 2022. 7. 16), 한국 사회의 척박한 노동 환경 속에서 여성 노동은 낮은 고용률과 M자형 노동 참여 등으로 특징 지워졌으며, 저임금, 미숙련, 비정규 등의 수식어를 붙인 채 주변화되어 왔다.

산업화 시대의 여성 노동

1962년 군사 정변으로 등장한 박정희 정권은 "빈곤으로부터의 탈출"을 슬로건으로 내세우며 수출 위주의 경제 성장을 도모했다. 국가 주도의 경제 발전 사업은 '경제 개발 5개년 계획'을 연이어 실행하는 가운데 이루어졌는데, 1960년대에서 1970년대 초까지는 가발, 합판, 섬유, 신발, 전기제품 등 노동집약적 경공업을 주력 산업으로 삼았다. 당시의 경제 발전 정책의 기조는 미국, 일본 등 선진국의 차관을 투자금으로 유치하고, 저렴하면서도 양질의 여성 노동력을 무제한 동원할 수 있다는 전제에 기초한 것이었다(김미숙, 2006). 제조업 여성 취업자는 1960년 당시 6.3%에서 75년 16.8%로 늘어났으며, 제조업 부문의 여성 비율도 60년 26.6%에서 1975년 37.8%로 증가했다. 경공업과 조립산업 위주의 수출 지향적 경제 발전 전략이 전개되는 가운데 생산직 여성 노동자들이 집중적으로 동원되었던 것이다.

1973년 세계적인 오일 쇼크의 여파로 경공업 제품을 중심으로 보호무역주의 정책이 시행됨에 따라 한국의 경제 발전 계획 또한 수정이 불가피해졌다. 1980년대에 들어서면서 철강, 조선, 전자, 화학, 자동차 등 중화학공업이 주력 산업으로 부상했다. 전두환 정권은 박정희 정권의 '경제 개발 5개년 계획'의 기조를 유지하면서 제조업과 중화학공업 중심으로 수출 중심의 고도성장을 추진했다. 제조업의 생산 증가는 수출 증가와 직결되었는데, 여성 노동력이 집중된 섬유류, 전자제품, 신발류 등의 제품들이 높은 수출 순위를 차지했다. 1980년대 중화학공업 중심으로 경제 성장을 추진했음에도 불구하고 여성 노동자들의 수출 기여도는 높았다고 평가할 수 있으며, 1970년대 이래 섬유·의복, 전기·전자 등 전통적인 여성 노동 직종의 여성 집중 현상은 지속되었다(김미숙, 2006).

박정희 정권과 전두환 정권에서 추진한 수출 지향적 경제 성장은 노동집약적 산업에 투여된 여성 노동자들에 의존하고 있었으며, 이들은 대부분 농촌에서 도시로 이동하여 저임금, 단순, 미숙련 노동을 수행했다. 1960년대에서 1970년대에 공장 체제에 들어온 여성들은 남성들보다 훨씬 더 열악한 노동 조건에 처해졌는데, 여성 노동자들은 18세를 전후로 아무런 기술 없이 연고 관계에 의해서 공장에 들어왔으며, 결혼 전에 단기적으로 가계 보조의 입장에서 일하는 것으로 취급되었기 때문이다(김춘수, 2003). 이렇듯 두 군사 정권에서 채택한 여성 노동력의 동원 방식은 국가 주도의 권위적 기조 속에서 미혼 여성의 저렴한 노동력을 적극적으로 활용하는 것이었다.

1960~1970년대 여성 노동의 주변화는 가부장제 이데올로기와 국가 주도의 경제 성장 전략의 결합 속에서 구체화되고 정당화되었다. 생산직 여성 노동자들이 처한 열악한 노동 조건은 기술이 없다는 점에 근거하는데, 여성들은 실상 기술교육 훈련 과정에서의 성적 분할이라는 국가적 전략 속에 단순·미숙련 노동자로 머무를 수밖에 없었다. 국가 주도의 산업화 과정이 전개되는 가운데 여성은 기술 자격 취득을 위한 직업 훈련 기회를 얻기 어려웠으며, 이러한 정책적 선택과 배제는 성별 분업적 사고와 관행을 토대로 여성에게 적합한 업무를 재확인하고 여성 노동자의 기술력 부족을 문제 삼아 구조적 저임금을 은폐했던 것이다(김춘수, 2003). 두 군사 정권의 산업화 과정 속에 미혼의 여성 노동자들은 저임금, 미숙련, 단순노동자로 위치 지워졌으며, '공순이'라는 부정적이고 폄하적인 이름으로 불리게 되었다.

산업화 시대의 여성 노동자와 대중영화

1960년대는 한국 영화산업의 실질적인 성장이 이루어졌던 시기라고 평가할 수 있다. 영화 제작이 활성화되면서 청춘영화, 코미디, 멜로드라마 등 다양한 장르의 영화들이 등장했으며, 급속한 산업화 과정에서 배태된 여러 가지 사회적 문제들과 가치관의 변화 등을 엿볼 수 있었다. 여기서 주목할 만한 점은 다소 역설적이라고 느껴질 정도로 멜로드라마와 같은 대중 장르에서 여공들의 모습을 찾아볼 수 없었다는 것이다(조진희, 2008). 1960년대 제작된 총 644편의 멜로드라마 중에서 하층 계급 여성이 주인공으로 등장한 횟수는 103회로 나타났는데, 하층 계급 여성의 직업 유형에 대한 분석 결과 술집과 관련된 직종(기생 21회, 바의 여급 20회, 마담 17회)이 대부분을 차지했다. 식모는 14회 등장했으며, 공장 여직공은 2회에 불과했다(정지윤, 2006: 31-32). 당시 농촌에서 도시로 유입된 대규모의 생산직 여성 노동자들을 고려하면, 이 시기 대중영화 속 여공들의 부재는 산업화 시대의 역설적인 과소 재현일 것이다.

1960~1970년대 대중영화에서 자취를 감추었던 여공들은 1980년대 후반이 되어서야 리얼리즘 영화의 확대 속에 새롭게 조명받게 되었다. 대표적인 영화는 〈구로 아리랑〉(박종원, 1989)과 〈아름다운 청년, 전태일〉(박광수, 1995)이다. 〈구로 아리랑〉은 4명의 생산직 여성 노동자가 각기 다른 욕망과 가치를 갖고 살아가는 모습을 보여주면서 열악한 노동 환경과 노조 설립의 당위성 등 당대의 노동 현안을 다루었다. 〈아름다운 청년, 전태일〉에서는 '시다'라고 불리던 평화시장의 미숙련 여공들과 활동가의 모습을 통해 1970년대 여성 노동자들을 소환했다. 두 영화 모두 그동안 관심받지 못했던 여공의 삶을 스크린

에 담아냈지만, 지식인과의 관계 속에 여성 노동자들이 도구화되는 양상을 보였으며 스스로 깨어나는 주체적인 존재가 될 수 없음이 부각되었다(조진희, 2008), 대중영화 속에서 산업화 시대 여성 노동자들의 삶과 경험은 남성/지식인의 역사 속에 탈각되는 경향을 보였던 것이다.

대중영화 속 여공의 재현 양상과 달리 당대 생산직 여성 노동자들의 증언은 고도성장의 그늘과 주류 서사 뒤에 숨겨진 여성들의 경험을 드러냈다. 가족의 생계 보조를 위해 공장에 들어온 여성 노동자들은 전통적인 가족 공동체적 사고와 성별 이데올로기를 내면화했지만, 아버지로부터 부양을 받는 존재가 아니라 집안의 생계를 책임지는 가장의 면모를 보였다는 점에서 '피부양자', '의존자'로서 표상되어 온 여성에 대한 통념을 뛰어넘고 있었다(장미경, 2004). 여성성의 기존 경계를 넘어 가족의 부양자이자 산업의 역군으로 활약했던 여공들은 일터와 가정의 젠더화된 권력관계 속에서 주변화되거나 도구화되었으며, 1980-1990년대 사회·경제적 변화 속에서 새롭게 자리매김하게 되었다.

후기산업화 시대의 여성 노동

1987년 여름 발생한 노동자 대투쟁은 노동운동의 역사적 전환을 이끌어냈다. 하루 평균 300여개 사업장에서 파업 농성이 진행되었으며, 노동자들의 시위는 대규모 중화학공업 사업장뿐만 아니라 여성 노동자들이 대거 진출해있던 산업 현장에서도 일어났다. 노동자 대투쟁은 박정희, 전두환 군사 정권의 권위적이고 억압적인 노동 통제 정책의 문제가 폭발한 사건이었다(김미숙, 2006). 노동자 대투쟁 이후 임금 인상과 노동조합 활동이 확대되었으며, 기업은 정규 핵심 노동력의 동원과 별개로 여성, 중·고년층 등 유휴 노동력의 활용 방안을 고민하게 되었다.

1980년대 이후 여성 노동의 대표적인 변화는 기혼 여성 노동자 집단의 부상이다. 1992년 기혼 여성의 취업률은 47%로 나타났는데, 이는 1980년의 35.6%보다 11.4% 증가한 수치였다. 여기서 문제는 기혼 여성의 생애주기 단계별로 직업 이동 유형이 나타난다는 것인데, 이른바 M자형 곡선 가운데 2개 봉우리 사이에, 즉 20대 전반의 젊은 여성들(사무직 종사자)로부터 40대 중년 기혼 여성들(판매, 서비스직, 생산직 종사자)로 직종이 급변하고 있음이 드러났다(한준, 2002: 김미숙(2006) 재인용). 이는 기혼 여성이 재취업을 통해 노동시장에 재진입할 경우 대부분 이전보다 하향 이동을 감내해야 함을 의미하는 것이다.

노태우 정권 시기 1988년 「남녀고용평등법」[1]과 1991년 「영·유아 보육법」이 실시되면서 여성 노동자들을 위한 법·제도가 시행되기 시작했으며, 전담 부서도 마련되어 여성 노동 정책을 집행하게 되었다. 여성의 경제 활동 참여율과 교육수준이 높아지고 여성 노동에 대한 관심과 지원이 확대되었음에도 불구하고 1990년대 여성 노동자들은 새

---

1 「남녀고용평등법」은 고용에 있어서 남녀의 평등한 기회 및 대우를 보장하는 한편 모성을 보호하고 여성의 직업능력개발 및 고용촉진을 지원하기 위해 제정되었으며, 기존 「근로기준법」이 규정하지 못한 근로자의 모집, 채용, 교육, 승진, 배치, 정년, 퇴직, 해고 시의 성차별 금지, 육아 휴직제, 직장 탁아소 설치 등의 내용으로 구성되었다. 선언적 의미에 불과하다는 비판 속에 1년 뒤인 1989년에 1차 개정되었으며, '동일가치노동 동일임금 조항'의 신설 및 벌칙조항의 강화가 이루어졌다. 1995년 2차 개정 시에는 '남편의 육아휴직 신청 허용' 등 이전까지 실질적으로 이루어지지 못했던 '평등과 보호' 내용을 보완했으며, 1999년 3차 개정을 통해 '간접차별 규제금지'와 '직장내 성희롱 금지 조약'이 마련되었다. 2007년 12월 「남녀고용평등과 일·가정 양립 지원에 관한 법률」로 변경되었다.

로운 어려움에 봉착하게 된다. 서비스 산업화가 본격적으로 진행되고 신자유주의 경제 체제의 영향을 받기 시작하면서 여성 일자리의 불안정성이 심화된 것이다. 무엇보다도 1997년 12월 김영삼 정권 말기에 발생한 IMF 경제 위기는 여성 노동의 주변화를 전면화했다. 2차적 노동력으로 위치 지워진 여성 노동자들은 경제 불황과 성차별적 관행 속에서 고용 불안정에 시달리고, 실업 및 우선해고의 1차적 대상으로 내몰렸다(김미숙, 2006). 이와 같은 여성 노동시장의 취약성은 코로나19 감염병으로 인한 경제위기 상황에서도 반복적으로 드러났다.

김대중 정부는 IMF 경제 불황 타개를 위하여 대대적인 구조 조정을 단행하는 가운데, 탈규제, 탈집중화, 노동의 유연성 확보, 소득 경감 등 노동 정책에 연관된 긴축 정책을 도입했다. 특히 '정규직의 비정규직화, 수량적 유연화, 명목적 시간제' 등이 특징인 노동의 유연화는 남녀를 불문하고 노동자의 상당수가 비정규직 종사자로 진출하게 만들었다(이영자, 2004). 신자유주의 경제 체제의 확대와 서비스 산업화 과정 속에 노동시장 유연화가 광범위하게 진행되면서 2002년 8월 당시 여성 노동자의 73.3%가 비정규직 종사자가 되었으며(박승흡, 2001), 여성 실업군의 대폭적 증가가 나타나기도 했다. 필요할 때 싼값에 쉽게 고용하고 상황이 어려울 때 1차적 해고 대상으로 내칠 수 있는 여성 노동자들의 입지는 "노동시장에서의 젠더 불평등이 신자유주의 서비스 산업화 과정을 통해 고착화"되는 방식을 드러냈다(최인이, 2020).

1990년대 이후 한국 사회의 산업 구조는 서비스 산업화로 정의할 수 있다. 서비스 산업은 유형의 재화를 생산하는 산업을 제외한 다양한 경제 활동을 포괄하는 것으로, 감정노동의 확대, 고용 불안, 직종별 양극화 현상 등을 특징으로 지닌다. 이러한 서비스 산업화 과정은 여성 노동의 지형에도 영향을 끼쳤다. 지식과 기술을 바탕으로 전문직 서비스 업종에 종사하는 여성의 숫자가 늘어나는 반면 하층의 저임금 서비스 노동에 종사하는 비정규직 여성의 숫자가 지속적으로 증가하게 되면서 여성 내부의 이질화를 초래하게 된 것이다(김이선·이상직·권현지, 2019). 더불어 서비스 산업화는 중년 이후 여성들의 노동시장 재진입 현상을 촉발했는데, 이는 노동시장의 변화를 반영할 뿐 아니라 남성 생계부양자 모델의 해체를 의미한다. 여성 노동자들이 신자유주의 서비스 산업화 과정에서 만들어진 질 낮은 일자리로 유입됨에 따라 여성 경제 활동 증가는 사회경제적 지위 상승으로 이어지지 못했으며 노동시장의 성별 양극화가 가속화되었다.

2. 여성 노동의 이해

여성의 돌봄, 감정, 그리고 신체

여성의 노동은 남성 중심적 담론 속에서 진정한 노동으로 정의되지 못했거나 평가절하되어 왔다. 남성의 경험과 임금노동을 기준으로 두었을 때, 여성이 가정에서 수행하는 요리, 세탁, 청소, 자녀 양육 등은 노동이라기보다는 여성의 자연스러운 역할이나 의무로 받아들여졌던 것이다. 여성의 노동에 대한 인식 변화는 가사노동에 대한 논의에서 시작되었는데, 마르크스·사회주의 페미니스트들은 가사노동이 임금노동자가 노동을 지속하게 만들어주는 재생산 노동이며 자본가/남성은 이러한 여성의 노동을 사랑의 노동으로 둔갑시키고 합당한 비용을 지불하지 않음으로써 이윤을 축적할 수 있다고 보았다(페데리치,

2013). 성별 분업 구조를 배태하는 가부장제의 재생산 양식이 자본주의 생산 양식과 결합하여 자본가/남성의 지배, 임금노동자/여성의 종속을 양산하는 구조인 것이다.

여성의 재생산 노동에 대한 가치가 새롭게 조명되면서 돌봄노동[2]의 개념이 부상했다. 돌봄의 제공자인 여성이 가정에서 벗어나 노동시장에 진출하게 되면서 돌봄이 공적 영역으로 확장되었고, 탁아소, 어린이집, 학교, 병원, 양로원 등의 시설 등이 생겨나면서 '돌봄 경제 care economy'가 작동하게 되었다(폴브레, 2007). 돌봄이 사적 영역을 넘어 공적 영역으로 확대되고 돌봄의 상업화·전문화가 진행되는 가운데 돌봄노동은 가족에 대한 사랑과 헌신에서 시장 가치를 가진 상품으로 전환되었다.

돌봄노동에 관한 논의에서 주목할 것은 여전히 돌봄이 여성의 자연스러운 속성이자 여성이 가정에서 아무런 보상 없이 일상적으로 수행하는 일로 여겨지고 있다는 것이다. 돌봄노동의 대부분이 여성에 의해 수행되며 돌봄과 관련된 대부분의 일자리가 임금이 낮고 노동조건이 열악하다는 점에서 '돌봄노동의 여성화'라고 볼 수 있는 현상들이 나타나고 있다(안숙영, 2018). 돌봄이 필수적인 삶의 소건이라는 인식이 확산하고 있음에도 불구하고, 여전히 돌봄노동이 저임금의 성별화된 노동에 머무르고 있다는 사실은 노동시장의 젠더화된 속성이

2 돌봄노동care work은 "우리의 삶과 노동을 매일같이 재구성할 수 있게 해주는 관계와 활동의 복합체"(페데리치, 2013), 즉 집안일 등 재생산노동을 포함하는 활동으로 정의되는 반면, 독립적으로 살아갈 수 없는 의존자를 돌보는 활동으로 정의되기도 한다. 가정 내에서 가족 구성원을 위해 하는 모든 서비스를 무급 돌봄노동으로 규정한다는 점에서, 돌봄노동은 요리, 세탁, 청소를 포함한 가사노동뿐만 아니라 어린이, 환자, 장애인, 노인 등 보살핌을 필요로 하는 이들에게 돌봄을 제공하는 활동으로 폭넓게 정의할 수 있다(안숙영, 2018).

서비스 산업화 과정에서 보다 가시화되고 있음을 입증하는 것이기도 하다.

감정노동emotional labor은 재생산노동, 돌봄노동 개념과 더불어 여성의 노동을 설명할 수 있는 또 다른 개념으로 활용되고 있다. 감정노동은 개인을 대상으로 서비스를 제공하거나 판매 업무를 주로 하는 직업에서 많이 나타나며, 주어진 일을 수행하는 과정에서 감정이 주요한 자원으로 활용되는 노동을 지칭한다. 감정노동에 관한 핵심적 논의를 구축한 혹실드(Hochschild, 2003)는 감정노동을 "공적으로 관찰할 수 있는 얼굴과 신체의 전시를 만들어내기 위한 감정의 관리"라고 정의했다. 특히 서비스 산업화 과정에서 감정노동에 대한 관심이 확산되고 있는데, 이는 정신노동과 육체노동이라는 기존의 이분법적 범주로 이해할 수 없는 새로운 노동 양상이 확대되고 있기 때문이다.

감정노동 개념은 기존의 남성 중심적 노동 개념에 내재된 이성, 논리, 합리성 등의 가치에 도전할 뿐 아니라 감정과 여성 사이의 연결성을 토대로 '여성적인' 업무의 고유한 속성을 고찰하게 했다. 혹실드(2003)는 감정노동의 대표적인 사례로서 여성 승무원을 제시했으며, 여성종사자가 많은 서비스 직종에서 감정노동이 주요하게 요구된다는 점을 지적했다. 또한 남성과 여성에게 다른 유형의 감정노동이 요구된다는 것에 주목했는데, 남성에게는 상대를 위협하거나 공포감을 불러일으키는, '부정적' 감정의 표현이 요구되었던 반면 여성에게는 상대를 즐겁고 편안하게 하는, '긍정적' 감정을 표현하도록 요구되었다는 것이다. 서비스 산업화 과정에서 감정노동이 확대되는 가운데 감정노동의 젠더화는 서비스 직종에서 성별 분업 양상을 가져왔으며, 여성 노동자들이 수행하는 감정노동의 직업적 가치를 약화시키는 결과를 초래하게 된다. 예를 들어, 콜센터 업무를 전문적인 것이기보다는 낮은 수준의 감정노동으로 규정하고 여성이면 누구나 잘할 수 있는 단순한 일이라고 간주함으로써, 콜센터 업무는 여성에게 적합한 일로 인식될 뿐 아니라 '여성의 일'이라는 이유로 낮은 가치가 부여되는 것이다(신경아, 2009).

감정노동과 함께 서비스 산업화 시대의 여성 노동을 설명하는 개념으로 미적 노동aesthetic labor을 들 수 있다. 미적 노동 또는 심미노동이라는 개념은 워허스트 외(Warhurst et al., 2000)의 연구에서 고안되었는데, 이는 기업이 이윤 확대를 위해 노동자의 신체 및 외모를 특정한 형태로 동원하고 개발하며 상업적으로 활용하는 것을 의미한다(심선희, 2017). 미적 노동은 패션 샵, 뷰티 살롱, 카페, 호텔, 레스토랑 등에 종사하는 사람들의 노동에 해당되는 것으로, 서비스 산업화 과정 속에서 노동자들의 신체가 노동의 중요한 자원으로 작동하는 현실에 주목한다. 서비스 직종의 고용 및 노동 과정에서 신체는 특정한 서비스에 적합한 조건과 이미지로 구성될 뿐 아니라 고객을 유인하고 설득할 수 있는 주요한 기술이자 자질로 자리 잡게 된다는 것이다.

미적 노동은 서비스 산업화 시대의 여성 노동을 이해하는 데 중요한 시사점을 제공한다. 서비스 노동에 종사하는 여성들의 비중이 높을 뿐 아니라 서비스 노동은 여성의 신체를 일정한 방식으로 활용해온 대표적인 노동 분야이기 때문이다(심선희, 2017). 여성 노동시장에서는 오래전부터 특정한 신체적 조건이나 외모가 노동을 위한 필요조건으로 요구되는 경우가 많았다. 특히 키, 몸무게, 연령대 등을 명시하거나 '용모 단정'이라는 표현으로 여성의 외모 조건을 제시함으로써 고용 과정에 내재된 성차별과 외모 차별을 드러내기도 했다. 이렇듯 미적 노동에서 개발하고 활용하는 신체는 특정 노동에 적합한 형태로 개발된 신체일 뿐 아니라 여성적 신체, 즉 젠더화된 신체를 전제하고 있는 것이다(심선희, 2017). 여성의 신체에 대한 특정한 요구는 여성으로서의 아름다움 혹은 규범화된 여성성을 요구하는 것이며 노동시장이 젠더화된 특성을 활용하는 익숙한 방식을 입증하는 것이기도 하다.

돌봄노동, 감정노동, 미적 노동 등의 개념은 남성의 임금노동과 남성성에 기초한 노동 개념에서 벗어나 여성의 삶과 경험을 토대로 여성 노동의 의미를 새롭게 조명하는 기회를 제공했다. 여성의 돌봄. 감정, 신체를 자원화하는 여성 노동은 고유의 속성과 가치를 재개념화하는 가운데 상품 가치를 부여받았지만, 여전히 노동시장에서 '여성의 일'이라는 명목으로 평가절하되거나 주변화되는 경향을 보이고 있다.

불안정 노동의 여성화

산업화와 후기산업화 과정을 거쳐 오면서 한국 사회 여성의 경제활동 참여율은 비약적으로 증가했다. 하지만, 노동시장에 참여하는 여성의 수가 늘어난 것에 비해 여성 노동의 입지는 여전히 위태로운 상태에 놓여 있다. 소수의 '성공한' 여성을 제외하고 여성 노동의 본질은 불안정 노동으로 볼 수 있는데, 여성 노동자는 비정규직, 특수고용 형태 종사자, 호출 노동자, 비공식 가사 사용인의 상당 부분을 차지한다(윤자영, 2018). 불안정 노동은 일반적으로 비정규직 고용 형태와 임시·일용직 지위 형태를 의미하며, 근로 계약의 불확실성 속에서 임금, 사회적 보호, 노동권 행사, 일자리의 질 등에서 불리한 조건에 놓여 있다.

많은 여성들이 불안정 노동자가 되는 이유는 노동시장의 이중 구조에서 찾을 수 있다. 남성 생계부양자 모델에 기초한 한국 사회의 경제 발전 과정은 남성을 중심으로 하는 내부 노동시장과 여성이 가사

노동과 육아를 책임지는 가부장적 성별 관계에 기초해 있었다. 남성들이 내부 노동시장을 중심으로 가족 부양을 위한 고용 안정을 확보했던 반면 여성들은 비정규직에 진출하거나 영세 사업장에 취직하는 등 외부 노동시장에 위치했으며, 결혼과 출산 등을 계기로 노동시장을 떠나는 것이 관행이었다. 1990년대 이후 노동시장 유연화는 정리해고를 허용하고 파견 업종을 확대하는 등 비정규직 노동을 더욱 불안정한 상태로 만들며 노동시장 이중화를 강화했다(윤자영, 2018). 간접 고용, 계약직의 증가 속에서 여성은 내부 노동시장으로 진입할 희망을 갖지 못한 채 불안정 노동에 내몰렸으며, 출산과 양육 시기를 버티지 못하고 경력 단절에 놓였다. 여성의 재취업을 지원하기 위한 국가적 지원 정책들은 오히려 계약직과 시간제 근무 등 불안정 노동을 확산시켰으며(신경아, 2016), 경력 단절 이후 재취업한 여성들의 불안정 고용 형태도 심화되었다.

여성 노동의 불안정성은 신자유주의 체제의 노동 유연화 전략이 가부장적 성별 분업과 성차별 관행과 교차하면서 만들어진 결과라고 볼 수 있다. 여성들은 직장과 가정의 젠더 불평등에서 벗어나지 못한 채 외부 노동시장에 머무를 수밖에 없었으며, 세노적인 차원에서도 부수적인 노동력으로 취급되어 왔다. 1960년대 국가 주도의 '경제 개발 5개년 계획'을 추진하면서 생산직 여성 노동자들을 저임금·미숙련 노동으로 자리매김했던 것처럼, 신자유주의 서비스 산업화 과정 속에서 여성의 불안정 노동은 국가 주도의 경제 성장 전략에서 배태된 것이다. 2000년대 이후 여성 고용률을 높이고 돌봄 부담을 완화하기 위해서 추진된 사회서비스 산업의 확대는 돌봄노동자를 새로운 불안정 노동에 합류시켰으며, 미숙련 서비스 노동자라는 질 낮은 여성의 일자리를 확대하는 방식으로 여성 노동의 주변화를 가속화했다.

1980년대 시작된 디지털화는 2000년대 모바일 시대에 진입했으며, 이제 4차 산업혁명의 시대에 들어서며 노동을 비롯한 일상생활 전반에 변화를 가져오고 있다. 인간의 노동을 대체하는 지능정보기술의 발전에 따라 4차 산업혁명 시대에는 고용 없는 성장, 기술 발전에 기인한 실업 등이 심화될 것이라는 예측이 지배적이며, 여성 노동의 관점에서는 더 불안한 측면이 많다고 볼 수 있다(강이수, 2018). AI와 로봇의 활용은 미숙련 일자리의 감소를 가져올 수 있기에 단순·반복적인 업무에 종사하는 다수의 여성 노동자들에게 위험 요소가 증가할 것이라고 예측했으며(오은진 외, 2018), 남녀 간의 디지털 성별 격차가 여성 일자리의 소멸과 노동시장의 새로운 불평등을 초래할 수 있다고 전망했다.

또한 여성 노동의 관점에서 주목해야 할 것은 긱 경제geek economy의 확대와 더불어 디지털 플랫폼 기반 고용시장에서 유연 노동 및 불안정 노동이 확대될 거라는 점이다. 플랫폼 기업은 주변적 노동의 외부화 및 비전형화를 부추기는데, 맞춤형 외주, 아웃소싱 서비스를 주로 제공하는 여성 플랫폼 노동자들은 노동시간의 부정기성 및 예측불가능성, 비통상적인 근무시간을 감내하면서 보호받지 못하는 제도 밖 노동을 수행하게 된다(김원정, 2020). 기술 혁신과 노동 환경 변화 속에 여성 노동의 낙관적 미래를 기대하기도 하지만, 노동시장의 양극화와 성별 분업 현상이 해소되지 않는 한 4차 산업혁명 시대에도 여성 노동의 불안정성을 떨쳐내기 어려울 것이다.

3. 여성 노동과 미디어

여성 노동자와 독립 다큐멘터리

한국의 노동운동은 한국 독립다큐멘터리의 등장 및 초기 활동과 연계된다. 한국 독립 다큐멘터리는 노동운동이 1987년 노동자 대투쟁을 거치며 대공장 남성 노동자 중심으로 성장하던 시기에 등장했으며, 초기 작업들은 남성 노동자들의 투쟁을 적극적으로 알리는 데 주력했다(김영옥, 2017). 이러한 추세는 10여 년 동안 지속되다가 1990년대 후반 외환위기를 기점으로 여성 노동자가 다큐멘터리 작품의 주체로 등장하기 시작했다. 〈평행선〉(2000), 〈밥, 꽃, 양〉(2001), 〈83인의 인질〉(2002), 〈동행〉(2002) 등의 작품들은 경제불황 속에 정리해고의 위협에 처한 여성 노동자들을 그려냈다. 이 다큐멘터리들은 노동시장의 변화와 맥을 같이하는 것으로, 대대적인 구조조정의 대상이 된 서비스직 여성 노동자들의 상황을 조명했던 것이다.

2000년대 여성 비정규직 노동자들의 투쟁 현장을 담아낸 다큐멘터리들은 1970~1980년대 여성 노동자들의 이야기에 주목하는 경향을 보였는데, 이들은 '남성 노동자 신화'에 가려진 여성 노동자들의 역사를 가시화하고자 했다(김선명, 2019). 대표적인 작품으로는 〈우리들은 정의파다〉(2006), 〈꽃다운〉(2009), 〈첫사랑: 1989, 수미다의 기억〉(2010), 〈스와니: 1989 아세아스와니 원정투쟁의 기록〉(2014), 〈빨간 벽돌〉(2017) 등이 있다. 〈우리들은 정의파다〉(이혜란, 2006)는 관련 인물들의 구술 인터뷰를 중심으로 1970년대 최초의 여성 지부장을 배출했던 동일방직 노동조합의 역사를 조명했으며, 〈스와니: 1989 아세아스와니 원정투쟁의 기록〉(오두희, 2014)은 1980년대 후반 외자 기업들의 철수로 인해 대량 해고를 겪게 되는 여성 노동자들의 투쟁을 그렸다. 최근 〈미싱타는 여자들〉(이혁래·김정명, 2022) 또한 1970년대 평화시장 여성 노동자들의 삶을 회고하는 방식으로 동일한 계보를 따르고 있다.

독립 다큐멘터리의 여성 노동 재현은 대안적 역사 쓰기로서의 가능성을 보여주는데, 이는 여성 노동자들의 구체적인 경험을 드러내는 구술 인터뷰의 활용을 통해 확인할 수 있다. 〈미싱타는 여자들〉은 소위 '시다'라고 불렸던 소녀 미싱사들의 삶을 당사자들의 생생한 증언을 토대로 새롭게 조명했다. 청계피복노동조합은 노동자들의 배움터인 노동교실을 개설했는데, 소녀 미싱사들은 노동교실을 구심점으로 하여 동료들과 연대하고 노동자로서의 권리를 깨닫게 된다. 영화 속 여성 노동자들은 공장 일을 시작하게 된 계기부터 1977년 9월 9일 점거 농성에 이르기까지, 평화시장에서의 일상과 노조 활동 뒷이야기를 털어놓았다.

〈미싱타는 여자들〉은 출연자들의 다양하고 구체적인 경험들에 주목하는데, 공통적으로 천착하는 한 가지는 그 시대 여공을 향한 대중적 시선이다. 영화 속 여성 노동자들은 학생의 나이지만 가난해서 공부를 하지 못하고 일을 한다는 이유로 차별받는 상황에 놓인다. 14살이지만 학생이 아니기 때문에 어른이 내는 버스 요금을 지불해야 하며, 경찰서에 잡혀가서도 대학생과 다른 취급을 받게 되는 것이다. 유사하게 〈우리들은 정의파다〉에서도 교복을 입은 여학생들과 작업복을 입은 여공들의 이미지들이 교차되면서 '공순이 낙인'의 상처가 드러나기도 했다(김선명, 2019). 1970년대 언론에서 주목했던 '공부하는 여공'이라는 이미지는 살롱 호스티스와 차별화되는 것으로서, 적극적으로 자신을 계발하고 가꾸는 근로 여성의 입지를 구축했으며, 여공에 대한 담론적 전환을 이끌어내는 데 활용되었다(김춘수, 2005). 이렇듯 여공에 대한 대중적 담론은 학생 신분과의 대비를 통해서 구체화되었으며, 여공들이 보여주는 공부에 대한 열망은 집을 떠난 여성 노동자들을 예비 현모양처로 위치지울 수 있는 조건으로 의미화되었다.

여성 노동을 다룬 독립 다큐멘터리들은 구술 인터뷰를 활용하여 주류 담론에서 소외된 여성 노동자들의 목소리를 드러내기 위해 노력하는 한편, 영상 자료를 적극적으로 활용하여 여성 노동의 발자취를 가시화하고자 했다. 여성 노동의 역사를 조명하는 다큐멘터리들은 당시 여성 노동자들의 투쟁을 기록한 화면을 전략적으로 삽입했는데, 이는 투쟁하는 여성 노동자들의 영상을 쉽게 볼 수 있다는 점에서 기존의 여성 노동 운동과 변별점을 갖는 지점이기도 하다(김선명, 2019). 1980년대 후반 한국에서 보급되기 시작한 비디오는 제도권의 영향에서 벗어난 독립영화 제작을 가능하게 만들었으며, 이 시기 결성된 서울영상집단, 여성영화집단 바리터, 노동자뉴스제작단 등의 단체들은 간소화된 촬영 장비를 활용하여 소외된 목소리들을 담아내기 시작했다. 억압적인 노동 정책과 언론 통제가 시행되는 가운데 여성 노동자의 투쟁 기록이 거의 남아 있지 않은 상황에서, 독립 다큐멘터리 감독들의 활동은 주류 미디어에 부재했던 여성 노동을 가시화할 뿐 아니라 남성 노동자 중심의 노동운동의 역사에 도전하는 의미를 갖는 것이다.

2010년 이후 한국 노동 다큐멘터리는 새로운 모습으로 진화했다. 노동자들의 투쟁을 담아내고 동참을 호소하기보다는 미학적인 이미지와 시적인 상징을 내세워 보다 관조적이고 냉철한 시선으로 노동 문제를 다루게 된 것이다. 여기에 해당하는 작품들은 〈보라〉(2010), 〈철의 꿈〉(2013), 〈위로공단〉(2014), 〈감정의 시대: 서비스 노동의 관계 미학〉(2014) 등이 있다. 이 다큐멘터리들은 오늘날의 노동이 산업화 시대의 물질 노동에서 서비스, 감정, 디지털 가상 등의 비물질 노동,

노동 유연화로 인한 비정규직화로 전환되고 있음에 주목하고 이러한 변화를 포착하는 데 관심을 두었다(조혜영, 2016).

〈위로공단〉(임흥순, 2014)은 1970년대부터 2010년대까지 40년이 넘는 시간에 걸쳐 여성 노동의 발자취를 추적하는 한편 한국, 캄보디아, 베트남 등의 공간을 넘나들며 22명의 여성 노동자들을 소개했다. 1970년대 동일방직 노동자, 구로공단 여공, 삼성반도체 백혈병 피해자, 오늘날의 콜센터 직원, 마트 계산원 등의 인터뷰를 토대로 여성 노동의 다양성과 보편성을 조명했으며, 과거 한국 여성 노동자의 경험과 현재 캄보디아 여성 노동자들의 현실을 연결하여 전 지구적인 자본의 흐름과 불안정한 노동 환경을 고찰했다. 더 나아가, 한국 여성 노동자들의 투쟁뿐만 아니라 2014년 캄보디아 노동자들의 시위, 2015년 이주노동자 노동절 행사 등을 함께 그려내면서 여성 노동을 바라보는 보다 포괄적이고 포용적인 관점을 드러내고 있다.

〈위로공단〉은 여성 노동의 물리적 현실을 구체화하기보다는 노동 현장의 압박, 노동 과정의 소외 등 여성 노동의 정서적이고 감각적인 측면을 형상화했다. 여성 노동자들의 경험을 담은 인터뷰 사이사이 가발공장에 널린 기괴한 가발과 마네킹, 공장 지대를 뒤덮은 새떼, 도축장의 고깃덩어리 등 함축적이고 상징적인 이미지들이 등장했으며, 육화된 감각을 강조하는 퍼포먼스 이미지들이 삽입되었다. 인터뷰 중간에 끼어드는 퍼포먼스 이미지들은 두 여성이 흰색 복면을 쓰고 서로 얼굴을 맞대는 모습, 한 여성이 거울 앞에 서 있는 모습, 두 여성이 눈을 가린 채 대나무 숲을 뛰어가는 모습 등 여성들의 제스처와 움직임으로 구성되어 있다. 각각의 퍼포먼스 이미지들은 구술 표현으로 담아낼 수 없는 여성 노동자들의 육화된 경험을 이미지화함으로써 여성 노동을 보다 감각적이고 정서적으로 이해하고자 하는 것이다. 〈위로공단〉은 두 명의 할머니가 함께 걸어가는 모습으로 마무리되는데, 이 마지막 이미지는 앞에 반복적으로 등장했던 2명의 젊은 여성 이미지와 연결되어 한국 사회의 여성 노동자들이 겪어온 고통과 상처의 시간들을 확인하고 위로한다.

노동 인권과 네트워크 사회운동

한국 독립 다큐멘터리가 영화 제작을 통해 대중의 계몽과 참여를 호소하는 사회운동을 실천했다면, 소셜 미디어는 문제의식을 공유하는 개개인을 연결하여 사회운동을 조직한다고 볼 수 있다. 웹 2.0 시대의 도래와 스마트 미디어의 발전 속에서 확산된 소셜 미디어는 정치 참여 패러다임의 전환을 가져왔다. 소셜 미디어 이용을 토대로 '개인화', '네트워크화'로 불리는 새로운 시민 참여 형태가 마련되었으며, 이를 기반으로 '홀로 함께Together Alone' 방식의 개인화된 대규모의 집단행동이 가능해진 것이다(Bennet, 2012). 선거로 대표되는 전통적인 정치 참여 방식이 쇠퇴하고 소비자운동, 라이프 스타일 정치, 인터넷 행동주의 등 보다 일상적이고 느슨한 방식의 정치 참여가 확대되는 상황 속에서 소셜 미디어가 매개하는 네트워크 사회운동[3]의 영향력은

---

3 네트워크 사회운동networked social movement은 인터넷, 소셜 미디어 등 네트워크 커뮤니케이션 기술을 토대로 이루어지는 사회운동을 의미한다. 네트워크 사회운동은 공통의 가치를 바탕으로 네트워크 기술을 활용하여 느슨한 준자발적 연대를 구축하여 전 지구적 차원의 운동을 지향하는 경향을 보인다(Castells, 1997). 네트워크 사회운동은 기존의 오프라인 활동과 소셜 미디어를 중심으로 하는 온라인 활동의 다양한 상호작용 및 결합 양식을 드러내는데, 온라인에서 조직된 활동이 오프라인으로 확산되는 경우, 오프라인에서 조직된 운동이 소셜 미디어를 통해 참여와 조직화를 이루어내는 경우, 오프라인에서 조직된 운동이 소셜 미디어를 활용하여 운동의 국면을 전환하거나 영향력 및 조직의 변화를 꾀하는 경우 등으로 구분된다(채영길, 2014).

나날이 커져가고 있다.

오늘날 네트워크 사회운동의 가장 대중적인 형태는 정치적 소비자운동이다. 정치적 소비자운동은 소비 행위를 통한 정치 참여를 의미하는데, 정치적·윤리적·환경적 이유로 특정 재화나 서비스를 적극적으로 구매하거나 구매하지 않는 행위를 의미한다(최연태, 2019). 정치적 소비자운동은 1990년대 인터넷의 등장과 함께 빠르게 확산되었으며, 일상생활에서의 구매 여부로 정치적 관여가 이루어지기 때문에 기존 정치 참여 방식에 비해 접근하기 쉽다는 것이 특징이다. 한국의 경우, 소비자운동은 1990년대 들어서면서 시민사회운동으로 성장하게 되었다. 이전의 소비자운동이 소비자의 권익 증진과 주권 확립에 초점을 두었다면, 1990년대 이후의 소비자운동은 지속가능한 소비와 생산을 위한 소비자의 책임을 강조하고, 정부 정책이나 기업 경영에 있어 소비자의 의견을 반영할 수 있는 권리 확보에 주력하는 경향을 보였다(문은숙, 2004). 특히 오늘날의 소비자운동은 기업의 비윤리적인 행위까지 포함하여 매우 포괄적인 범주에 걸쳐 윤리적 소비를 실천하고자 한다는 점에서 보다 강화된 정치적 의미를 내포하고 있다.

2022년 10월 SPC 계열 제빵공장에서 일어난 청년 여성 노동자의 끼임 사고는 대규모의 불매운동을 촉발했다. 산업 재해에 대한 비판을 넘어 대중의 분노를 불러일으킨 것은 해당 기업의 비상식적인 후속 대응이었다. 빵 만들다 숨진 노동자의 빈소에 자사의 빵을 빈소 답례품으로 쓰라고 보냈으며, 사고 다음날 바로 기계 가동을 재개하여 동료 노동자들은 선혈이 그대로 남아 있는 현장에서 작업을 계속해야 했다(〈허프포스트〉, 2022. 10. 16). 소셜 미디어를 중심으로 비판 여론이 빠르게 확산하면서 SPC 불매 해시태그 운동으로 번졌으며, SNS와 온라인 커뮤니티에는 SPC 그룹이 운영하는 브랜드 목록이 공유되었다. 불매운동의 범위가 확대되면서 SPC 공장에서 납품을 받는 업체 정보, 대체 상품 구입 정보 등도 활발하게 교환되었다.

SPC 불매운동의 확산에는 여성 노동자 관련 이슈도 포함되어 있었다. 2022년 초 임종린 민주노총 전국화학섬유식품산업노조 파리바게뜨 지회장의 단식 농성을 계기로 제빵기사에 대한 노조 탈퇴 회유, 승진 차별 등 회사 측의 부당 노동 행위가 드러났다(《한겨레》, 2022. 10. 18). 더불어 제빵·카페 노동자의 대다수를 차지하는 비정규직 20, 30대 청년 여성 노동자들이 기본적인 휴식권과 모성권을 보장받지 못하고 있었다는 것이 알려졌다(《여성신문》, 5. 19). 전국의 청년 단체들을 중심으로 SPC 그룹 제품에 대한 불매운동이 전개되었으며 대학가에서도 학내 이벤트 상품에서 해당 브랜드 기프티콘을 제외하는 등 불매운동에 동참했다.

SPC 불매운동은 노동 인권에 대한 대중적 문제의식과 시민 참여를 보여주는 사례로 볼 수 있다. 이렇듯 소셜 미디어의 발전과 네트워크 사회운동의 확산 속에서 노동 조건 개선과 노동 인권 확보를 위해 보다 다각적인 연대를 구축하는 방안을 모색할 수 있으며, 더 나아가 여성 노동자들의 이야기도 보다 광범위하게 공유될 수 있을 것이다. 문제는 어떻게 정치적 소비자운동 혹은 네트워크 사회운동을 통해서 결집된 목소리들을 현실의 변화로 이끌어낼 수 있는가이다. 특히 느슨한 연대, 가상의 정치 참여 등 온라인 액티비즘이 지닌 특징들이 정치적 실천력을 담보하기 어려운 상황을 고려할 때, 여성 노동 및 노동 인권 문제에 접근하는 보다 실질적인 운동의 방향과 양식에 대한 고민이 요구된다.

* * *

2022년 가을, 제빵공장 청년 여성 노동자의 죽음은 한국 사회의 여성 노동을 둘러싼 불편하고도 익숙한 진실을 다시 한번 드러내었다. 한국 사회의 경제 발전은 '노동자의 피 묻은 빵'이 쌓인 결과다. 현재의 눈부신 경제 성장은 열악한 노동 조건에서 스스로를 혹사시킬 수밖에 없었던 여성 노동자들의 희생으로 이루어질 수 있었다. '공순이'에서 '콜순이'까지, 여성 노동자들은 국가 주도의 경제 발전 정책과 가부장제 이데올로기 속에서 저임금·미숙련·비정규직 노동자로 위치 지워졌으며 생산/재생산 노동의 이중 굴레에 놓여 있었다. 신자유주의 체제의 노동 유연화 속에 여성의 불안정 노동은 한층 더 확대되었으며 지능정보사회의 도래는 여성 노동의 새로운 위기를 전망하고 있다.

한국 사회의 경제 발전 과정은 여성 노동의 물질적 조건과 실천적 양식을 변화시켰지만, 실상 여성 노동의 담론과 가치는 그다지 달라지지 않았다. 사회 변동과 기술 혁신의 흐름 속에서도, 여성의 노동은 '여성의 일'로 적합한 것이어야 했고 '여성의 일'이기 때문에 평가절하되었으며 '여성의 일'이라서 주변화되거나 소멸되었다. 한국 노동시장의 성평등은 여성 노동을 둘러싼 젠더화된 담론을 거두어내어야 실현될 수 있을 것이며, 이를 위한 미디어의 역할과 활용에 대한 새로운 고민이 필요하다. 무엇보다도 노동의 불안정성과 미래의 불확실성이 커지는 현실 속에서 여성 노동자를 비롯한 이 시대 프레카리아트를 향한 보다 포용적인 시선과 다양한 재현이 요구되고 있다.

더 찾아보기

영화 〈나는 나를 해고하지 않는다〉(2021, 이태겸)
〈성실한 나라의 앨리스〉(2015, 안국진)

다큐멘터리 〈미싱타는 여자들〉(2022, 이혁래·김정명)
〈위로공단〉(2014, 임흥순)

참고문헌

강이수(2018). 4차 산업혁명과 디지털 성별 격차: 여성 노동의 쟁점과 현실. 『페미니즘연구』 18권(1): 143-179.

권묘정(2022. 5. 19). 아파도 못 쉬고 유산까지… 여성 노동자 보호하라. 〈여성신문〉. http://www.womennews.co.kr/news/articleView.html?idxno=223567

김미숙(2006). 한국 여성 노동력 성격 변화와 정책 변화: 1960-2000. 『한국인구학』 29(1): 133-156.

김선명(2019). 한국 다큐멘터리의 1970-80년대 여성 노동운동사 다시쓰기. 『문화연구』 7(2): 70-95.

김영옥(2017). 문화정치학의 관점에서 본 여성 노동과 젠더 레짐. 『상허학보』 50: 252-290.

김원정(2020). 플랫폼 확장에 따른 여성 노동의 변화와 과제. 한국여성정책연구원 세미나 자료.

김이선·이상직·권현지(2019). 위기 속 노동시장 진입 세대의 노동이동을 통해 본 한국 여성 노동시장. 『한국여성학』 35(1): 1-37.

김춘수(2005). [특집: 역사속의 여성 노동] 1960~1970년대 여성 노동자의 주거공간과 담론. 『역사연구』 15: 101-160.

______(2003). [특집] 1960-70년대 국가의 여성배제 전략: 기술교육훈련을 중심으로. 『역사연구』 12호: 69-107.

문은숙(2004). 소비자운동의 이해와 한국 소비자운동의 발전과정. 『시민사회와 NGO』 2(2): 189-301.

박승흡(2001). 통계로 본 한국의 비정규노동. 『비정규노동』 12: 3-70.

신경아(2016). 여성 노동시장 변화에 관한 여덟 가지 질문. 『페미니즘연구』.16(1):

321-359.
신경아(2009). 감정노동의 구조적 원인과 결과의 개인화: 콜센터 여성 노동자의 사례연구. 『산업노동연구』 15(2): 223-255.
심선희(2017). 여성 노동의 새로운 분석도구로서 심미노동의 개념과 유용성 탐색. 『한국여성학』 33(4): 119-146.
안숙영(2018). 돌봄노동의 여성화에 대한 비판적 고찰. 『한국여성학』 34(2): 1-32.
오은진 외(2018). 「기술발전에 따른 여성일자리 전망과 대응전략 I」. 한국여성정책연구원.
윤자영(2018). 젠더불평등과 불안정 노동. 『복지동향』. 233: 13-19.
이영자(2004). 신자유주의 노동시장과 여성 노동자성: 노동의 유연화에 따른 여성 노동자성의 변화. 『한국여성학』 20(3): 99-138.
이우연(2022. 10. 18). "호빵 조심해, 삼립·샤니도 SPC"…불매 리스트 일파만파. 〈한겨레〉. https://www.hani.co.kr/arti/society/society_general/1063134.html
이현정(2023. 7. 16). 한국인 '워라밸' OECD 최하위... 최장 근로에 출산·육아 어려워. 〈서울신문〉. https://www.seoul.co.kr/news/newsView.php?id=20230716500053&wlog_tag3=naver
장현은(2022. 10. 16). SPC 계열 제빵공장서 사망한 20대 노동자: 선혈이 그대로 남아 있는 상황에서도, 공장은 사고 다음날 곧장 기계 가동을 재개했다. 〈허프포스트〉. https://www.huffingtonpost.kr/news/articleView.html?idxno=203673
전종휘·장현은(2022. 10. 18). 사람 끼인 SPC 소스 기계 덮개 왜 없나…중대재해법 적용 검토. 〈한겨레〉. https://www.hani.co.kr/arti/society/labor/1063192.html
정지윤(2006). 「1960년대 멜로드라마에 재현된 하층계급 연구」. 숙명여자대학교 석사논문.
조진희(2008). 여공, 스크린 재현의 정치학. 『영화연구』 35: 77-104.
조혜영(2016). 노동의 기록과 미학화된 카메라: 2010년대 한국 노동 다큐멘터리들을 중심으로. 『아시아영화연구』 9(1): 273-301.
채영길(2014). 네트워크 사회운동과 SNS: Save Jeju Island(SJI) 운동 사례. 『인터넷정보학회논문지』 15(1): 89-102.
최연태(2018). 소셜 미디어가 정치적 소비자운동에 미친 영향 연구. 『한국 사회와 행정연구』 29(3): 363-389.
최인이(2020). 1990년대 이후 한국 여성 노동의 현황과 성평등과제. 『시민사회와

NGO』 18(1): 315-355.

페데리치, 실비아(2013). 『혁명의 영점: 가사노동, 재생산, 여성주의 투쟁』. 황성원 옮김. 갈무리.

폴브레, 낸시(2007). 『보이지 않는 가슴: 돌봄 경제학』. 윤자영 옮김. 또하나의 문화. Folbre, Nancy(2001). *The Invisible Heart*. New York: The New Press.

한준(2002). 「기혼여성의 직업이동」. 2002년도 한국 사회학회 후기 사회학대회 발표논문(미간행)

혹실드, 알리 러셀(2009). 『감정노동』. 이가람 옮김. 이매진. Hochschild, Arlie Russel(2003). *The Managed Heart: Commercialization of Human Feeling*. Berkeley: University of California Press.

황경상·이수민·박채움(2023. 3. 23). [27년 꼴찌 성별 임금격차] '성별 임금공시' 경향신문이 해보니… 삼성전자 27.7%, LG전자 24.9%. 〈경향신문〉. https://www.khan.co.kr/national/gender/article/202303230550031

Bennett, W. L.(2012). The Personalization of Politics: Political Identity, Social Media, and Changing Patterns of Participation. *The ANNALS of the American Academy of Political and Social Science*. 644(1): 20-39.

Warhurst, C., D. Nickson, A. Witz and A. M. Cullen(2000). Aesthetic Labour in Interactive Service Work: Some Case Study Evidence from the "New" Glasgow. *Service Industries Journal*. 20(3): 1-18.

4장

장애(인)의 미디어 재현과 '장애=역량'의 가능성

— 한희정

"○○(장애의 비하어)이 벼슬이야?", "이러니까 동정을 못 받지!"
'문명인'들이 이토록 거칠어진 이유는 1분이라도 지각을 하면 큰일 나기 때문이다. 출근길 지하철이란 노동력을 이동시키는 자본주의 사회의 가장 중요한 컨베이어벨트다. 그 레일에서 가장 먼저 치워진 자들의 이름이 바로 '장애인'이다. 20분 늦은 여자가 20년을 갇혀 산 여자에게 자신이 입은 피해를 보상하라고 핏대를 세운다.
"우리가 낸 세금으로 먹고사는 주제에 이렇게 남한테 피해를 주면 안 되죠!"(홍은전, 2023).

1. 보도에 따른 장애 담론의 온도 차

2023년 여름, 유명 웹툰 작가 부부가 자폐 장애가 있는 아들의 특수교사를 아동학대 혐의로 고소한 사실이 알려졌다. 특수교사와 장애아 부모의 다툼 논란을 다룬 과도한 보도로 장애아동의 인격권에 대한 배려와 교육 문제는 여론의 관심에서 벗어났다. 이즈음 학부모의 지나친 민원에 시달리다 유명을 달리한 서이초등학교 교사의 안타까운 죽음으로 '교권 보호'가 사회적 이슈로 확대되었기에 언론의 보도 프레임은 "유명 웹툰 작가 학부모의 교권 침해 vs. 형사 재판을 받는 특수교사의 안타까운 상황"으로 형성됐다. 그 가운데 장애아동은 미디어에 의해서 자극적인 소재로 소비되고 있다. 그로 인해 정작 중요한 이슈인 발달장애 아동의 교육 현실과 어려움, 교육 현장에서의 제도적 허점, 자극적인 언론 보도의 문제점은 논의와 해결의 우선순위에서 뒤로 밀려난다. 장애 이슈의 초점에서 벗어난 여론의 동향과 언론의 보도 경향에 대해 영화 〈말아톤〉(2005)의 정윤철 감독은 sns를 통해 "을과 을의 싸움은 무의미하다"고 비판했다.

> 특정 웹툰 작가에 대한 과도한 빌런 만들기를 멈추고 많은 발달장애 아이들이 집 근처에서 편안히 등교할 수 있도록 특수학교를 대폭 증설하고 예산을 확충하는 방향으로 언론과 여론이 힘을 쏟길 바란다. 아울러 특수학교를 세우려 할 때마다 집값이 내려간다고 길길이 뛰며 장애를 지닌 아이 부모들이 무릎을 꿇고 빌도록 만드는 고질적인 님비 현상을 재고하는 계기가 되길 바란다… 이 땅의 수많은 초원(2005년 영화 〈말아톤〉의 주인공으로 조승우가 역할을 맡음)이들은 잠재적 범죄자로 낙인찍힐 우려가 크다. 선생님의 권익도 중요하지만, 언론은 항상 기저에 깔린 구조적 모순과 시스템의 진짜 빌런을 추적해야 할 의무가 있다고 본다(장아름, 2013. 8. 2).

불과 1년 전에는 드라마 〈이상한 변호사, 우영우〉(이하 〈우영우〉)로 인해 발달장애 아동에 관한 관심과 이해가 넘치는 듯했다. 이 드라마는 장애에 대한 대중의 관심을 높이는데 크게 기여하며 시혜의 대상으로 묘사되었던 장애인 재현의 한계를 뛰어넘었다는 평가를 받았다(김미라·장윤재·김소희, 2022; 이설희, 2023). 그러나 2001년부터 이어져 온 전국장애인차별철폐연대(이하 전장연)의 이동권 투쟁에 대한 언론 보도의 논조는 '시민들의 출근길을 볼모로 잡는 행위'라며 부정적인 프레임으로 회귀했다. 이는 〈우영우〉에서 보여준 장애인에 대한 '따뜻한' 관심이 일시적 현상일 뿐, 장애 인식의 변화로 이어지지 않았음을 시사한다.

〈우영우〉는 글로벌 보급망을 구축한 넷플릭스를 통해 방영되었고, 많은 나라에서 높은 시청률을 기록하며 인기를 누렸다. 그러자 언론은 〈우영우〉가 K-콘텐츠로서 '장애인'을 주인공으로 내세웠고, 우영우의 어눌하지만 '귀여운' 말투와 행동이 화제라면서 연일 보도했다. 그런데 다른 한편에서는 2021년 12월, 이동권, 교육권, 노동권, 탈시설 등 장애인 권리를 요구하며 시작된 전장연의 출근길 지하철 시위가 2022년에도 이어지자 언론은 지체장애자들이 수십 년째 지하철을 제대로 이용하지 못하고 있음을 알리는 대신 하필 출근 시간대의 지하철이 장애인들 때문에 지연 운행되어 시민들에게 '큰' 손해를 끼친다고 보도했다.

미디어가 현재의 모습을 보여주는 방식은 현실에 대해 특정한 의미를 부여하는 재현 과정의 결과물이다. 장애(인) 관련 보도를 포함한 미디어가 재현하는 장애의 프레임은 사회적 변화를 반영하여 새롭게 방향을 설정한다. 이 글은 지금까지의 여러 장애의 관점을 소개한 후, 한국 사회를 중심으로 미디어를 통한 장애 재현 및 담론의 변화를 살펴보고자 한다.

2. 장애(인)를 바라보는 다양한 관점

장애의 정의와 관점

현대 사회에서 통용되는 공식적 용어인 법적 용어의 변화를 살펴보면 '장애'에 관한 관점을 좀 더 쉽게 이해할 수 있다. 1970년대까지만 해도 한국의 법률에서는 장애보다 '불구crip'(더 이상 고칠 수 없는 병), '폐질'[1]이라는 용어가 훨씬 더 일반적으로 사용됐다. 장애인을 법적으로 정의한 첫 법률은 1981년 제정된 「심신장애복지법」(현 「장애인복지법」)이다. 국제적으로는 1980년대 세계보건기구가 발표한 국제 손상·장애·핸디캡 분류ICIDH, International Classification of Impairments, Disabilities, and Handicaps가 장애에 대한 최초의 국제적 정의이다. ICIDH에 의하면 장애란 신체적이든 정신적이든 어떤 사람의 몸에 손상impairment이라고 간주할 이상이 있고, 그는 손상으로 인해 무언가를 할 수 없는 상태disability에 빠지고 그로 인해 사회적으로 불리한 처지handicap에 놓이게 되는 '손상 → 장애 → 핸드캡'의 인과 도식으로 규정됐다. 이후 우리나라를 포함한 세계 각국의 장애 관련 법률은 대부분 이를 준거로 장애를 정의하고 있다. 그런데 WHO의 ICIDH는 유럽이나 서구의 장애인 운동 진영의 많은 비판을 받게 되었고 2001년에 국제 기능·장애·건강 분류ICF, International Clssification of Functioning, Disability and Health로 개정되었다. 그러나 한국의 「장애인복지법」을 비롯해 세계 각국의 법적 장애 정의는 대부분 그대로 유지되고 있다(김도현, 2019).

---

1 「산업재해보상보험법」에 의하면, "폐질"이란 업무상의 부상 또는 질병에 따른 정신적 또는 육체적 훼손으로 노동능력이 상실되거나 감소된 상태로서 그 부상 또는 질병이 치유되지 아니한 상태를 말한다(국가법령정보센터).

학술적으로도 ICIDH 정의 이래 장애는 신체적 손상의 견지에서 의학적 문제로 간주되어 인권이 아니라 주로 의료적 시각에서 접근되었다. 의료적medical/시혜적charity 접근에서 장애는 개인의 기능적 문제로 취급된다. 의료적/시혜적 접근은 장애가 사회·정치적인 문제임을 인식할 수 없게 한다. 2001년 이후 ICF 장애 정의에 따라 사회적social/인권적human rights 접근으로 관점이 바뀌었다. 사회적/인권적 접근에서 장애는 회복이나 극복해야 할 개인적 손상의 문제가 아니라 신체적 장애를 열등한 것으로 간주하는 관행과 불균형한 힘의 문제로 여겨진다. 이러한 관점은 장애인을 이른바 '정상적 신체able-bodies'를 가진 다수와 구별되는 소수 집단으로 간주했던 종전의 시각에서 벗어나 새로운 인식 전환을 도모한다. 이는 장애인에 대한 혜택과 복지 수혜자라는 수동적 차원을 넘어 주요한 '행위자'로 장애인을 바라보고 권리를 보유한 주체적 존재로서 접근하는 것이다(김도현, 2019; Ellis, 2019/2022).

UN 장애인권리협약은 장애인을 "장기간 신체적, 정신적, 지적 혹은 감각적 손상이 있어 여러 장벽에 부딪히고 그로 인해 다른 사람과 동등한 자격으로 완전하고 효과적인 사회 참여를 하는 데 방해받는 사람"으로 본다(United Nations, 2006; 2016). 우리나라의 「장애인복지법」 제2조도 이러한 맥락을 반영하여 장애인을 "신체적·정신적 장애로 인하여 장기간에 걸쳐 일상생활 또는 사회생활에 상당한 제약을 받는 자"라고 정의했다.

1980년에서 1990년대 한국 장애인 운동이 장애 해방이라는 이념을 전면에 내걸었다면, 현재의 장애인 운동은 장애인의 '자립'을 하나의 이념이자 지향점으로 삼고 있다. 특히 2001년부터 시작된 이동권 투쟁 이후 대중운동 현장은 장애인자립생활센터를 중심으로 조직되었고 이제는 정부 시책에서도 '재활'이나 '통합'보다는 '자립'이라는 수사가 사용되고 있다. 2000년대 이후 꾸준히 성장한 장애인 대중운동이 점차 일정한 임계점에 도달했다고 여긴 장애학 연구자 김도현(2019)은 장애를 손상과 구별되는 사회적인 범주로 파악하고 장애인 당사자주의를 넘어서 장애 문제를 횡단성의 측면에서 사유하자고 제안한다. 그는 자립과 의존의 이분법을 넘어선 공생의 시각에서 '연립'의 개념을 대안으로 제시한다.

법적·제도적 지식으로 구성되는 장애(인)

장애인/비장애인의 범주는 근대 자본주의 체제로의 이행 과정에서 만들어진 것이기 때문에 불과 200년 전까지만 하더라도 장애인이라는 하나의 범주로 묶을 수 없었다. 서구에도 장애인disabled people이라는 말은 없었다. 장애인이라는 범주는 인종주의와 유사한 맥락과 함의를 지닌다. 현재 한국 사회에서 권력은 '정상적normal' 신체를 가진 이들에게 있고, 비장애중심주의가 '기준norm'이 된다. 장애인이라는 일상적인 범주 자체에 이미 특정한 권력관계가 내재되어 있음을 이 지점부터 성찰해야 한다(김도현, 2019).

프랑스 철학자 미셸 푸코Michael Foucault[2]의 관점에서 손상은 비정상

2 푸코는 '정상 사례'에 관한 지식이 어떻게 사람들 간의 차이를 권력의 적용 대상으로 만드는지를 분석했다. 예를 들어, 도착증이라는 개념은 19세기 성의 의학화로부터 출현했다. 근대 의학은 성적 본능을 의학이 정의하고 치료할 자연적 기능 중 하나인 심리 현상으로 규정했다. 도착증은 정상성에 대한 의료적 인식 속에서 성 본능의 일탈적, 비정상적 작용으로 정의되었다. 정신의학자는 자신들이 가정한 성적 일탈 속에서 도착증을 발견했다. 즉 성적 도착은 의학이 발견한 인간의 본성이 아니라 '안다'고 가정된 전문가들이 우리에게 주입한 인위적 개념이다(Tremain, 2005/2020).

이 아니라 정상으로부터의 이탈을 측정하는 지식의 구성물이지만 (범죄나 화폐가 현실적인 만큼) 현실적이다. 손상은 정상성 판단의 사회적 기준 이전에는 어떤 현실성도 갖지 않는다. 농인들의 섬에서 자란 비농인 아이는 그 섬사람들이 '인간의 정상 기준'과 다르다는 것을 인지하지 못한다. 차이에 적응된 세상에서 그것은 손상이 아니다. 손상이나 장애는 신용등급이나 소득세 구간만큼이나 사회적으로 구성된다. 그것이 일상적 맥락에서 비공식적이고 국지적으로 인식되는 대신 전문적인 개입 대상으로 취급될 때만 비로소 비정상적 손상이 된다. 표준으로부터 이탈을 결함이나 손상으로 정의하는 것은 그렇게 판정된 사람들을 권력과 지식의 목표로 만드는 출발점으로 그들에게는 훈육적 보호와 정치적 예속이 부가된다(Tremain, 2005/2020).

자본주의 사회에서 '일할 수 있는 몸'의 정상성은 생산성을 중심으로 정의되며 돌봄을 수행하는 몸, 돌봄이 필요한 몸, 나이 든 몸, 장애가 있는 몸, 질병 가진 몸을 비생산적인 몸으로 위계적으로 배치한다. 비생산적인 몸을 가진 존재들은 애초에 노동시장에서 배제되거나, 출산, 육아, 돌봄으로 인한 휴직 후 복귀의 어려움을 겪거나, 장애인 최저임금 배제 등의 차별적인 정책으로 저임금 불안정 노동에 머무르게 된다. 이로써 불평등이 심화되고, 관계를 맺을 자원 자체를 박탈당하는 차별을 경험한다(나기, 2023. 7. 30).

장애 여성은 비장애 여성이 다양한 측면에서 섹슈얼리티와 모성을 통해 억압받고 있는 것과 마찬가지로 아름다운 몸과 비장애 중심주의를 정상화하는 지배적 사회 이데올로기에 의해 영향을 받는다. 장애 신체가 부정적 자기 이미지를 가져오고 자존감에도 부정적 영향을 줄 수 있다. 장애 여성도 성적 주체가 되길 원하지만, 현실에서 자유스러운 성적 표현, 성적 행동을 통해 자신의 성적 자기결정권을 행사하거나 성적 쾌락을 추구하기에 제약이 있을 수 있다. 모성에 있어서도 장애 여성은 장애를 가졌다는 이유로 출산권과 양육권을 제한당하기 쉽다. 그러나 장애 여성에게 있어서 모성은 여성으로서의 정체감과 자신의 가치를 확인할 수 있는 특별한 경험이기도 하다(계운경, 2013).

노르웨이의 장애학자 솔베이 망누스 레인달(Solvig Magnus Reindal, 1999)은 주체를 이해하는 서양 철학의 전통, 특히 계몽주의의 전통에 따른 자립/의존 이분법은 개별적 장애 모델의 패러다임을 벗어날 수 없다고 지적한다. 따라서 실제론substantialism이나 본질론essentialism의 관점(개별적 장애 모델)이 아닌, 관계론relationalism의 관점에서 출발하면 자립은 개인의 능력이 아닌, 상호적 책임이 되며 동반자 관계partnership 내지 상호 의존적 관계(사회적 장애 모델)로 이해될 수 있다고 본다. 이때 주체는 체현embodyment 되어 있고 맥락-관계에 묻어들어가 있다.

한국 사회는 흔히 능력주의meritocracy를 당연시하는 경향이 있다. 더 나아가 능력capacity에 따른 차별도 감내하는 경우가 많다. 장애인은 어떤 기능이 '손상'되었을 때, 볼 수 없고, 듣고 말할 수 없고, 자립하기 힘든 장애를 경험한다. 사회에서는 비장애를 '정상성'의 기준을 두고 이러한 '능력'이 떨어지는 이들을 배제하거나 차별한다. 능력에 따라 누리는 것이 권리가 아닌데 능력이 없으면 권리를 박탈당해도 된다고 생각한다. 1977년 제정된 「특수교육진흥법」으로 장애인의 교육권이 법적으로 보장되었지만, 1990년대까지 장애인들은 교육-학습 활동에 참여할 능력이 부족하다고 교육권을 누리지 못했다. 2003년부터 시작된 장애인 교육권 투쟁으로 2007년 「장애인등에 대한 특수교육법」이 제정되고 장애인의 교육권은 인정되었다. 하지만 교육권이 인정되었다고 교육 현장에서 '실현'되는 것은 아니다. 권리의 실현을 위해서는 관련 제도, 지원체계 마련, 예산 확보, 인식 변화 등의 조치가 이루어져야 한다(김도현, 2019). 이와 같이 우선 능력ability과 권리를 구별하여 장애인으로서 권리를 확보하고, 그 권리의 실현을 위해 애써야 한다. 2001년부터 시작된 장애인 이동권 투쟁은 2022년 지하철 출근길 이동권 투쟁으로 이어졌다. 지하철 출근길 이동권 투쟁은 장애인 권리 예산 확보를 위함이다.

역량potentia으로서의 장애

장애를 가진 신체를 긍정하기 위해서 능력capacity이 아닌 역량potentia 개념에 주목해야 한다. 진태원(2023)은 진정한 역량의 의미를 "문제로 정의된 사람들이 그 문제를 다시 정의할 수 있는 힘"(Mc-Knight, 1979)이라고 제안했다. 2017년 4월 20일 장애인차별철폐의 날에 열린 420장애인차별철폐투쟁의 캐치프레이즈였던 이 말은 철학적으로 본다면, 그것은 보편성이라는 것이 자연적으로 주어져 있는 어떤 것이 아니라 사회적으로 구성되는 것임을 말해준다. 더욱이 보편성의 사회적 구성은 아무런 갈등이나 다툼도 없이 누구나 모두 인정할 수 있는 중립적인 기준이나 절차에 따라 이루어지는 것이 아니라, 갈등적이고 심지어 폭력적인 방식으로 이루어진다. 곧 지금까지 누군가에 의해 문젯거리로 여겨졌던 이들, 무언가 부족하거나 비정상적인 이들, 그리고 차별과 종속의 대상이거나 배제의 대상으로 간주되던 이들이, 이런 취급은 부당하고, 우리가 차별과 종속의 대상이 되는 것은 마땅하지 않다고 주장할 때, 진정한 보편성이 등장하게 된다(진태원, 2023).

마지막으로 신체에 대한 질 들뢰즈Gilles Deleuze의 개념은 모든 행동

(무-행동도 포함)이 정동affect을 낳는 모델을 지지하면서 신체 기능에 대한 규범적 이해를 거부하기 때문에 장애인 신체를 긍정적으로 읽을 수 있도록 도움을 준다. 모든 신체는 정동 역량을 지니며 이는 또한 신체가 주변 환경과 접촉하고 실존하는 물질적 방식에 대해 생각할 방법을 제공한다(Stark, 2017/2023). 들뢰즈 철학에 영향을 준 스피노자에 따르면, 모든 유한 양태는 부분적이고 제한적으로 하나이자 동일한 신/자연/실체의 무한한 역량을 표현하는 것으로, 정신은 사유의 속성, 물질은 연장 속성을 통해 자신을 현시한다. 각각의 실재 자체로 간주되는 이러한 역량의 유한한 양이 바로 코나투스conatus(각각의 사물이 자신의 존재 안에 존속하려는 노력)이다(Nadler, 2006/2013). 코나투스를 지닌 모든 존재는 그에 따른 권리(자연권)를 지니고 있고 이러한 권리는 자신의 실존과 활동을 지속할 수 있는 역량과 다르지 않다. 역량은 불변의 어떤 것이 아니며, 개체들 간의 만남이 생성해내는 정서affect에 따라 변용된다. 한 개체가 다른 개체와의 만남으로 기쁨의 정서를 느끼면 그의 역량은 증가하고 반대로 슬픔의 정서를 느끼면 역량이 감소된다. 각 개체들은 서로 비교될 수 없는 고유의 역량(덕virtue)을 지니며 이때의 역량은 일반적인 의미의 '능력'과는 다르다. 장애인의 특정 '능력'은 일정한 조건과 관계 속에서 비장애인보다 낮을 수 있지만, 역량은 질적인 차원으로 비교 불가하다.

미디어학자, 안나 힉키-무디Anna Hickey-Moody는 스피노자를 따라 들뢰즈는 정신과 신체의 분리를 거부하기에 지적 장애인의 신체를 부정하기보다 그들의 신체와 교감하는 더 복합적 방법을 제공할 수 있다고 본다. 힉키-무디는 "스피노자의 렌즈를 통해 보면 신체는 비장애/장애인 것이 아니라 단지 존재한다"라고 주장한다. 그녀는 장애인의 신체(그리고 모든 신체)가 의학 담론과 그 규범적 기준을 통해서가 아니라 그들이 생산할 수 있는 정동들을 통해 이해되어야 한다고 주장한다(Hickey-Moody, 2006). 역량은 상대적 개념이라기보다 각 개체가 가진 고유한 '자신'의 역량을 의미하기 때문이다. 따라서 각 개체의 특이성singularity에 따른 역량의 고양이 필요하다. 이러한 역량으로서의 장애 개념의 재현이 드라마 등 미디어에 자주 등장한다면 장애에 대한 사회적 인식을 달리할 수 있는 계기가 마련될 것으로 보인다.

3. 미디어의 장애 재현

미디어의 장애 재현 유형들

장애 미디어 연구자 폴 롱모어Paul Longmore는 「영상 속의 스테레오타입Screening stereotypes: images of disabled people in television and motion pictures」(1987)에서 놀랍게도 영화와 텔레비전에 장애인이 적지 않게 등장한다는 것, 그럼에도 불구하고 수용자들은 그들을 알아차리지 못한다는 점을 알게 되었다. 장애인은 대체로 텔레비전에서 정형화되어 재현되고 그 결과 장애인은 치료받아야 할 대상으로 간주되는 의료적/시혜적 모델을 강화시켰다. 사회적/인권적 관점으로 영국의 미디어에 나타난 장애 재현을 다룬 반스Barnes(1992)는 미디어에서 흔히 묘사되는 장애의 스테레오타입을 불쌍하고 애처로운 장애인, 폭력의 대상으로서의 장애인, 사악하고 악랄한 장애인, 분위기가 있거나 호기심을 불러일으키는 장애인, 초능력적인 장애인, 조롱의 대상으로서 장애인, 자신에 대한 혐오와 장애에 대한 분노로 가득 찬 장애인, 부담되는 존재로서의 장애인, 성적으로 비정상적인 장애인, 공동체 생활에 충분히 참여할 수 없는 장애인, 평범한 장애인 등 11가지 유형으로 제시한다. 반스는 장애(인)에 대한 사회적 장애화의 책임이 미디어에 있다고 주장한다. 그는 미디어의 장애인 재현을 개선하기 위해서 재현의 정확성을 분석한 후 공론장에 알려야 하고, 주류 미디어에서 장애인을 영입해서 함께 일할 수 있도록 하는 방안 등을 권고했다(Ellis, 2019/2022).

문학에서의 장애 재현 유형은 영상에서보다 복잡하고 폭넓게 재현된다. 문학에서의 장애 인물들도 관계들의 구조 내에 위치지어 있기 때문에 전체 플롯과 스토리 속에서 분석해내야 한다. 장애는 문학·미학적 분야 내에서 다양한 담론적 세부 사항들이 드러나고 부각되어 궁극적으로 변형되는 지렛목 또는 중심축으로 읽히게 된다.

문학에서의 장애 재현 유형으로는 첫 번째, 예를 들면 추하고 혐오스러운 외모의 귀부인(귀공자)과 그 외모가 숨기고 있는 명백한 아름다움 사이의 다름이 윤리적 난제로 제시되는 재현을 들 수 있다. 이러한 재현은 "장애인들 주위에 있는 비장애인들에게 요구되는 필수적인 인간적 정서를 담아내기 위한 편리한 그릇"(Quayson, 2007/2016: 93-94)이 된다. 두 번째 장애의 유형으로는 인종, 계급, 섹슈얼리티와 사회적 정체성 같은 타자성과의 접점으로서의 장애 재현을 들 수 있다. 예를 들어, 로버트 루이스 스티븐슨Robert Louis Stevenson의 『보물섬Treasure Island』의 주인공 짐 호킨스Jim Hawkins가 경험하는 모험에서 그가 만나는 거의 모든 선원들은 두드러진 타자성과 도덕적 결핍을 나타내는 표시인 장애를 지닌 사람들이다. 남성적 모험 내러티브『보물섬』은 남성 주인공을 본국이 아닌 배경에 위치시키고 그곳에서 그가 접하게 되는 다름은 궁극적으로 그의 우수성을 확인해주는 자기 발견의 과정을 촉발하는 것이다. 세 번째 장애 재현의 유형은 주제적 구도와 내러티브의 궤도 사이의 분리 상태에 대한 표현으로서의 장애 재현이다. 즉 주인공의 장애는 그(녀)와 독자 사이의 관계에 있어서의 특징이지 그(녀)와 다른 등장인물들 사이의 관계에 있어서의 특징이 아니다. 이때 장애는 유추를 위한 장치가 되며 장애를 지닌 이들의 경험에 내재해 있는 모방적 복잡성을 허용하지 않는다. 이런 점에서 이 같은 장애 인물의 재현은 비장애 인물들의 재현과 다르게 된다. 넷째, 장애를 손상으로 보고 결국 손상이 도덕적 결핍 또는 다른 결핍의 표지인 점을 합리화시키는 재현, 도덕적 결함/악으로서의 장애 유형을 들 수 있다. 다섯 번째, 현현epiphany으로서의 장애 재현이다. 이러한 장애 재현의 예로 하퍼 리Harper Lee의 『앵무새 죽이기To kill a Mockingbird』에서 백인 여자를 성폭행했다는 누명을 쓰고 기소된 톰 로빈슨의 장애가 긴장 속에서 서서히 드러나는 것을 들 수 있다. 화자인 핀치Finch의 시각에서나 독자에게 있어서 모두가 성폭력 범인으로 지목된 가운데 결정적으로 무죄를 말해주는 톰의 장애가 밝혀지는 것이다. 여섯 번째, 의례적 통찰력을 나타내는 기표로서의 장애이다. 즉 장애 인물이 신성한 과정 또는 의례 과정을 나타내는 기표로 사용되는 범주를 말한다. 그리스 문학에서 많이 볼 수 있으며 오이디푸스(시각 장애), 필록테테스(다리를 절음) 같은 인물이다. 이들은 오염으로 간주되는 위반(부친 살해와 근친상간)을 범하고 난 후에야 장애가 드러나고 공동체의 총체적인 파멸을 피하기 위해 쫓겨난다. 일곱 번째, 표현하기 어렵고 수수께끼 같은 비극적 통찰로서의 장애 재현이다. 이는 뛰어난 통찰력의 소유자로 제시되는 장애 재현의 형태와 대조를 이룬다. 여덟 번째 장애 재현의 유형은 해석적 난관으로서의 장애이다. 그리고 아홉 번째 유형이 정상 상태로서의 장애 재현이다. 이때 장애 인물들은 완전히 정상화되어 다른 인물들과 똑같이 인간적 감정, 모순, 희망, 공포 등

막연한 생각 같은 전 영역에서 존재하는 범주이다. 무엇보다 정상 상태로서의 재현은 사회적 위선 또는 장애의 신체를 무용하게 보는 사회 제도를 날카롭게 비판할 수 있다(Quayson, 2007/2016).

퀘이슨Quayson의 장애 재현 분류는 유형화하긴 했으나 장애 재현에 관한 일종의 지도 그리기라고 할 수 있으며 오히려 미디어에서의 장애 재현과는 다르게, 장애라는 것이 쉽게 어떤 본질적인 범주로 편입시킬 수 있는 상황이 아니라는 점을 보여준다. 장애를 지닌 사람이 직접 쓴 글이나 영상으로 인해 장애(인)의 복잡성에 관해 탐구하는 텍스트가 늘어나고 있지만, 반드시 장애인이 발화자가 될 필요도 없다. 무엇보다 미디어에서의 장애(인) 재현은 마치 문학의 재현처럼 상상력을 발휘하여 다양하게 미학적이거나 윤리적으로 우리의 현실을 굴절해서 보여줄 수 있다는 것이다.

한국 드라마·영화의 장애(인) 재현

장애우권익문제연구소의 조사에 의하면, 2010년 이전의 드라마에서 시청자들은 TV 드라마 속 장애인들이 '구색 맞추기 식으로 등장'(28.6%)하거나 '극적 갈등의 원인'(27.8%)이 되고 있다고 인식했다. 또한 드라마 속 장애인의 이미지는 '수동적이며 연약한 이미지'(31.6%), '장애를 극복한 인간 승리 이미지'(23.9%)가 주요 이미지이며, 특히, 여성 장애인은 '비운의 주인공'으로 다뤄지거나 청순가련한 이미지로 주로 나타났다. 이는 장애의 문제를 개인적인 문제로만 보게 하고 장애인의 부정적 이미지를 더욱 강조시켰다(권기석, 2005. 7. 20).

2010년 이후 방영된 한국과 일본의 TV 드라마 네 편[3]을 선정하여 등장인물들의 대사나 대화, 행위, 화면 등에 나타나는 장애관을 사회적 시각에서 장애를 보는 다중 패러다임으로 분석한 결과, 한국은 사회 통합에 장애인 개인 노력이 우선이고, 일본은 장애인의 능동적인 사회 참여가 필요한 것으로 제시됐다. 한국은 장벽을 제거하여 인간다운 삶을 추구하자는 점을, 일본은 장애로 인한 개성과 차이를 인정하여 그를 통해 사회에 이바지해야 한다는 점을 강조한다. 미디어에서 장애에 대한 재현이 왜곡된 이유는 건강하고 완전한 근대적 주체와 신체를 이상적으로 상정해놓고 반대로 장애인은 부족하고 결핍의 존재로 조작되기 때문이다. 이는 사회의 지배적인 인식 속에 완전한 근대적 주체에 대한 신뢰가 있기 때문이며 장애에 대한 미디어 조작은 손상에 대한 근대적 권력의 전략이며 왜곡된 장애 재현의 재생산임을 알 수 있다. TV 드라마의 담론 분석 결과, 정신적·신체적 손상을 부각하고 의학적 용어로 장애를 표현했고, '의존적 존재라는 낙인', '무능력·무감정적 존재'로 재현되는 어휘들도 많았고, '민폐, 희생 등 왜곡된 장애에 대한 이미지'로 재현되는 표현들이 많았다. 담론적인 실천 차원에서는 장애인 고용 담론의 경우 한국은 직접적 차별을 재현했고 일본은 구조적인 차별을 드러냈으며, 장애인과의 연애 담론의 경우, 한국은 주변의 부정적 시각이 문제이고 일본은 연인 서로의 신뢰와 상호 의존이 관건이었다(현근식, 2022).

미디어에서 장애에 대한 스테레오타입을 벗어나지 못한 재현은 장애인과 비장애인의 이분법적 시각에서 이상적인 건강하고 완전한 주체와, 부족하고 결핍된 존재로서의 장애인을 대립적으로 제시한다. 이러한 미디어 재현은 '장애 = 손상'에 대한 근대 권력의 전략이며 왜

---

3 한국 드라마 〈굿닥터〉(2013): 서번트증후군, 〈라이프〉(2018): 하반신마비장애, 일본 드라마 〈아타루Ataru〉(2012): 서번트증후군, 〈퍼펙트 월드〉(2019): 하반신마비장애

곡된 장애 재현의 재생산이다. 실제 미디어에서 장애(인)이 재현될 때 이미 차별적 해석을 담고 있기 쉽다.

2010년 이후 드라마에서 장애인이 주연이나 조연 이상으로 등장한 드라마[4]는 23편 정도이지만 통시적인 장애 재현 연구는 드문 편이다. 앞에서도 언급했지만 드라마 〈우영우〉(2022)는 자폐 스펙트럼을 가진 변호사 우영우(박은빈 분)가 등장하여 '힐링 드라마'라는 호평을 받았다. 이전의 전형적인 장애(인) 이미지를 벗어나 천재 장애인을 재현했으나 장애(인)의 관계성을 낭만화하는 경향이 있다. 드라마 〈우영우〉의 방영 자체가 '장애인은 능력이 있을 수 없다'는 편견에 균열을 내고자 하는 시도이고, 우영우 캐릭터가 이제까지 한 번도 시도되지 않았던 장애 인물인 것은 사실이다. 드라마 속에서 우영우 자신은 서울대 로스쿨을 수석 졸업한 천재 변호사이며 귀엽고 사랑스러운 이미지다. 순수하고 정의롭고 현실의 로펌에서는 불가능한 공익적 사건(소수자 관련)을 도맡아 승소를 이끌고 그 가운데 본인도 성장한다. 또한 비록 부부의 연으로 이어지지는 않았지만, 부모 모두 서울대 법대 출신이고 어머니는 대형 로펌의 대표이다. 우영우가 경도 장애(인)으로서의 고충이 있을 수 있지만, 이는 또 다른 형태의 능력주의를 표출한다고 볼 수 있다. 결국 드라마 〈우영우〉는 이전 자폐인을 다룬 미디어의 연

4 2010년 이후 장애인 캐릭터가 등장한 방영된 드라마는 다음과 같다. 〈내 마음이 들리니〉(2011), 〈바보 엄마〉(2021), 〈적도의 남자〉(2012), 〈굿 닥터〉(2013), 〈그 겨울, 바람이 분다〉(2013), 〈괜찮아 사랑이야〉(2014), 〈디어 마이 프렌즈〉(2016), 〈라이프〉(2018), 〈여우각시별〉(2018), 〈제3의 매력〉(2018), 〈60일, 지정생존자〉(2019)(장애인 등장인물은 없으나 장애 차별 언급), 〈검법남녀 시즌 2〉(2019), 〈초면에 사랑합니다〉(2019), 〈단 하나의 사랑〉(2019), 〈스토브리그〉(2019), 〈사이코지만 괜찮아〉(2020), 〈영혼수선공〉(2020), 〈이상한 변호사, 우영우〉(2022), 〈우리들의 블루스〉(2022), 〈너만의 거리에서〉(2022)(장애 이해 드라마), 〈내 눈에 콩깍지〉(2022-2023), 〈일타강사 스캔들〉(2023), 〈갈채〉(2023)(장애인식 개선 목적 기획드라마). 〈비밀의 여자〉(2023).

장선 속에서 대다수의 자폐 당사자들은 "이건 내 얘기가 아니다", "내 얘기로 느껴지지 않는다"라는 반응을 보였다(하수영, 2022. 7. 21). 인권단체 장애여성공감(이하 공감)에 소속된 장애여성 활동가들은 〈우영우〉가 장애에 대한 차별적 인식을 세밀하게 묘사한 점은 높이 샀다. 하지만 그들이 공감한 장면은 우영우가 '천재 변호사'로 활약할 때나 '여성'적 매력으로 연애를 할 때가 아니라 무성적이고 봉사자의 도움을 받는 '보통의 장애인' 취급을 받는 장면이었다.

장애인 역할을 하는 전형적인 여배우들은 장식품처럼 목발에 의지한 채 마치 이 험한 세상의 세찬 바람을 혼자 감당할 수 없을 것 같은 여성, 순종의 극치를 보이는, 착하지만 약간 모자란 그래서 남자들의 성적 관심을 끄는 정신지체 장애여성, 이 전에는 휠체어를 한 번도 앉아보지 않았음을 훤히 알게 하는 배우가 연기하는 장애 여성들이다(홍성희, 2003).

영화 〈오아시스〉(2002)는 중증뇌성마비 장애인 공주와 사회 부적응자이면서 전과자인 종두의 '순수한' 사랑을 그린 영화로 2003년 시애틀국제영화제(관객상-남우주연상, 관객상-여우주연상)를 비롯해서 7개 국내외 영화제에서 수상한 바 있는 수작으로 알려져 있다. 여성주의적 관점에서 보았을 때, '강간', '사랑', '편지'는 〈오아시스〉에서 상징폭력과 지배 이데올로기 재생산으로 이어지게 하는 연결고리로 작용하고 강간은 공주의 육체에 관한 자기결정권을 부정하려는 가부장성을 보여준다. 폭력과 그 결과로서 나타나는 공포는 공주를 위협하고 무엇보다 사랑의 이름으로 홍종두가 공주의 보호자가 될 수 있을 것이라고 믿는 것 그 자체로 관객 스스로도 상징 폭력과 재생산의 공모자가 된다(계운경, 2013). 이문열의 〈아가〉(2000)에서 장애 여성 당편은 환대받지 못하는 부정적 존재로 형상화되어 장애에 대한 편견을 더 공고하게 했는데, 〈오아시스〉에서 공주는 변형된 모습의 당편이다(박주희, 2003). 결국 두 작품 모두 장애 여성을 가장 손쉬운 성폭력의 대상으로 재현한 것이다.

비장애 여성의 몸을 통한 환상으로, 다시 현실로의 전환이 이루어지는 〈오아시스〉의 문제 장면에 대해 장애를 가진 여성인 공주가 어떻게 받아들이는가에 대한 서사는 빠져 있다. 반면 홍종두라는 인물은 공주를 추행했고 강간하려 했다는 사실을 부정하거나 또는 그런 기억을 지울 필요가 없도록 그려진다. 만약 영화 속 공주의 역할을 비슷한 장애를 가진 진짜 장애여성이 연기했더라면, 영화의 다른 모든 것들은 의미가 달라졌을 것이다(홍성희, 2003).

사회적 반향이 컸던 장애 영화 〈말아톤〉(2005)과 〈도가니〉(2011)는 실제 인물과 사건이 모티브가 된 영화이다. 자폐 장애를 가진 배형진 씨 모자의 이야기를 바탕으로 각색된 〈말아톤〉은 지금까지 최고의 장애 영화로서 회자될 정도로 성공을 거둔 영화다. 영화 촬영 현장 공개 시, 조승우(초원 역)는 "자폐아처럼 포즈를 취해보라"는 기자의 주문에, 자폐아에 대한 기본 상식과 예의가 없는 요구라는 생각에 기자들에게 화를 냈다고 한다. 당시 기자들의 장애 인식 수준을 드러내는 에피소드이다. 〈도가니〉는 2000년부터 5년간 광주인화학교의 청각장애아를 상대로 교장, 교직원들이 저지른 성폭력과 아동 학대를 폭로한 고발 영화다. 영화 개봉 이후, 광주인화학교 성폭력사건은 재수사되고 학교는 폐교되었다. 2011년, 아동·장애인 성폭력 범죄에 대한 처벌을 강화하는 내용을 골자로 한, 일명 '도가니법', 「성폭력범죄의 처벌 등에 관한 특례법」 개정안이 국회를 통과했다.

영화 〈F20〉(2022)은 장애인과 장애 가족의 문제적 재현 측면에서 가장 심각한 영화이다. KBS가 투자·제작했지만, KBS에서는 방영하지 못하고 OTT 플랫폼 웨이브에서 개봉했다. 제목의 문제(F20은 조현병 질환의 질병 코드) 등 조현병 환자에 대한 혐오를 조장할 수 있기 때문에 한국정신장애인연합회와 장애인차별금지추진연대가 영화 상영 자체를 반대할 정도로 비판이 거셌다. KBS 앞에서 시위를 벌인 환자 가족이 "영화 보고 나서 이야기하자고 했어요. 그래도 피디고 작가인데 아주 반인권적인 이야기를 만들까 하고. 보고 나선 너무 화가 났죠. 가족을 살인자로 몰다니요. 당사자는 물론이고 100만 명 넘는 정신장애인의 가족을 간접 살인한 거나 마찬가지예요."라고 발언했듯이 이 영화는 조현병에 관한 각종 사회적 편견을 더욱 부추길 뿐만 아니라 학벌주의, 공공임대주택에 관한 차별, 한부모 편견 등을 재현하고 있다.

2000년대 어린이용 만화영화에서의 장애 재현은 다양성을 의식하면서도 배제되는 방식으로 교묘하게 나타난다. 〈니모를 찾아서Finding Nemo〉(2003)에서 주인공 니모는 한쪽 지느러미가 작아 헤엄을 잘 치지 못하는 선천적 장애가 있으나 호기심 많고 성격이 밝다. 〈도리를 찾아서Finding Dory〉(2016)에서 주인공이 된 도리는 기억 상실증의 장애를 가졌지만 절박한 위기를 만나도 기지를 발휘해 위험으로부터 벗어나는 대단한 힘을 갖고 있다. 특히 〈니모를 찾아서〉(2003)에서 물고기 도리는 기억상실증이라는 장애 덕에 벌어진 일과 앞으로 벌어질 일에 대해 신경을 쓰지 않고 그때그때 순간을 살아간다. 도리의 장애는 주인공인 니모의 강박적인 아버지, 말린Marlin의 모험적 사건에서 결정적으로 도움이 되지만 도리의 기억상실증 장애로 인해 아이러니하게도 그 도움의 행위를 담론적으로 기억하지 못하게 만든다. 도리가 어린 거북들에게 이야기해주고 황새치, 게, 돌고래, 다시 새에게 전달되고 새는 시드니를 떠나 갈매기에게 전달한다. 말린의 이야기 속에서, 또 바다 전체에 그 이야기가 퍼지고 변해가는 길고도 복잡한 과정 그

어디에도 모험 속에서 도리의 역할은 전혀 언급되지 않는다. 이렇듯 내러티브적 담론에서 비장애 인물들의 행위는 기억되는 반면, 장애 인물은 주변인으로 위치시킨다. 또한 비장애인은 남성이고, 장애인은 여성이라서 기억상으로 지우기의 실행enactment of memorial effacement이 젠더적 문제임을 알 수 있다(Quayson, 2007/2016).

지금까지 드라마 및 영화에서 장애인 배우가 등장한 것은 인권위 제작 다큐멘터리 〈여섯 개의 시선〉(2003)의 '대륙 횡단'의 김문주(뇌성마비1급), 〈다섯 개의 시선〉(2006)의 '언니가 이해하셔야 해요'와 〈우리들의 블루스〉(2022)에 참여한 정은혜(다운증후군), 〈어른이 되면〉(2018)의 장혜정(발달장애) 등이다. 기승전결의 내러티브 안에서 재현되는 장애(인)보다 실제 장애인이 장애와 더불어 일상을 살아가는 다양한 모습을 접할 수 있는 콘텐츠는 그만큼 드물지만 절실하다. 그런 콘텐츠는 장애(인)를 하나의 서사적 도구로만 사용하는 것이 아니라 스스로 장애인의 삶을 살아가고 있는 사람으로 보이게 하기 때문이다.

기자협회에서는 장애인 인권 관련 보도준칙[5]을 마련하고 있다. 그

---

5 인권보도준칙 제3장 장애인 인권

1. 언론은 장애인이 자존감과 존엄성, 인격권을 무시당한다고 느낄 수 있는 보도를 하지 않는다.
   가. 장애인을 비하하거나 차별하는 표현에 주의한다.
   나. 통상적으로 쓰이는 말 중 장애인에 대해 부정적 뉘앙스를 담고 있는 관용구를 사용하지 않는다.
   다. 장애 유형과 장애 상태를 지나치게 부각하지 않는다.
   라. 장애인을 보장구에 의지하여 살아가는 수동적 존재로 묘사하지 않는다.
   마. 동정 어린 시각이나 사회의 이질적 존재라는 인상을 주지 않도록 한다.
   바. 장애를 질병으로 묘사하거나 연상시킬 수 있는 표현을 사용하지 않는다.
2. 언론은 장애인에 대한 차별을 해소하는 데 적극 나선다.
   가. 장애에 대한 잘못된 고정관념과 편견을 강화할 수 있는 표현을 사용하지 않는다.
   나. '미담 보도'의 경우 장애인을 대상화하거나 도구화하지 않는다.

러나 미디어가 지속적으로 보도를 통해 재현하고 있는 모호하고 부정적인 '무능력'의 장애 이미지는 제도적, 법적인 장애인 해방 투쟁을 위한 장애(인) 정치를 필요로 한다.

4. 취약성과 상호 의존은 우리 삶의 조건

2001년도부터 시작된 투쟁 끝에 2005년 「교통약자의 이동편의 증진법」, 2007년 「장애인차별금지 및 권리구제에 관한 법률」, 「장애인등에 대한 특수교육법」이 제정되었고 미디어에서의 장애 재현도 과거의 의료/시혜적 관점에서 벗어나 사회적/인권적 관점으로 나아가고 있다. 그러나 조현병에 관한 문제적 재현 영화 〈F20〉가 공개되어 항의를 받았고, 출근길 지하철에서의 장애인 이동권 투쟁은 언론을 통해 비난받았다. 전장연은 장애인 권리 예산을 2022년보다 1조3044억 원을 늘려달라고 요구했지만 국회는 106억(0.8%)만을 증액했다.

"모든 사람은 예비장애인", "장애인에게 좋은 것이 모두에게 좋은 것이다" 등은 장애인 의식을 고취시키기 위한 캠페인에서 활용되어 오던 캐치프레이즈다. 이는 장애 문제의 보편성을 강조해 쉽게 대중의 공감을 불러일으킬 것 같지만, 장애를 가진 몸을 차별하지 않는 세상이, "그런 장애의 몸이 '아닌' 당신에게 더욱 이롭다"는 말에는 이미 위계와 차별이 내포돼 있다. 앞에서도 살펴보았듯이 모든 차별 문제의 본질은 차별받는 몸이 아니라 차별하는 사회에 있다. 미디어의 장

다. 장애인을 인터뷰하거나 언론에 노출할 경우 반드시 당사자의 입장을 고려한다.
라. 장애인을 위한 제도 개선과 사회의 인식을 개선하기 위해 항상 노력한다.
출처: 한국기자협회(http://www.journalist.or.kr/news/section4.html?p_num=7)

애 재현도 마찬가지이다. "너도 그런 장애인이 될 수 있다"고 불안감을 조장할 것이 아니라, 어떤 몸이든 차별받지 않아야 마땅하다고 설득해야 한다.

뉴스는 어떤 의미에서 늘 환유적이다. 더 진실한 이미지, 더 많은 이미지, 고통의 현실을 더 온전히 전달하는 이미지에 대한 요구는 그 나름의 역할도 있고 중요하다. 그러나 진실한 이미지를 찾기만 하면 되고 그렇게만 하면 어떤 특정한 현실이 전달될 수 있는 것도 아니다. 현실은 그 이미지 안에서 재현되는 것을 통해서가 아니라, 그 현실이 잘 재현되지 않음으로써 전달되기도 한다(Butler, 2004/2018). 그만큼 장애의 문제를 영상으로 전달할 때 윤리적 성찰이 필요하다. 과거처럼 미디어 수용이 일방적으로 이루어지지 않더라도 해당 사회 문제에 관해 무엇을 어떻게 보아야 할지 결정하는 데 미디어의 영향이 적지 않다. 장애(인)의 미디어 재현 또한 장애(인)에 관한 고정관념을 형성하거나 고착화하는 데 일조한다. 이 때문에 기존의 장애 재현 방식에 균열을 내고 의문시하고 장애 개념에 관한 새로운 인식과 사유를 불러일으킬 수 있는 콘텐츠가 끊임없이 계속 발굴되어야 한다.

관심이 조회수로 반영되고 조회수는 수익(광고)으로 연결되는 시대에 살고 있다. 장애인이 가해자가 된 자극적인 사건이나 장애인의 날 등 장애인의 문제는 여느 소수자의 사건과 마찬가지로 시의성이 있을 때만 다뤄진다. 터무니없이 낮은 기초생활수급비로 깎여나간 일상, 부족한 활동지원시간에 전전긍긍하는 일상, 학교에 갈 수 없고 노동할 수 없어 집에 처박혀 사는 박탈된 일상. 이러한 지리멸렬한 일상은 특정 '사건'으로 드러나기 전엔 좀처럼 가시화되지 않는다. 이러한 일상은 제도에 의해 직조된다. 장애·빈곤 이슈를 취재하는 기자들에게 많이 듣는 이야기 중 하나는 "제도가 너무 어렵다"는 것인데, 장애·빈곤 제도가 이토록 복잡한 이유는 이제까지 언론에 의해 제대로 감시받지 않았기 때문이다. 제도는 매번 예산에 맞춰 누더기처럼 꿰매어지기 때문이다(강혜민, 2023. 7. 18). 비장애중심주의 사회에서 상호 의존과 장애의 취약성이 우리 인간의 삶의 기존 조건임을 깨닫기가 쉽지 않다. 미디어에서 과소재현된 장애(인)를 개선하려면 관계 맺기를 통해 긍정적 역량potentia의 개념을 읽어낼 수 있는 재현이 더 많아져야 한다. 미디어는 다르게 구성된 신체를 '비정상성'으로 재현하는 것을 멈추어야 하고 비장애의 몸을 더 이상 특권화하지 말아야 한다.

마지막으로 디지털 기술과 인터넷의 확산, 글로벌 OTT 플랫폼 등 방송서비스 제공 방식 변화 등에 따라 시·청각장애인을 비롯한 장애인의 방송 접근성 환경이 급격히 변하고 있다. 장애인 방송을 따로 마련하는 것 이외에 장애인이 비장애인과 마찬가지의 미디어 콘텐츠를 접할 수 있도록 방송 접근성을 높이기 위해 힘써야 할 것이다.

더 찾아보기

김지우(2022). 『하고 싶은 말이 많고요, 구릅니다』. 휴머니스트출판그룹.

김초엽·김원영(2021). 『사이보그가 되다』. 사계절.

변재원(2023). 『장애시민 불복종』. 창비.

박정수(2020). 『'장판'에서 푸코 읽기』. 오월의봄.

Bousquet, Joë(1979). *Le Meneur de lune*. Édition Albin Michel. 류재화 옮김(2015). 『달몰이』. 봄날의책.

Kafer, Alison(2013), *Feminist, Queer, Crip*. Indiana University Press. 이명훈 옮김(2023). 『페미니스트, 퀴어, 불구』, 오월의봄.

참고문헌

강혜민(2023. 7. 18). 버스와 지하철 앞에 선 장애인의 정치.『한국기자협회』.
http://www.journalist.or.kr/news/article.html?no=53956

계운경(2013). 〈오아시스〉의 타자의 공간과 재생산.『한국콘텐츠학회논문지』 13(10): 123–131.

권기석(2005. 7. 20). "드라마속 장애인은 구색맞추기"… 장애우권익硏 761명설문. 〈국민일보〉. https://n.news.naver.com/mnews/article/005/0000212506?sid=102

김도현(2019).『장애학의 도전』. 오월의 봄.

김미라·장윤재·김수희(2022). "이상하고 별나지만 가치 있고 아름다운" : 〈이상한 변호사 우영우〉의 장애 재현과 함의.『한국방송학보』 36(6): 41–79.

나기(2023. 7. 21). 결혼은 너무 '문제적'인 제도라서….『일다』. https://www.ildaro.com/9679

박주희(2003). 오아시스는 없다.『공감』 6호: 10–14. https://drive.google.com/file/d/0B_3xpPxLn68lcXQwRVVNOThGWGM/view?resourcekey=0-sHPyFUVbksovY_BVR3VO6w

이설희(2022). 텔레비전 드라마의 장애 재현에 대한 연구: '이상한 변호사 우영우' 분석을 중심으로.『CONTENTS PLUS』. 20(5): 49–63.

장아름(2023.8.2.). '말아톤' 감독 "주호민 과도한 빌런 만들기 멈추길…을과 을 무의미한 싸움". 〈뉴스1〉. https://www.news1.kr/articles/?5129004

진태원(2023). 역량으로서의 장애, 관계로서의 돌봄.『역량capacity으로서의 장애』. 장애인권리예산 투쟁에 연대하는 마포신촌학술단체 모임 학술토론회.

하수영(2022. 7. 21). "이건 내 얘기 아냐" 실제 자폐인들이 본 '우영우'. 〈중앙일보〉 https://www.joongang.co.kr/article/25088750

한국기자협회(n.d.) 인권보도준칙. http://www.journalist.or.kr/news/section4.html?p_num=7

현근식(2022).「한일 TV 드라마에 나타난 장애관 비교」. 대구대학교 장애학 석사논문.

홍경수(2022). 〈오징어 게임〉에서 〈우영우〉까지: K드라마는 어떻게 세계적 장르가 되었나.『실천문학』 145: 293–304.

홍성희(2003). 영화 오아시스에서 보여주지 않은 것에 관하여.『공감』 6호: 15–22.

홍은전(2023).『전사들의 노래』. 오월의 봄.

Barnes, C.(1992). Images of disability on television. *Disability, Handicap & Society* 7(4): 385-387. https://doi.org/10.1080/02674649266780481

Ellis, Katie(2019). *Disability and Digital Television Cultures*. Routledge. 하종원·박기성 옮김(2022).『장애와 텔레비전 문화』. 컬처룩.

Hickey-Moody, A.(2006), Folding the Flesh into Thought. *Angelaki: Journal of the Theoretical Humanities* 11(1): 189-197.

Longmore, P.(1987). Screening stereotypes: Images of disabled people in television and motion pictures. In A. Gartner & T. Joe(Eds.). *Images of the disabled, disabling images*. 65-78.

McKnight, J.(1979). The Professional Problem. presented at a seminar on professionalism held by the Mediating Structures Project of the American Enterprise Institute. file:///C:/Users/USER/Downloads/Professional%20Problem_J.%20McKnight.pdf

Quayson, A.(2007). *Aesthetic Nervousness: Disablitiy and the Crisis of Representation*. Columbia University Press. 손홍일 옮김(2016).『미학적 불안감: 장애와 재현의 위기』. 디오네.

Reindal, S. M.(1999). Independence, Dependence, Interdependence: some reflections on the subject and personal autonomy. *Disability and Society*. 14(3). https://www.proquest.com/scholarly-journals/independence-dependence-interdependence-some/docview/195759626/se-2

Stark, H.(2017). *Feminist Theory After Deleuze*. Bloomsbury Academic. 이혜수·한희정 옮김(2023).『들뢰즈 이후의 페미니즘』. 이상북스.

Tremain, S. L.(2005). *Foucault and the Government of Disability*. University of Michigan Press. 박정수·임송이 옮김(2020).『푸코와 장애의 통치』. 그린비.

United Nations(2006). *Convention on the Rights of Persons with Disabilities and Optional Protocol*. https://cnxus.org/wp-content/uploads/2022/07/CRPD.pdf

United Nations(2016). *Convention on the Rights of Persons with Disabilities, Training Guide*. https://miusa.globaldisabilityrightsnow.org/wp-content/uploads/2016/10/CRPD_TrainingGuide_PTS19_EN_Accessible.pdf

2부

미디어 안팎의 여성,
그리고 미디어 윤리

MEDIA HERSTORY

5장

여가부 폐지 논쟁과 젠더 갈등[1]

— 홍지아

제20대[1] 대통령 선거전이 절정이던 2022년 1월 7일, 국민의힘 윤석열 후보가 페이스북에 '여성가족부 폐지'라는 일곱 글자 메시지를 올린다. 전날에 올린 14자짜리 '성범죄 처벌 강화 무고죄 처벌 강화' 메시지에 이어 두 번째 페이스북을 통한 공약 공개이다. 다른 설명 없이 단출한 '여성가족부 폐지' 일곱 글자가 업로드된 지 1시간 만에 윤 후보의 페이스북에는 7000개를 넘는 '좋아요'와 2400여 개의 지지, 혹은 반대 댓글이 달린다. 조선일보는 윤석열 후보의 메시지에 대한 네티즌들의 '폭발적인 반응'과 함께 '갓석열 지지합니다 그저 빛', '오늘부터 윤석열과 나는 한 몸으로 일체가 된다' 등 남성 지지자들의 댓글과 '윤석열은 여성을 버렸다', '이대남 지지 회복하겠다고 던진 메시지가 이거라니' 등, 남성들의 것과 대비되는 여성들의 메시지를 소개한다.[2] 윤 후보의 페이스북 메시지가 공개된

1 이 글은 정사강·홍지아(2019), 국가 페미니즘, 여성가족부, 여성혐오. 『미디어, 젠더 & 문화』 34(1): 209-253와 홍지아(2022), 젠더 갈등은 어떻게 우리 사회의 주요 담론이 되었는가?: 보수언론의 젠더 갈등 기사분석을 중심으로, 『미디어, 젠더 & 문화』 37(2): 99-155, 두 논문의 일부를 글의 목적에 맞게 편집, 수정, 인용했음을 밝힌다.

2 이 '페미' 닷페이스 만난 날, 윤은 "여성가족부 폐지" 페북글. 〈조선일보〉, 2022. 1. 7.

2022년 1월 7일부터 대통령 선거 하루 전인 3월 8일까지 두 달여의 기간 동안 경제지와 전문지를 제외한 전국의 일간지와 방송사에서 여가부 폐지를 다룬 기사는 757건에 이르며 여가부 폐지는 말 그대로 대선 정국의 핫 이슈로 부상한다. 여성가족부 폐지를 공약한 윤석열 후보는 한 달 후 한국일보와의 인터뷰에서 여성가족부 폐지 공약의 이유를 묻는 질문에 한국 사회의 성차별은 구조적인 문제가 아니라 개인의 문제이기 때문이라고 답변한다. 한국 사회에 더 이상 여성에 대한 구조적인 성차별은 없으며 그러므로 역사적 소임을 다한 여가부는 존재할 이유가 없다는 발언으로 여가부 폐지 공약을 재확인한다.[3]

---

1. 말도 많고 탈도 많은 여성가족부, 무엇이 문제일까?

대한민국 정부 부처 가운데 여성가족부(이하 여가부)처럼 논란의 대상이 되는 부처가 있을까? 지난 문재인 정부 출범 100일을 맞아 2017년 8월 문을 연 청와대 국민청원 게시판의 경우, 1년여가 지난 2018년 10월 기준으로 여성가족부 폐지를 요구하는 청원의 수가 320여 개에 달할 정도로 여가부는 '문제적 부처'로 여겨져 왔다. 여가부 폐지를 요구하는 국민청원의 핵심은 여가부가 여성만의 편을 들어 남녀 갈등을 유발하고 이기적인 페미니즘을 전파하며 사회적 혼란을 야기한다는 것이다. "여가부는 오히려 사회적으로 남녀 논란만 야기시키며 국민의 혈세만 낭비할 뿐 제대로 일하고 있다고 생각할 수 없습니다

3 독자들의 이해를 위해 한국일보 2022년 2월 7일자에 실린 당시 윤석열 국민의힘 대통령 후보의 인터뷰 기사에서 해당 부분을 소개한다. "중도, 보수에선 여가부가 역사적 기능을 이미 다해 존재할 이유가 없다고 본다. 젊은 사람들은 여성을 약자로 생각하지 않는다. 더 이상 구조적인 성차별은 없다. 차별은 개인적 문제다. 남성이 약자일 수도, 여성이 약자일 수도 있다. 여성은 불평등한 취급을 받고 남성은 우월적 대우를 받는다는 건 옛날 얘기다. 사회적 약자를 국가가 실질적으로 보호해주면 된다."

(2018년 9월 29일 청원)"[4], "여성의 차별만 부각하며 생각하지 말고 남성에 대해 조금이라도 이해하고 생각해주는 정부 부처가 되길 바랍니다(2018년 3월 25일 청원)"[5], "성평등을 위한, 여성에 대한 사회적 부조리를 개선해낼 수단을 만드는 것이 아닌 남성의 기본적 권리를 조금씩, 축소, 해체하는 방법으로만 진행이 되었지요(2018년 7월 26일 청원)"[6] 등의 주장이 그 예이다.

여성에 대한 구조적 성차별은 더 이상 존재하지 않음을 선언하며 여가부 폐지를 공약으로 내건 윤석열 정부 출범 이후, 국민청원을 대신하는 청와대 국민제안의 청원24에는 직접적인 여가부 폐지를 요구하는 내용은 사라졌지만 '남성 혐오를 주된 활동으로 삼는 한국식 페미니즘'에 대한 비판은 현재진행형[7]이다. 여가부 폐지 요구의 상당 부분은 여가부가 국가 페미니즘의 주체로 여성에게만 이익을 주는, 그래서 남성에게는 피해를 주는 일방적인 친여성 정책을 주도한다는 인식, 또한 여성의 권리만을 주장하는 이기적이고 남성 혐오적인 페미니즘과 일방적인 여성 우대 정책 때문에 남성이 역차별을 당하고 그 결과, 남녀 갈등이 유발된다는 사회적 인식과 맞닿아 있다.

청와대 국민청원 게시판에 2018년 3월 3일에 게시되어 2018년 4월 2일에 마감된, '여성가족부 폐지를 문재인 정부에게 강력히 촉구합

---

4 이하의 청원글은 문재인 정부의 청와대 국민청원 게시판에 게시된 글로 현재는 검색이 불가능하다. 청원 글의 내용은 『미디어, 젠더 & 문화』 34권 1호에 게재된 정사강과 홍지아의 2019년 논문, 국가 페미니즘, 여성가족부, 여성 혐오에 실린 내용을 인용했다. (해당 청원 글) http://www1.president.go.kr/petitions/393325

5 (해당 청원 글) http://www1.president.go.kr/petitions/175085

6 (해당 청원 글) http://www1.president.go.kr/petitions/319748

7 청원 24 공개청원 '온라인 커뮤니티와 관련한 청원 드립니다' (https://cheongwon.go.kr/portal/petition/open/viewdetail?ptn_rcpt_id=PRI817e30f2b13841e998f36aa341c010b1)

니다!!'라는 제목 하에 참여 인원이 총 45,732명을 기록한 청원[8]을 예로 들어 살펴보자. 청원자의 주장을 구체적으로 인용하자면 "지금 대한민국에는 연일 페미니스트들 주도하에 남혐이 이뤄지고" 있으며 이러한 남성 혐오가 가능한 것은 "정부 부처에 여성가족부라는 괴물이 있기 때문"이다. "여가부로 대표되는 한국식 페미니즘은 정통성을 이탈했으며 여성 이기주의, 급진적이고 과격한 여성 우월주의로 변질된 지 오래"이며 "여성 편향적인 정책을 위해서 혈세를 낭비"하는 한편 여가부가 펼쳐온 정책들은 "효과도 없었고 필요한 이들에게는 지원되지 않는다"고 주장한다.

2. 여가부는 언제, 어떻게 만들어졌을까?

현재 여성가족부의 전신인 여성부는 2001년 김대중 정부 시절, 장차관 밑에 11개 과와 102명의 직원으로 구성된 미니 부처로 시작했다. 김대중 정부는 여성부라는 정식 정부 부처를 만들기 이전에 1998년, 대통령 직속 여성특별위원회를 만들어 운영했는데 정식 부처가 아닌 까닭에 법령안 제안이나 의결권 행사를 할 수 없어 여성 차별 개선에 실질적인 도움이 되지 못한다는 비판이 높았다. 이후 1995년 베이징 세계여성대회를 거치면서 성차별 개선에 대한 국제 사회의 인식과 한국 여성계의 지속적인 요구, 그리고 정치 지도자의 결정이 더해져 2001년 정식 정부 부처로서 여성부가 출범했다(정현백, 2022).

초기 여성부는 호주제 폐지, 여성발전기본법을 바탕으로 한 성평

8 (해당 청원 글) http://www1.president.go.kr/petitions/156733

등 추진 체계 마련, 성희롱 및 성폭력, 가정폭력 예방, 비례대표 공천 할당 등 여성 대표성 확대를 위한 제도를 마련하는 성과를 거두었다(장성자, 2001; 강혜란, 2017). 하지만 한편으로는 특정 성(여성)을 정책의 대상으로 하는 여성부의 역할이 행정 체계상 업무 분담과 추진에 혼란을 야기할 수 있다는 우려와 함께 여성부의 단독 설립보다는 각 부처의 여성 관련 부서를 육성하는 것이 더 바람직하다는 목소리도 있었음을 기억할 필요가 있다(김엘림·주재현, 2001). 여성부의 탄생이 여성계를 포함해 다양한 사회적 의견을 아우르는 논의와 토론, 국민적 합의의 과정을 거치기보다는 대통령령으로 이루어졌으며 여성계의 표를 확보하기 위한 정치적 필요와 무관하지 않았다는 점을 감안(김영미, 2001; 나영, 2021)할 때 근거가 있는 우려일 것이다.

여성부는 2005년 노무현 정부 시절에 여성 정책에 더해 가족 정책을 수립·총괄·지원하는 '여성가족부'로 재출범한다. 당시 여성부 보도자료는 가족 업무의 여성부 이관을 가족관과 가족 관계의 변화가 가져올 사회적 문제들을 예방하고 대처하기 위한 국가적 필요에 따른 여성부의 기능 확대로 설명한다. 그러나 한편으로는, 가족 업무와 성평등 정책이 통합되는 것은 가부장주의 사회가 요구하는 성역할 분담의 가치에 기초하는 것으로 오히려 퇴행적이라는 의견이 여성계에서 제시되었다. 여성의 문제를 가족의 것으로 포괄함으로써 여성이 겪는 사회적 불평등의 문제의식이 희석될 수 있다는 비판이었다(문은미, 2008).

이후 보수 정권이 집권하며 여성가족부의 입지가 달라진다. 이명박 정부는 출범 당시, 여가부 폐지를 추진했는데 여성계의 거센 반발로 여성부로 축소되는 선에서 명맥을 유지했다. 이후 2년여 만에 정부조직법 개정을 통해 가족과 청소년 업무가 이관되며 여성가족부의 역할과 명칭이 회복되었다. 그러나 부처 폐지가 거론되는 과정에서 여가부의 위상과 존재감은 크게 상실되었으며(권미혁, 2008) 국가가 추진하는 젠더 정책의 중심축으로서 여가부의 역할도 축소된 것으로 평가된다(정현백, 2022). 이명박 정부에서 박근혜 정부에 이르는 보수 정권의 젠더 정책은 주로 저출산 대책의 연장선에서 일/가정 양립 정책과 보수적 성담론을 확대하는 교육과 정책 강화로 이어졌다(강혜란, 2017).

살펴보았듯이 정권에 따라 여가부가 수행하는 기능, 역할, 그리고 구성원들의 면면에는 변화가 따른다. 정부에 의해 설립된 여가부가 갖는 특성이자 한계는 무엇보다 행정 부처로서의 정체성과 위상이 국내외의 정치 상황으로부터 자유로울 수 없다는 것이며 그러므로 정권, 보다 구체적으로는 주요 정책 결정자의 인식과 태도가 국가 페미니즘 활성화에 미치는 영향이 결정적이라는 점을 들 수 있다(배선희, 2007; 황영주, 2009; 황영주, 2011).

3. "여성가족부 폐지" 일곱 글자의 후폭풍

정권의 변화에 따라 행정 부처로서의 입지에 부침을 겪던 여가부는 20대 대통령 선거 직전, 당시 야당인 국민의힘 윤석열 후보가 2022년 1월 7일 페이스북에 "여성가족부 폐지" 일곱 글자를 올리면서 다시 한번 논쟁의 중심에 서게 되었다. 여성계에서는 주요 대통령 후보의 여가부 폐지 공약은 단순한 직제 개편을 넘어 여성에 대한 구조적인 성불평등을 부인하는 정치적 상징성과 이후의 국정 기조를 드러내는 전조로 볼 수 있다는 우려의 목소리가 나왔다(김은희, 2022). 또한 대선 이전, 2021년의 보궐 선거에서 '민주당의 페미니즘 정책에 실망한 이대남의 지지'를 선거 승리의 이유로 분석한 국민의힘이 여가부 폐지를 지지층(20대 남성) 결집을 위한 정치적 카드로 활용한다는 지적도 등장했다(나영, 2022; 강이수·신경아, 2022).

한국여성단체연합, 한국여성민우회, 젠더정치연구소를 포함, 116개 여성단체가 모인 2022 페미니스트 주권행동은 정치가 페미니즘에 대한 공격을 기득권 유지와 갈등 봉합의 해결책으로 사용한다고 비판한다.[9] 전임 여가부 장관들 또한 여가부 폐지론이 성평등에 대한 논의가 아닌 표몰이 도구로 사용되고 있다며 유감을 표시[10]하는 한편 여가부 폐지로 인해 여가부 업무가 각 부처로 쪼개진다면 지금의 여가부 업무가 주변화될 것이며 성평등 정책 또한 후퇴할 것이라며 여가부 폐지에 반대의 목소리를 냈다[11].

여가부 폐지를 주장하는 국민의힘의 입장을 좀 더 살펴보자. 국민의힘 선거대책본부 장예찬 청년본부장은 라디오 프로그램에 출연해 여가부 폐지를 추진하는 이유는 “여가부가 사실상 남성혐오부로 작용하기 때문”이라고 말한다. 장 본부장은 여가부가 남성혐오부라는 증거로 폭력 예방 교육 자료에 “남성도 피해자가 될 수 있다는 사실을 강조하지 말라”고 쓴 것, 고등학생 대상 성인지 교육 자료에 “남성들은 단순하고 공감 능력이 떨어진다”고 묘사한 것, 여가부 산하기관에서 만든 성인지 교육 영상에서 “남성은 성범죄의 가해자로 취급되며 그에 대한 남성들의 해명은 시민적 의무”라고 발언한 사례들을 제시[12]

---

9 “정치가 아니라 협잡꾼의 도박판”…퇴행적 대선에 여성계 행동나서. 〈한겨레〉, 2022. 2. 11.

10 전 여가부 장관들 일침…‘젠더문제 정치도구화로 여성 위축’. 〈한겨레〉, 2022. 1. 27.

11 정현백 전 장관. “복지부 산하 여가부는 정치적 퇴행… 주변화될 것”. 〈한국일보〉, 2022. 10. 7.

12 국민의힘 “이념집단‘여가부 박살” VS 정의당 “성차별 여전, 개선 필요. 〈한국일보〉, 2022. 1. 10.

한다. 예산의 10~20%를 젠더 갈등을 조장하는 성인지 교육과 남성 혐오적 프로젝트에 사용하는 여가부는 폐지되어야 한다는 주장이다.[13]

국민의힘 대선후보 정책본부 산하 게임특별위원회 하태경 위원장 또한 여가부가 '성폭력 사건 폭로는 무조건 사실'이라 전제하고 정책을 펴고 있으며 이러한 "무대포 성범죄 사건 지원정책은 헌법의 무죄추정 원칙을 정면으로 위반하는 것"이라고 지적한다. '남성은 잠재적 가해자, 여성은 잠재적 피해자'라는 극단적 페미니즘은 그 자체로 반헌법적 이념이며 이러한 페미니즘에 사로잡혀 있는 여가부는 헌법을 짓밟는 무도한 이념적 폭력 도구로 폐지의 대상이 되어야 한다는 주장[14]이다. 이 외에도 박원순 전 서울시장, 오거돈 전 부산시장 성추행 사건에 여가부가 보인 미온적 태도를 지적하며 "여성운동을 여당 국회의원이나 여가부 고위직으로 진출하는 디딤돌로 이용해 온 일부 여성의 정치적 행위, 여성 배신 행위가 여가부 폐지 논란을 자초했다"는 비판도 있었다.[15]

여가부 폐지의 논란을 딛고 윤석열 후보가 대통령 당선인으로 선출된 3월 10일, 한국여성단체연합은 차기 정부가 민주주의와 성평등 가치에 기반한 국정 철학을 세우고 구조적 차별 해소에 적극적으로 나설 것을 요구한다.[16] 윤석열 정부 출범 이후, 2023년 2월 국회를 통과한 정부조직법 개정안에서 여가부 폐지안은 빠져 있어 현재 여가부 폐지 논의는 소강 상태에 머물러 있다.

---

13 윤석열 측, '여성부는 남혐부, 깔끔하게 박살내야. 〈조선일보〉, 2022. 1. 10.

14 하태경. "여가부 폐지는 반헌법적 기관 없애는 것, 페미니즘은 반헌법적 이념". 〈한국일보〉, 2022. 1. 13.

15 정권 위해 여성 배신한 여성가족부가 자초한 폐지론. 〈조선일보〉 사설. 2022. 1. 10.

16 여성단체. "윤, 여성결집 의미 깊이 새겨야…여가부 더 강화하라". 〈조선일보〉, 2022. 3. 10.

4. 젠더 갈등 담론의 부상과 여가부의 소환

윤석열 정부에서 진행 중인 여가부 폐지 논란의 정치적 의미를 이해하기 위해서는 2022년 대통령 선거 전해인 2021년 야당이었던 국민의힘이 승리한 보궐 선거 당시로 거슬러 올라갈 필요가 있다. 야당의 승리 이후 이준석 당시 국민의힘 선대위 뉴미디어 본부장은 한 언론과의 인터뷰에서 국민의힘이 선거에서 이길 수 있었던 것은 집권 여당인 민주당이 남성을 역차별하고 여성의 이익에 집중하는 페미니즘 정책을 펼쳤기 때문이라고 주장[17]한다. 여성을 차별받는 사회적 약자로 지목하며 남성을 기득권자로 몰아가는 정부의 '극단적 페미니즘' 정책에 20대 남성들이 분노했으며 이들의 몰표가 야당 승리의 견인차 역할을 했다는 것이다. 선거 당일 조선일보 또한 '20대 자네들은 말이지'라는 제하의 기사에서 20대 남성들의 지지로 선거에 이길 수 있었음을 강조하는 이준석 본부장의 발언을 소개하며 보궐 선거의 패배 원인이 정부 여당의 페미니즘 정책이라는 주장에 힘을 싣는다.

2022년 대통령 선거의 전초전 격인 2021년 보궐 선거에서 '정부의 페미니즘 정책으로 역차별 받는 이대남'이 선거 승리의 동력으로 지목된 이후 대선을 준비하는 정치권은 여야 할 것 없이 20대 남성의 표심 공략을 선거 승리의 주요 전략으로 설정하는 모습을 보인다. 여당 소속의 국회의원들은 여성징병제, 군가산점제 부활, 취업과 승진의 군 복무자 우대 방안 등 20대 남성을 의식한 정책을 제안, 발의[18]하

17 페미 올인해 與 졌다는 이준석. "20대남 특권 누린 적 없다." 〈중앙일보〉, 2021. 4. 12.

18 더불어민주당 박용진 의원은 남녀 모두 최대 100일간 의무적으로 군사훈련을 받는 '남녀평등복무제'를 제안한다(與의 '이남자' 구애…'여자도 의무 군사훈련을'. 〈조선일보〉, 2021. 4. 19). 같은 당의 전용기 의원은 군 가산점 재도입과 공기업 승진 평가에 군경력

는 한편, 야당 대선 후보들은 주요 선거 공약으로 여가부 폐지를 제시한다.[19] 여기에서 주의 깊게 살펴야 할 것은 20대 남성을 향한 정치권의 구애가 분주해지는 것과 함께 '젠더 갈등'이 한국 사회의 주요 담론으로 부상하는 현상이다.

한국언론재단에서 제공하는 뉴스 빅데이터 분석시스템 빅카인즈(Bigkinds.or.kr)에서 '젠더갈등(젠더 갈등)'을 키워드로 주요 보수 언론인 조선, 동아, 중앙일보의 기사를 검색하면 2016년까지 한 자리 수에 머물던 기사의 양이 2017년을 기점으로 두 자리 수로 증가했다가 2020년 52개로 감소한 것을 볼 수 있다. 이후, 보궐 선거가 실시된 2021년에 젠더 갈등을 다루는 기사의 수는 385개로 압도적으로 증가하며 대선이 실시된 2022년에는 384개로 전년과 비슷한 수치를 보인다.[20] 1년 사이에 7배가 넘게 늘어난 기사의 양, 그리고 언론의 적극적인 의제 설정[21]으로 젠더 갈등이 한국 사회의 새로운 갈등 담론으로 급작스레 부상한 배경은 무엇일까?

젠더 갈등 담론의 급속한 부상과 함께 흥미를 끄는 또 다른 점은 보궐 선거와 대통령 선거가 실시된 2021년과 2022년, 젠더 갈등과 연

반영을 의무화하는 제대군인지원법을 발의한다('이남자' 마음 돌려라…與, 군 가산점 부활. 〈조선일보〉, 2021. 4. 27.

19 "유승민-하태경 "여성가족부 폐지"…2030 남성 표심 잡기." 〈조선일보〉, 2021. 7. 7.

20 좀 더 구체적으로 1990년 1개, 1995년 1개, 2014년 2개, 2016년 6개로 한 자리 수를 유지하던 기사의 수는 2017년 15개, 2018년 56개, 2019년 127개, 2020년 52개, 2021년 385개, 2022년 384개에 이른다.

21 의제설정 이론Agenda-Setting Theroy은 매스 미디어가 반복된 뉴스 보도를 통해 대중의 마음에 이슈의 중요성을 부각시키는 능력이 있다는 이론으로 1972년 미국의 커뮤니케이션학자 매콤McCombs과 쇼Shaw에 의해 제기되었다. 미디어가 특정 이슈에 대해 주목하고 많이 다룰수록 대중 또한 해당 이슈를 중요하게 인식한다는 의제설정 이론은 특정 사건이나 현상에 대한 언론 보도의 내용 분석을 통해 언론이 여론 형성에 미치는 영향과 미디어 재현의 정치적 의미를 탐구하는 많은 연구의 이론적 토대가 되었다.

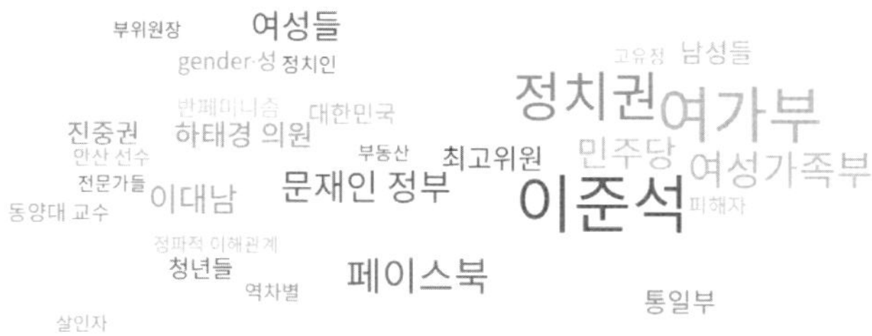

〈그림 1〉 2021년 조선일보, 중앙일보, 동아일보 3개 언론사의 젠더 갈등 기사 연관어[22]

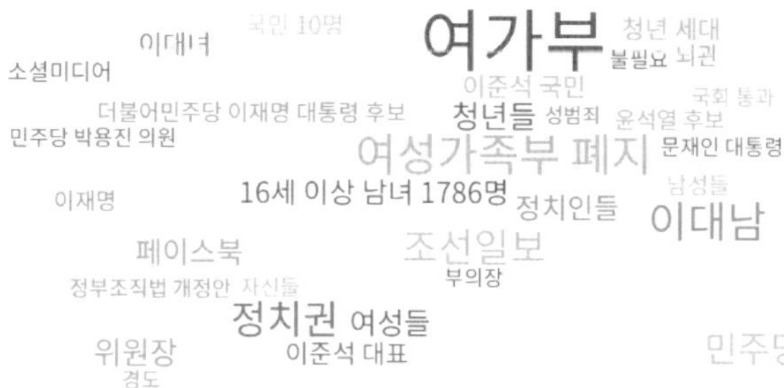

〈그림 2〉 2022년 조선일보, 중앙일보, 동아일보 3개 언론사의 젠더 갈등 기사 연관어[23]

결된 연관어로 '여가부'가 전면에 등장한다는 사실이다. 〈그림 1〉과 〈그림 2〉는 빅카인즈를 통해 2021년과 2022년, 조선일보, 동아일보, 중앙일보의 기사에서 젠더 갈등의 연관어 검색 결과를 워드 클라우드로 형상화한 것이다.

---

22 '젠더갈등 OR 젠더 갈등'에 대한 연관 키워드 분석 결과, 1위는 '여가부'(가중치 20.05, 키워드 빈도수 173), 2위는 '이준석'(가중치 15, 키워드 빈도수 142), 3위는 '정치권'(가중치 15, 키워드 빈도수 53) 순으로 결과가 나타났다.

23 '젠더갈등 OR 젠더 갈등'에 대한 연관 키워드 분석 결과, 1위는 '여가부'(가중치 17.74, 키워드 빈도수 277), 2위는 '여성가족부 폐지'(가중치 10.24, 키워드 빈도수 60), 3위는 '이대남'(가중치 9.82, 키워드 빈도수 125) 순으로 결과가 나타났다.

5. 보수 언론의 기사에 나타난 여가부와 젠더 갈등의 관계

필자는 2021년과 2022년에 걸쳐 젠더 갈등이라는 새로운 담론이 급부상하게 된 배경, 그리고 젠더 갈등 담론에서 여가부가 차지하는 위치와 맥락을 살펴보기 위해 2021년 1년 동안 한국 사회의 대표적인 보수 언론인 조선일보, 동아일보, 중앙일보 세 언론사의 지면에 젠더 갈등을 키워드로 실린 기사의 특징을 살펴보았다.[24] 다수의 연구들은 젠더 이슈에 있어서 보수와 진보 언론이 가시적인 입장 차이를 보이고 있음을 증명한다. 이에 보수 언론으로 구분되는 조선, 동아, 중앙일보의 기사만을 따로 구분해 세 언론사가 생산하는 젠더 갈등 담론의 특징을 살펴보고자 했다. 분석을 위해 엄선된 125개의 기사 가운데 이 장에서는 특정한 개인/집단이 특정한 개인/집단을 젠더 갈등을 일으키는 주체로 지목하며 비판하는 유형의 기사를 중점적으로 살펴보고자 한다.

필자가 이 유형의 기사에 주목한 이유는 두 가지였다. 먼저, 객관 보도[25]를 표방하는 언론사는 특정 이슈에 대해 언론사의 찬/반 입장을

24 이 연구의 전문은 홍지아(2022). '젠더 갈등은 어떻게 우리 사회의 주요 담론이 되었는가?: 보수 언론의 젠더 갈등 기사 분석을 중심으로'라는 제목으로 학술지 『미디어, 젠더 & 문화』의 37권 2호에 발표되었다. 이 장에서는 분석 결과의 일부를 편집, 재구성했음을 밝힌다.

25 저널리즘에서 객관 보도는 사실과 의견을 분리하며 특정한 입장에 치우치지 않는 불편부당한 보도 태도를 의미한다. 객관 보도의 개념은 1830년대 미국의 대중 신문인 페니 프레스penny press와 함께 등장했다고 알려져 있는데 이윤의 극대화를 위해 불특정 다수로부터 선택을 받기 위한 전략으로서의 중립적 보도 태도를 의미한다. 한국의 경우, 신문윤리강령 제4조 〈보도와 평론〉에서 사실의 전모를 정확하게, 객관적으로, 공정하게 보도할 것을 다짐한다. 또한 현행 방송법 제6조 〈방송의 공정성과 공익성〉에서도 방송에 의한 보도는 공정하고 객관적이어야 하며 정부, 또는 특정 집단의 정책 등을 공표하는 경우에도 의견이 다른 집단에 균등한 기회가 제공되도록 노력해야 하고 각 정

분명하게 드러내지 않는다. 특히 젠더 갈등처럼 민감한 사회적 이슈에 대해서는 젠더 갈등 유발의 원인과 책임에 대해 언론사의 입장을 피력하는 대신, 젠더 갈등의 다양한 현상 가운데 어느 하나를 선택적으로 강조하거나 혹은 축소하는 방식으로 담론을 형성한다. 다음으로, 모든 갈등 상황과 마찬가지로 젠더 갈등의 원인, 심각성, 해결 방안에 대해서도 서로 대립되는 다양한 입장이 존재한다. 이 가운데 특정 입장의 개인이나 집단에게 두드러지게 많은 발언의 기회를 제공한다면 대중은 그만큼 이들의 주장을 자주 접하게 될 것이고 복잡한 젠더 갈등 현상을 바라보고 이해하는 시각에 영향을 받게 될 것이다. 즉 언론은 특정 현상이나 사건의 어떤 부분을 선택적으로 강조하거나 축소하는 방식으로, 또한 대립되는 의견 가운데 특정한 시각을 가진 개인이나 집단에게 타 집단에 비해 많은 발언권을 부여해 그들의 의견을 대중에게 더 많이 노출하는 방식으로 담론을 만들어간다고 할 수 있다.

젠더 갈등의 책임자를 지목하고 비판하는 기사에서 누가 젠더 갈등의 책임자를 지목하는 권위를 가지고 있는가? 젠더 갈등을 유발한다고 비판당하는 대상은 누구인가? 그리고 비판의 대상이 비판을 받는 근거는 무엇인가? 필자는 세 가지 질문에 대한 답을 찾으며 기사를 살펴보았다. 이 유형에 해당하는 기사는 125개의 기사 가운데 동아일보 9개, 조선일보 21개, 중앙일보 20개로 총 50개이다.[26]

치적 이해 당사자에 관한 프로그램을 편성하는 경우에도 균형성이 유지되도록 해야 한다고 규정한다.

26 125개의 기사는 50개의 기사 외에 젠더 갈등 이슈에 대해 이견을 가진 두 주체의 공방을 보도하는 유형(동아 8개, 조선 21개, 중앙 16개과 젠더 갈등 현상에 대한 심층 해설을 담은 해설 기사/ 칼럼의 유형(동아 3개, 조선 6개, 중앙 21개)으로 구분된다.

누가 누구에게, 어떤 이유에서 젠더 갈등의 책임을 묻고 있을까?

50개의 기사에서 젠더 갈등의 주체로 지목당하는 대상 1위는 정치권, 혹은 정치인이다(동아 3건, 조선 9건, 중앙 11건). 특정 정당, 특정 정치인에게 젠더 갈등의 책임을 묻는 사람 또한 상대 정당 소속의 정치인이다. 기사의 내용은 대부분 군가산점제, 여성할당제, 여가부 폐지 등의 이슈에 대해 상대 정당/정치인의 정책과 발언이 젠더 갈등을 불러일으킨다고 공격하는 것이다. 젠더 갈등에 책임이 있는 개인/집단으로 정치인 다음으로 많이 지목되는 대상이 바로 여가부, 구체적으로는 여가부와 여가부 산하 여성단체, 여가부와 동일시되는 극단적 페미니즘으로 동아 5건, 조선 6건, 중앙 7건의 기사가 이에 해당되었다.

다음으로 여가부(여가부 산하 여성단체, 여가부와 동일시되는 극단적 페미니즘)를 젠더 갈등의 책임자로 비판하는 기사에서 발화자는 누구이며 어떤 이유에서 여가부에게 젠더 갈등의 책임을 묻는지를 살펴보았다. 여가부를 젠더 갈등의 책임자로 지목하는 발화자는 1위가 정치인으로 그 가운데서도 이준석, 하태경, 유승민 3명의 보수 진영 정치인이 가장 자주 보수 언론의 지면에 소개되었다(동아 4건, 조선 5건, 중앙 5건). 이들 정치인들이 어떤 이유에서 여가부 폐지를 주장하는지를 살펴보기 위해 구체적인 기사의 내용을 살펴보도록 하자.

동아일보의 지면에서는 "여가부라는 부처를 둔다고 젠더 갈등이 해소되지 않았다. 오히려 여가부가 존재하는 동안 젠더 갈등은 심해졌다"(이준석, 7월 10일), "빈약한 부서를 갖고 캠페인을 하는 역할로 전락"(이준석, 7월 9일), "여가부의 젠더 갈등 조장은 아주 상습적이며 그 배후에는 극단적인 운동권 페미니스트들이 존재"(하태경, 7월 10일) 등의 발언이 소개된다.

여가부의 행정 무능이나 방만함을 여가부 폐지의 이유로 제시하는 내용도 찾아볼 수 있다. “주요 사업인 아이돌봄 사업을 펑크 내는 무책임한 여가부를 폐지”(하태경, 7월 10일), “젠더 갈등은 나날이 심해져 가고 있는데 여가부는 인도네시아에서 현지 여성을 위한 25억 규모의 ODA 사업을 추진하는 등, 부처의 존립을 위해 특임 부처의 영역을 벗어나는 일을 계속 만들고 있다는 의심을 지울 수가 없다”(이준석, 7월 12일) 등의 기사가 그 예이다. 여가부의 아이돌 외모 규제 가이드라인, 초중고생에게 김치녀는 혐오지만 김치남은 혐오가 아니라고 가르치라는 여가부, 대구 지하철 참사 관련 왜곡, 레이디퍼스트 유래 왜곡, 남성은 잠재적인 성범죄자라는 양평원장 발언, 이렇게 5가지를 여가부가 젠더 갈등을 유발하는 구체적인 사례로 고발하는 기사도 찾아볼 수 있다(하태경의 페이스북 게재물, 7월 10일).

조선일보 또한 “여가부는 젠더 갈등조장부”(하태경, 7월 7일), “남녀 사이 두 동간 낸 여가부 폐지 없이는 젠더 갈등 해소도 없다”(하태경, 7월 10일), “여가부에도 외부에서 공무원들을 자꾸 뽑다 보니 텔레반 여성 우월주의자들, 급진적인 분들이 많이 들어가서 젠더 갈등을 부추긴다”(하태경, 7월 10일)는 발언을 보도한다. 여가부 폐지의 이유로 “여성을 절대 소수자로 몰아놓고 거기에 따라 캠페인 하는 방식은 15~20년의 시행착오면 됐다”(이준석, 7월 7일), “한국이 남녀차별 문화가 변하면서 2030은 아무런 차별이 없었다”(하태경, 7월 8일)는 의견도 인용, 보도된다. 동아일보가 보도한 “여가부의 젠더 갈등 조장은 아주 상습적이고 그 배후에는 극단적인 운동권 페미니스트들이 존재한다”는 하태경 의원의 주장과 페이스북 게시물 보도(7월 10일)를 조선일보 지면에서도 찾아볼 수 있다.

중앙일보의 경우는 "여가부는 젠더 갈등 조장부"(하태경, 7월 6일), "여가부 장관은 정치인이나 대선캠프 인사에게 전리품으로 주는 자리에 불과"(유승민, 7월 6일), "여가부가 문재인 정부 들어 남녀평등이나 화합 쪽으로 가기보다 오히려 젠더 갈등을 부추겨왔다"(하태경, 7월 6일)는 발언 보도(2건)와 함께 여가부와 페미니즘과 페미니스트를 연결해 비판하는 발언을 소개하는 기사도 보인다. "문제 삼는 건 극단적 페미니즘으로 젊은 여성은 피해자, 젊은 남성은 가해자 혹은 기득권으로 몰아가는 극단적 페미니즘이 문제"(이준석, 4월 12일), "여성단체들이 극단적 페미와 선을 그으면 이대남, 이대녀 젠더 갈등도 완화될 것"(5월 24일) 등이 그것이다.

여가부 폐지에 대한 논의, 모자라는 것과 넘치는 것

정리하자면, 분석 기사 가운데 가장 많은 것은 상대 정당과 정치인들이 젠더 갈등을 유발한다고 공격하는 양당 정당/정치인들의 상호비방 보도이며 그다음으로 많은 것이 젠더 갈등을 유발하는 여가부를 비판하는 보수 정치인들의 발언 보도이다. 여가부를 비판하는 담론 엘리트들의 발언 가운데 가장 많은 부분을 차지하는 것은 "여가부가 젠더 갈등을 유발한다"는 선언적 발언이다. 기사의 양이나 지면의 한계라는 제약도 있겠지만 여가부 폐지를 주장하는 정치인들의 발언을 보도하는 기사에서 여가부가 어떠한 점에서 젠더 갈등을 유발했는가에 대한 배경 설명은 찾아보기 어렵다. 예외적 보도는 여가부의 젠더 갈등 유발 5가지 사례를 제시한 하태경 국민의힘 의원의 페이스북 메시지 기사(7월 10일)이며 그 외의 기사에서는 이유가 생략된 채 '여가부가 젠더 갈등을 유발한다'는 선언적 발언이 반복된다. 여가부가 젠더 갈등을 해결하기 위해 해야 할 일을 안 하는 무능한 방관자, 무능한 행정 부처라는 비판도 찾아볼 수 있다.

윤석열 당시 국민의힘 후보가 지적했듯이 여가부 폐지의 가장 큰 명분은 '여성에 대한 구조적인 성차별'의 해소이다. 여가부 폐지의 정당화를 위해서는 여가부가 만들어졌던 2001년과 달리, 2023년 한국 사회에는 여성에 대한 구조적 성차별이 사라졌고 온전한 남녀평등이 이루어졌음으로 여가부의 역할이 더 이상 필요하지 않다는 사실 확인과 검증이 필요하다. 이런 점에서 여가부와 젠더 갈등을 연결 짓는 보수 언론의 보도 방식에는 아쉬움이 크다. 여가부의 실책을 제시하기는 하나 그러한 실책에 대한 지적은 여가부 폐지를 위한 핵심 질문인 '여성에 대한 구조적인 성차별이 해소되었는가?'라는 질문에 대한 답이 아니다. 여가부가 젠더 갈등을 조장한다는 주장이나 여가부가 무능해서 젠더 갈등을 해결하지 못한다는 선언적 발언 또한 여가부의 정책이나 업무 능력에 대한 비판이지 여가부 폐지를 결정하는 가장 기본적인 문제의식인 구조적인 성차별의 존재 여부에 대한 문제의식과는 거리가 있다. 여가부가 남성 역차별을 주도한다는 비판 또한 여성에 대한 구조적 성차별이 해소되었는가라는 질문에 대해 '그렇다'라는 답이 제시되었을 때 설득력이 있다.

성평등 해소를 기정사실화하는 "여성에 대한 구조적인 성평등이 사라졌다"는 선언은 더욱 조심스럽다. 기사는 "여성을 절대 소수자로 몰아놓고 거기에 따라 캠페인 하는 방식은 15~20년의 시행착오면 됐다"(7월 7일), "한국이 남녀 차별 문화가 변하면서 2030은 아무런 차별이 없었다"(7월 8일)는 보수 정치인들의 발언을 소개한다. 이러한 발언은 현재 시점에는 성차별이 사라졌음을 기정사실화한다. 청년 여성에 대한 성차별이 사라졌다는 선언은 정치인들보다는 현실을 살고 있는

2030 여성들이 인정할 때에 무게가 실린다. 현실의 2030 여성들은 한국 사회에 성차별이 사라졌다는 사실에 동의하는가? 여성에 대한 차별은 과거의 일일 뿐, 현재의 젊은 세대들은 성차별로부터 자유로운 삶을 살고 있는가? 성차별 현실은 실재의 삶과 경험으로 판단되는 것이며 이에 대한 검증은 한국 사회의 교육, 노동, 취업 및 생애주기 전반에 걸쳐 성평등 현실을 보여주는 각종 데이터와 이를 토대로 이루어지는 엄밀한 사회과학적 분석으로 입증되어야 한다.

물론, 기사의 길이와 유형에 따라 다루는 내용의 한계가 있음을 감안해야 할 것이다. 조선일보, 동아일보, 중앙일보는 분석의 대상이 된 기사 외에 여가부의 역사와 역할, 현재의 성차별 현황을 분석하는 해설 기사를 싣는다.[27] 그러나 이러한 해설 기사는 젠더 갈등의 책임을 상대 정당과 정치인에게 돌리며 서로를 공격하는 정치권의 다툼을 중계하는 기사나 구조적 성차별이 이미 해결되었음을 전제하며 여가부가 젠더 갈등을 유발한다는 주장에 발언권을 부여하는 기사에 비하면 현저하게 적은 수에 머문다. 여가부 폐지를 정당화하는 핵심 질문인 '구조적 성차별이 해결되었는가?'에 대한 탐구와 검증이 생략된 채 '성차별은 해결되었다', 혹은 '여가부가 젠더 갈등을 유발한다'는 선언적 발언을 되풀이 소개하는 보도 방식이 독자들의 현실 인식에 어떠한 영향을 미치는가를 고민해야 하는 지점이다.

27 조선일보 7월 17일, 동아일보 7월 10일과 8월 2일, 중앙일보 7월 9일, 11일, 21일의 기사와 칼럼이 이에 해당한다.

6. 여가부 폐지를 위한 질문들, 이게 최선인가요?

현재 여가부 폐지라는 사회적 의제를 다루는 한국의 언론, 특히 젠더 갈등과 연결되어 여가부의 책임을 묻는 보수 언론의 보도는 여가부 폐지의 가장 중요한 근거인 성차별의 현실에 대한 점검, 그리고 이와 관련하여 여가부의 정책이 가져오는 결과에 대한 객관적인 평가에는 상대적으로 소홀하다. 그보다는 여가부가 젠더 갈등을 유발한다는 선언적 발언의 되풀이를 통해 '젠더 갈등을 유발하는 여가부'를 기정사실화하는 경향을 보인다. 또한 세대 갈등의 성격이 두드러지는 젠더 갈등에 대한 논의에서 실제 청년들의 의견보다 정치인들의 정쟁 중계에 집중하며 젠더 갈등을 미래 세대를 위한 진지한 사회적 의제가 아닌 정치적 이해관계로 접근하는 경향을 보인다.

여가부가 실제로 폐지될 것인지의 여부는 불분명하다. 여성계에서는 한국 사회에 여전히 다양한 성적 불평등과 구조적 성차별이 존재하고 있음을 주장하며 여가부가 눈에 보이는 여성 차별의 현상 개선을 넘어 여성을 배제하며 구성된 사회 시스템에 문제를 제기하고 개선해 나가기 위해 노력할 것을 주문한다(나영, 2022; 홍혜은, 2022) 또한 여가부가 보다 적극적으로 성별 임금 격차 해소 및 정치·경제적 권한 강화, 젠더 폭력 근절을 통한 성평등 안전사회, 성평등 돌봄사회를 위한 구체적인 성평등 목표를 세우고 실천할 것을 주장하는 목소리도 있다(김경희, 2022). 한편으로는 여성가족부 폐지의 이유로 제시되는 여가부의 업무 수행 능력에 대한 비판, 여성만을 위한 정책에 정부 예산을 편향적으로 사용한다는 비판, 극단적 페미니즘 교육으로 젠더 갈등을 확산시킨다는 비판을 직면하고 합리적으로 검토하며 타당한 반박의 근거를 제시하라는 요구도 찾아볼 수 있다(강이수·신경아, 2022). 여성 이슈는 아니지만, 2023년 새만금 잼버리대회에서 드러난 여가부의 행정 무능력에 대한 무거운 반성과 책임을 지는 모습 또한 필요할 것이다.

필자는 앞으로 보수 언론이 젠더 갈등과 여가부 폐지에 대한 내용을 보도할 때, 여가부 폐지를 둘러싼 정치권의 정쟁이나 여가부가 젠더 갈등을 유발한다는 선언에 발언권을 부여하기에 앞서, 여가부 폐지의 가장 중요한 전제인 성평등 현실에 대한 검증과 의제 설정에 보다 집중할 것을 제안한다. 필요한 것은 현실을 사는 청년 세대, 여성과 남성 모두의 경험이며 성평등 현실을 올바로 파악할 수 있는 정확한 데이터와 전문적이고도 객관적인 분석이다. 오늘의 청년 세대는 부족한 사회적 자원을 둘러싼 무한 경쟁으로 인한 피로감과 각자도생의 불확실성으로 앞선 세대와는 다른 삶을 살아가고 있다. 유례없는 저출생 현상의 이면에는 현재의 삶에 대한 불만족과 미래에 대한 청년 세대의 불안이 자리하고 있다. 젠더 갈등과 여가부 폐지를 어떻게 연결 짓고 바라보아야 하는가는 청년 세대의 삶의 질에 영향을 미치고 나아가 한국 사회의 미래 모습을 결정짓는 질문이 될 것이다. 핵심을 이해하기에 적합한 질문을 던지고 책임 있는 답변을 구하는 것, 또는 그러한 노력에 발언권을 부여하며 생산적인 의제를 설정하는 것은 언론의 책임뿐 아니라 이 글을 읽는 모두가 언론에 요구해야 할 권리인 동시에 의무일 것이다.

참고문헌

강이수·신경아(2022). 여성가족부 폐지론 진단과 성평등정책 정부조직 개편방안. 한국여성학회/한국여성단체연합/한국성인지예산네트워크 주최 새 정부 성평등 정책 강화방안 토론회 자료집. 2-17.

강혜란(2017). 페미니즘의 도전과 젠더정책, 그리고 여성부. 『함께 가는 여성』 223: 16-19.

권미혁(2008). '국정과제 실천계획'을 통해 본 여성부의 여성정책 평가 집담회: 이명박정부하의 여성정책 방향 및 정책 비전 세우기

김경희(2022). 여성가족부 폐지론 진단과 성평등정책 정부조직 개편방안. 한국여성학회/한국여성단체연합/한국성인지예산네트워크 주최 새 정부 성평등 정책 강화방안 토론회 자료집. 18-26.

김엘림·주재현(2001). 여성부 출범과 여성정책·행정체제의 광제. 한국행정학회학술대회 발표논문집. 441-456.

김영미(2001). 여성부에 바란다. 『한국행정포럼』 93: 16-19.

김은희(2022). 여성가족부의 위상과 역할에 대한 비판적 논의의 지점들: 여성가족부, 정쟁에 결박된 존폐론 그리고 하지 않은 말들. 『황해문화』 여름: 247-257.

나영(2022). 구조를 뒤집는 성평등의 방향을 모색하자: 여성가족부 폐지 논란에 부쳐. 『페미니즘 라이브』. 98-111.

______(2021). 여성가족부, 해체 요구와 해명의 굴레를 어떻게 벗어날 것인가. 『황해문화』 가을: 306-313.

문은미(2008). 여성교육과 정책을 통해서 본 한국여성의 변화. 『사회이론』 38: 67-97.

배선희(2007). 『국가 페미니즘의 정치학』. 한국학술정보.

장성자(2001). 여성부 신설의 의의와 향후의 과제. kapa@포럼. 12-15.

정사강·홍지아(2019), 국가 페미니즘, 여성가족부, 여성혐오. 『미디어, 젠더 & 문화』 34(1): 209-253.

정현백(2022). 여성가족부 폐지를 둘러싼 논란과 그 사회적 의미. 『여성과 역사』 36: 1-16.

홍지아(2022), 젠더 갈등은 어떻게 우리 사회의 주요 담론이 되었는가?: 보수언론의 젠더 갈등 기사분석을 중심으로, 『미디어, 젠더 & 문화』 37(2): 99-155.

홍혜은(2022). 여성가족부 폐지 논의가 우리사회에 던지는 의미. 『복지동향』. 37-41.

황영주(2009). 강건한 "국가", "페미니즘"의 약화. 『21세기정치학회보』 19(1): 329-352.

______(2011). 국제규범으로서의 젠더 주류화의 기원과 확산. 『국제지역연구』 15(2): 3-23.

6장

디지털 공간에서의 페미니즘 운동

미투, 혜화역 시위 등을 중심으로[1]

—— 강혜원·김해원·박동숙·백지연·이재원·정사강

2018년 5월 1일 홍익대 누드 크로키 수업 중 남성 모델의 신체를 불법으로 촬영한 사진이 온라인 커뮤니티 사이트 '워마드'에 게재되었다. 이후 해당 게시물은 삭제되었으나, 외부 링크를 통해 공유되었다. 5월 3일 페이스북 페이지 익명 커뮤니티 '홍익대학교 대나무 숲'에 해당 학생회가 진상 규명에 나설 것을 촉구하는 게시물이 올라왔다. 홍익대 회화과 학생회는 사건에 대한 학과 차원의 대책을 담은 공식 입장문을 발표했다. 홍익대는 5월 4일 서울 마포경찰서에 수사를 의뢰했고 「성폭력범죄처벌법」(카메라 등을 이용한 촬영) 위반에 관한 수사가 시작되었

1 이 장의 내용은 다음의 세 논문의 내용을 재구성한 것이다. 김해원·박동숙·이재원·정사강·강혜원·백지연(2018). 5월 19일, 여성들은 혜화역에 어떻게 모였나?: 불법촬영 편파수사' 규탄시위의 의제화와 조직화 과정을 중심으로. 『언론과사회』 26(4): 85-137; 정사강·이재원·박동숙(2021). 나에게 혜화역 시위는 무엇이었나?: 2030 여성들의 경험과 목소리를 중심으로. 『한국언론정보학보』 107: 116-148; Kang, H., Kim, H. W., Baek, G., & Park, D.(2023). Recalling the Past Within a Social Network's Collective Memory Work: How Did Korean Twitter Users Shape# Equal_Punishment_for_Equal _Crime From Their Experiences?. Social Media+ Society 9(1). 20563051231156365.

다. 주요 언론은 사건의 심각성을 지적하고, 피해자의 안위를 걱정하는 내용의 보도를 집중적으로 내보냈다. 5월 8일 CBS라디오 〈김현정의 뉴스쇼〉에서 한국누드모델협회 회장은 "피해자가 극심한 공포 속에 아무 일도 하지 못하고 있다. 극단적 선택을 할까 우려된다"는 내용의 인터뷰를 했다. 사회적인 논란 속에 5월 10일 마포경찰서는 사건 6일 만에 동료 여성 모델을 최초 유포자로 밝혀내며 검거했다. 검거 과정에서 피의자의 신상이 실시간으로 보도됐고, 포토라인이 설치되어 두 손이 묶인 피의자의 모습이 노출되었다. 유례없이 빠른 속도로 피의자가 검거되자, 여성들은 여성이 피해자인 사건들에 대한 대응은 미비했음을 지적했다. 이에 5월 21일 당시 경찰청장은 불법 촬영범의 검거율이 96%로 높다는 입장을 발표했으나, 이 발언[2]은 불법 촬영 사건을 다루는 사법 체계에 관한 여성들의 근본적인 문제제기에 대한 충분한 답이 되지 못했고 결국 여성들은 광장으로 향했다.

- 2018년 5월, 혜화역 시위 개요

---

1. 디지털 공간에서 이루어진 여성들의 연대

2018년 5월 19일 1만 2천여 명의 여성들이 서울 지하철 4호선의 혜화역에 결집하면서 '혜화역 시위'라 명명되었던 이 시위는 그해 12월 11만여 명이 모인 6차 시위로까지 이어졌다(〈한겨레〉, 2019. 3. 7; 〈KBS〉, 2019. 3. 2). 이는 한국 역사상 여성과 관련된 단일 이슈로는 최대 인원이 거리에 나선 것으로, 2019년 3월 8일 한국여성대회는 혜화역 시위에 참석했던 30만여 명의 여성들에게 '여성운동 특별상'을 수여했다.

---

2 이철성 경찰청장은 국민청원에 대한 응답으로 "(가해자가) 의사든 판사든, 여성이든 남성이든 동일 범죄엔 동일 처벌을 원칙으로 더 공정하게 수사하겠다"는 입장을 밝혔다(〈한겨레〉, 2018. 5. 21).

2010년대 중·후반은 '온라인 액티비즘'을 통해 페미니즘 이슈가 타올랐던 시기였다(김리나, 2017: 110). 2015년 '메르스 갤러리'에서 시작된 온라인 커뮤니티 메갈리아가 '미러링'이라는 방법으로 사회적인 반향을 일으키고, 2016년 강남역에서 일어난 살인사건이 '묻지마 살인'이 아닌 '여혐 살인'으로 재프레이밍되는 등(백지연, 2017) 온라인에서 형성된 여론이 오프라인으로 확산되며 사회적으로 큰 파급 효과를 만들어냈다. 이 시기 세계적으로 여성들의 참여를 불러일으킨 'MeToo' 운동, 2016년 후반부터 한국 문화계 전반의 성폭력을 알린 '00계 성폭력' 고발 움직임 등이 이어지며 한국 사회의 미흡한 젠더 감수성과 만연한 여성 혐오를 비판했다.

디지털 시대에 발생하는 사회운동은 분명히 전통적인 사회운동의 틀로는 설명할 수 없는 양상을 보여준다. 이 같은 현상을 이해하기 위해서는 전통적으로 신문이나 방송이 수행하던 사회적 기능을 블로그, SNS, AI와 같은 비언론 미디어가 대체하는 미디어 이용 환경 변화를 살펴야 한다. 현 시대의 특징은 SNS, 온라인 커뮤니티, 팟캐스트, 포털 사이트 댓글, 큐레이션 등을 중심으로 하는 디지털화된 알고리즘 미디어와 개인화된 커뮤니케이션 도구들을 통해 이용자들이 기존과 다른 양식으로 의제를 만들어내고 여론을 이끌어간다는 점이다.

보다 구체적으로는 카스텔(Castells, 2012/2015)의 '네트워크된 사회운동'과 베네트와 시거버그(Bennett & Segerberg, 2013)의 '연결행동' 모델이 새로운 형태의 시위를 이해하는 일에 유용한 분석틀을 제공해준다. 한국 사회에서는 이르게는 2002년 미군 여중생 압사사고부터, 2008년 미국산 소고기 수입 반대, 2017년의 대통령 탄핵 국면에서의 '촛불 시위'에 대해 온라인에서 점화된 이슈가 오프라인으로 광범위하게 확산된 바 있다(이동환·강내원·전종우, 2017). 한국의 페미니즘 담론 역사에서도 새로운 온라인 플랫폼을 이용한 온라인 사회운동은 중요한 변화의 국면을 만들어왔다. 이 장에서는 2018년에 일어났던 '혜화역 시위'를 대표적인 디지털 연결운동의 사례로 보고, 지난 30여 년간 있었던 여성운동의 변화 속에서 살펴보고자 한다.

2. 여성운동의 흐름과 변화들: 공간들과 주체들을 중심으로

혜화역 시위로 이어지는 여성운동과 디지털 페미니즘의 국면들을 살펴보기 전에 그 이전의 여성운동들은 어떠한 맥락에서 일어났고 이어져 왔는지를 살펴볼 필요가 있다. 여성들의 연대와 사회적인 발화는 갑자기 발생한 것이 아니다. 아주 오랜 기간 동안 목소리를 내기 위해, 부당한 현실을 바로잡기 위해 노력해 온 수많은 여성들과 그들의 연대가 존재했다. 그리고 여기에서 짚어야 할 중요한 흐름 중의 하나는 여성운동을 그간 한국 사회에서의 사회운동과 구분하여 논의해야 한다는 점이다. 여성운동은 여성주의를 기반으로 성평등에 대한 문제의식을 두고 전개하는 운동이다. 여성운동은 다른 사회운동들과 달리 독자적인 측면을 지니고 있으며 한국 사회에서 '사회운동'이 남성 중심의 '진보적' 시민운동과 민중운동을 주로 의미했다는 점에서 차이점을 지니기도 한다(고정갑희, 2007). 국내에서 여성운동이 본격적으로 시작된 시기를 주로 1980년대로 보는데 이 시기에 여성주의를 기반으로 하면서 여성 억압 기제를 가부장제 사회 구조로 보고 문제의 원인을 명확하게 했고 진보적인 관점에서 여성 단체들이 결성되면서 그들을 주축으로 하는 여성운동이 전개되었다(강남식, 2004; 허윤, 2018).

1960~1970년대에도 여성 단체들은 다수 존재했으나 당시의 운동은 소비자보호운동 등에 초점을 맞추거나 유신 정권의 관점과 유사한 입장에서 정권을 지지하는 운동을 했던 단체들의 활동이 전개되면서 상대적으로 여성주의적 관점에서의 여성운동은 적었다는 평가를 받는다. 그러나 부족하게나마 그 시기에도 여성 문제를 사회 문제로 이해하고자 하는 여성교육운동, 이후 여성들의 노동권과 관련된 운동의 기반이 되는 논의들은 계속 등장하고 이후의 여성운동이 전개될 수 있는 근간을 만들어내기도 했다. 1980년대가 되면서 여성운동이 본격적으로 전개되기 시작하는데 1983년 '여성의 전화', 1984년 '민주화운동청년연합의 여성부', 1984년 '또하나의 문화' 등이 조직되면서 여성운동을 주도했고 사회운동으로서 여성해방운동이 본격화되는 모습을 보이게 된다(강남식, 2004).

1980년대가 사회운동의 맥락에서 계급, 노동의 문제와 함께 태동하면서 '여성운동'의 인식이 마련되고 활동이 시작되는 시기였다면, 1990년대에는 여성운동의 기반이 되는 방향으로 여성운동의 확장이 일어났다. 성폭력 추방운동, 법과 제도에 대한 개선을 요구하는 운동, 성주류화 전략의 채택, 노동운동, 문화운동 등으로 주제의식이 확장되었으며 젠더 이해를 중심으로 한 여성 대중이 등장했다. 여성운동을 진보운동 속에서 추진했던 것에서 벗어나 젠더가 여성 억압에 있어 근본적인 원인이라고 보는 여성운동의 활성화였다(허윤, 2018). 아울러 대학 등에서 늘어나고 있던 여성학 강좌를 위한 교재가 발간되기도 했는데 이러한 맥락에서 1990년대 여성운동에서 여성주의적인 인식이 교육의 장에까지 확장되고 있었다는 것은 이후 새로운 여성운동의 주체들과 관련하여 중요한 점이다. 당시 여성학자들의 문제의식은 가부장제 문화가 단순히 가족 관계에만 국한된 것이 아니라 사회의 모든 조직에 확산되어 여성과 남성 간의 복종과 지배의 권력관계를 정당화하고 유지, 존속시켜 왔다는 것이었는데, 성역할은 교육을 통해 이뤄지고 이는 경제 활동, 국가 정책, 문화생활에 이르기까지 우리의 행동과 의식을 지배한다는 관점이었다.

특히 1990년대의 여성운동과 관련해 주목해야 할 흐름은 이 시기부터 여성운동이 여러 가지 성과를 거두는 와중에 성폭력, 가족 폭력 등 젠더 폭력 문제에 대한 관심이 커졌고 이를 해결하기 위한 움직임이 활발해졌다는 점이다(허윤, 2018). 이 시기에는 성폭력에 관한 중요한 인식적 변화가 이루어졌다. 성폭력을 성적인 관계에서 발생하는 개인적인 문제로 인식하는 것이 아니라 불평등한 권력관계에서 비롯되는 구조적인 폭력으로 바라보게 된 것이다.

1990년대 여성운동이 여러 법적, 제도적 성과들을 거두는 와중에 여성운동 내부에서의 문제제기와 변화 또한 동반되었다. 여성운동의 방향성에 대한 고민은 새로운 주체들의 출현으로 이어졌는데, 이들은 "학생운동과 거리를 유지하는 독자적인 여성운동 단위"를 생성하면서 후에 "영페미니스트"라고 불리게 되었다(나영정, 2015). 이들은 앞서 언급했던 페미니즘의 대중화, 대학에서의 여성학 강좌의 확장 등의 영향을 받은 주체들로 반성폭력 운동, 사회 내 가부장성에 대한 문제제기, 섹슈얼리티에 대한 의제화 등을 주된 의제로 삼았으며 이전의 여성운동이 '사회운동'과의 제휴, 협상, 투쟁 등을 통해 그 기틀을 마련한 것과 달리 새로운 여성주의 운동은 반여성주의적 관점을 드러내는 사회운동을 직접 비판했다(오김숙이, 2010; 나영정, 2015). 이러한 과정에서 1990년대 후반이 되면 그간 여성운동이 주로 전개되었던 오프라인 공간뿐만 아니라 온라인 공간이 새롭게 가능성의 공간으로 대두된다.

새로운 미디어-공간으로서 인터넷이 등장하기 이전에는 사회운동은 주로 오프라인에서의 모임을 통해 조직되고 대자보, 신문, 방송 등을 통해 확산되는 것이었다. 그러나 1990년대 후반 대중적으로 대두된 인터넷은 사이버 공간을 소통의 가능성의 장으로 등장시켰다. 초기 온라인 공간은 민주적 가능성을 지닌 것으로 물리적으로 노출이 되지 않기 때문에 성별, 나이, 인종 등이 특정되지 않을 것이며 이에 기반한 차별이 일어나지 않을 것이라는 기대를 갖게 했으나 얼마 지나지 않아 이는 섣부른 기대였음이 드러나게 된다. 초기 온라인 공간에 대한 접근성은 주로 젊은, 중산층 이상의 남성들에게 주어졌는데 1998년의 한국문화정보센터의 조사 결과에 따르면 당시 PC통신 이용자의 남성 비율은 75.5%였던 것으로 나타난다. 이 때문에 온라인 공간의 문화 또한 남성중심성을 띠게 되었고 온라인 공간 전반에서의 여론 형성을 주도하는 것은 남성들이었다. 또한 부산대학교 여성주의 웹진을 둘러싼 '월장 사태[3]'와 같이 온라인 공간에서의 여성들에 대한 공격, 신상털이, 사이버 성폭력과 성희롱의 만연 등은 이후 온라인 공간에서 성별 분화 양상이 본격화되게 했다(김수아, 2013). 여성들은 그 가운데에서도 자신들이 발화할 수 있는 공간들을 만들어갔는데 1990년대 후반부터 2000년대 〈IF〉, 〈언니네〉, 〈달나라 딸세포〉 등 여성주의 웹진과 여성주의 웹사이트 등이 만들어졌으며 여성들을 중심으로 한 온라인 커뮤니티 등은 여성들이 발화할 수 있는 공간을 만들어주

3 "〈월장〉은 부산대학교 여성학 소모임 학생들과 졸업생들에 의해 만들어진 웹진이었다. 2001년 창간호에서 '도마 위의 예비역'이라는 글이 문제가 되었는데 예비역 문화를 주제로 다루었다가 온라인 공간에서 거센 반발에 직면했다. 웹사이트는 이후 접속이 차단되고 홈페이지는 욕설 등으로 도배되었고 회원들의 신상 정보가 유출되면서 위협 등이 지속됐다"(김수아, 2013).

고 여성들의 소통을 확장시키기도 했다(신희선, 2005). 즉, 비록 초창기부터 여성들에게 평등한 공간으로 구성되지는 않았고 당시 온라인 공간에서의 반여성주의적인 문화와 흐름은 지금까지도 유효하게 존재하나 변화하는 디지털 공간은 여성주의 운동에서도 새로운 소통 가능성을 보여주었고 여성들은 이 가운데에서 디지털 주체로서 부상하고 새로운 형태의 여성주의 운동을 만들어낸다.

2010년대에는 스마트폰의 확산과 더불어 익명성을 기반으로 한 다양한 소셜 미디어들이 확산하게 된다. 소셜 미디어의 확산은 여성운동에 있어서 디지털 여성 주체들이 부상하는 데 영향을 미치는데, 특히 이들은 '메갈리아[4]'의 사례에서 볼 수 있듯이 미러링 텍스트의 확산을 통해 연대하고 미디어 공간들에서 여성 혐오와 관련된 다양한 정보와 논쟁을 접하고 스스로의 미디어 수행을 통해 여성 혐오에 저항하는 운동을 할 수 있게 된 것이다. 이때의 미디어 수행은 혐오 발화에 있어서의 권력 변화를 가져왔다는 점, 여성 혐오에 저항하는 집단적인 운동을 가능하게 했다는 점에서 중요하다(장민지, 2016). 아울러 이러한 과정들에서 이러한 운동들의 주체로서의 '여성'의 범주와 관련된 논의들도 부상하게 되었는데 젠더 불평등을 해결하고자 하는 운동들에서 핵심 집단으로 '여성'을 위치시키는 것과 관련된 '단일한' 범주로 설명되지 않는 '여성들'을 비롯하여 성소수자 등 여러 연대 주체들과의 갈등으로 인한 '여성' 범주의 불안정성에 대한 논쟁(김리나,

4 "'메갈리아'는 2015년 6월 온라인 커뮤니티 사이트 '디시인사이드'의 '메르스갤러리'에서 탄생했다. 해당 갤러리에서 메르스와 관련하여 여성 혐오를 강하게 드러내자 이에 저항하는 방식으로 그 이전까지 일간베스트, 네이트판 등 온라인 터뮤니티에서 게시되었던 유명한 여성 혐오 글들을 패러디했다. '메갈리아'는 메르스와 이갈리아의 합성어로 이갈리아는 브란튼베르크가 1975년 발표한 소설 『이갈리아의 딸들』에서 유래했다. 『이갈리아의 딸들』은 젠더 위계가 전복된 사회를 보여주는 내용이다"(장민지, 2016).

2017) 등이 그것이다. 그간 여성들은 사회적인 차원에서의 여성운동과 여성주의를 중심으로 하는 여성운동을 전개해가고 끊임없이 내/외부적으로 문제제기와 성찰을 동반하면서 발화 공간을 스스로 만들어가고 확장해 왔다. 이러한 여성운동의 흐름에서 중요한 것은 새로 부상한 여성주의 운동의 흐름이 디지털 공간, 대중문화의 영역을 거치며 거리와 광장으로 나가는 여성들에게까지 이어지고 있다는 점이다. 이렇게 페미니스트 정치학은 학제적인 차원에서의 이론적 논의, 제도권에서의 여성 정책들에서는 다루거나 해결하지 못한 청년 여성들의 문제들을 논의의 중심으로(김보명, 2018) 끌어들이고 있다.

3. 한국 디지털 페미니즘의 국면들: 해시태그 페미니즘, 강남역, 혜화역, 미투

한국 페미니즘 운동에서 디지털 미디어 공간은 2010년대 중반 이후 가장 주요한 운동의 공간이자 도구가 됐다. 2016년 5월 한 남성이 강남역 공중 화장실에서 한 여성을 살해한 사건을 기점으로 온라인을 통한 페미니즘 운동은 '페미니즘 리부트'로 불릴 만큼 폭발적인 운동으로 성장한다(김은주, 2019). 이때 디지털 페미니즘의 성장과 확산에는 여러 종류의 디지털 플랫폼이 관여되었는데, 특히 트위터와 해시태그의 쓰임이 두드러졌다. 2010년 중반부터 나타난 사건과 이슈들을 상징하는 각각의 해시태그들이 있을 만큼 한국 디지털 페미니즘의 주요 국면에서 관련 이슈를 의제화하거나 운동의 방향을 모양 짓는 등의 역할을 해 온 것이다. 이번 절에서는 2010년대 중반 해시태그의 다양한 역할들 중 1) 안전한 공간 제공 및 정서적 연결, 2) 이슈의 (재)의제화, 3) 사적인 것의 정치화, 그리고 4) 기억과 경험 아카이빙 기능을 중심으로 디지털 페미니즘 운동의 본격화, 강남역 살인사건, 미투운동, 혜화역 시위 등의 사례를 연결해 살펴본다.

첫째, 여러 연구들은 해시태그가 여성들에게 남성 중심의 사회에서 살아가면서 겪는 차별과 고통을 상대적으로 안전하게 공유할 수 있는 공간을 제공하고 이들이 서로 연결될 수 있도록 한다고 밝혀왔다(김해원 외, 2018; Capachi, 2013; Dixon, 2014). 그동안 여성 개인들이 주변의 시선을 신경 쓰느라, 비판을 받을까 두려워서, 혹은 중요한 이야기가 아닌 것 같아 쉽게 꺼내지 못했던 이야기들이 트위터와 같은 소셜 미디어 공간을 통해 발화되고, 이것이 해시태그 기능을 통해 연결될 수 있는 것이다. 2015년 초반부터 본격적으로 등장하기 시작한 해시태그 '#나는페미니스트입니다'가 대표적인 사례다. 한국 사회에서 여성이 스스로를 페미니스트로 정체화하는 일은 상당한 위험 부담을 가진다. 2016년 한 게임 회사의 성우가 'Girls do not need a prince(소녀들에게 왕자는 필요 없다)'라는 문구가 쓰여진 티셔츠를 입은 사진을 올렸다는 이유로(이하나, 2016), 또 다른 게임 회사의 일러스트레이터가 몇 년 전 불법 촬영 반대 시위를 지지하는 트윗을 게시했다는 이유로 해고를 당한 사례(이수진, 2023)가 대표적이다. 심지어 여성주의적인 이야기를 할 때조차 '나는 페미니스트는 아니지만'이라는 조건부 문장을 붙이는 경우도 존재한다. 이런 상황에서 '#나는페미니스트입니다' 해시태그는 등장 초반에는 스스로를 페미니스트로 정체화하는 것은 부끄러운 일이 아니고, 동시대의 수많은 사람들이 용기내어 같은 정체화를 하고 있다는 증거로 기능했다. 이후, 이 해시태그는 다양한 종류의 젠더 관련 이슈들이 생겨날 때마다 구체적인 이슈들과 함께 사용되면서, 크고 작은 이슈들을 '페미니즘'이라는 큰 틀 안으로 끌어오고 연결해내는 역할을 하고 있다(Kang et al., 2023; Kim, 2016).

둘째, 해시태그의 사용은 페미니즘 관점을 담은 의제설정 및 맥락화로 이어질 수 있다. 해시태그를 사용함으로써, 흩어져 있던 의견들이 묶이거나 논쟁의 대상이 되기도 하고 기존의 이야기들이 새로운 관점에서 의제화될 수 있는 것이다(김수아, 2017; Horeck, 2014; Meyer, 2014). 예를 들어, 강남역 살인 사건에 대한 2016년의 초기 보도들은 이 사건을 '묻지마 살인' 혹은 '무동기 범죄'라 명명하면서 피해자의 성별에 주목하지 않았으나, 피해자가 '여자라서 죽었다', '여성을 대상으로 한 혐오 범죄다', '여성이라면 누구라도 피해자가 될 수 있었다'는 논의가 트위터상에서 확산되었다. 이에 트위터에서는 해당 사건에 대한 보도가 '#여성혐오살인', '#페미사이드', '#(우연히)살아남았다'와 같은 해시태그들이 함께 묶여 공유되었고, 이후 주요 언론들에서도 사건이 '묻지마 살인인지 여성에 대한 혐오 범죄인지'를 다루는 보도를 내보내기 시작했다. 이처럼 해시태그는 한국 사회에서 벌어지고 있는 다양한 사건들에 대한 새로운 여성적 관점과 해석을 제공하는 역할을 하고, 가부장제적 남성 문화를 전제하는 언론의 프레임을 전복하고 사건을 재해석하고 재의미화하는 역할을 한다(Chamberlain, 2016).

셋째, 해시태그는 여성들이 일상적으로 겪는 사적인 차별 경험을 공적인 담론으로 만들거나, 사소한 일들을 묶어 보다 큰 이야기로 만들어내는 기능을 하기도 한다. 이는 소셜 미디어가 공적인 것과 사적인 것의 경계를 흐리는 사적인 공공성의 공간이라는 데서 비롯한다(Papacharissi & Oliveria, 2012; Schmidt, 2013). 대표적으로 2018년 1월 서지현 검사의 방송 인터뷰를 시작으로 확산된 한국의 미투운동과 더불어 '#미투' 해시태그가 사용됐는데, 이 해시태그를 포함하는 트윗들에는 다양한 차원과 강도의 성폭력 및 성차별에 대한 이야기가 담길 수 있다. 공론화하기에는 너무 사소하다고 생각되어 혼자 삭이고 말았을 일상에서의 불쾌한 상황들과 사건들이 '#미투' 해시태그로 묶이고 연결되면서, 여성들은 자신의 경험을 보다 명확하게 명명하고, 현실을 드러내며, 변화를 추동하는 행동주의로 이어지게 할 수 있었다 (김리나, 2017; 김은주, 2019; Kang et al., 2023).

마지막으로, 해시태그는 현재의 이슈뿐만 아니라, 과거의 문제를 현재의 당면한 문제와 연결하고 확장하는 도구가 되기도 한다. 연구자들은 주로 현재 당면한 문제들에 대한 생생한 증언들을 사회에 노출시킬 수 있는 도구로서의 해시태그에 집중해 왔지만(김효인, 2017), 해시태그는 현재의 이슈가 어떤 역사적 맥락에 위치하는지, 동시대 사건들과 어떻게 연결되는지 보여주는 아카이브이자 지표로 기능한다. 한 여성 모델이 홍익대학교에서 다른 남성 모델을 불법 촬영한 사건이 계기가 된 혜화역 시위의 사례가 이를 잘 보여준다. Kang 등의 연구(2023)에 따르면 '왜 여성이 가해자인 사건에 대해 여성들이 시위를 하는가?'에 대한 답은 그동안 해시태그를 중심으로 온라인 공간에 누적되어 있던 여성들의 이야기를 분석함으로써 구할 수 있다. 홍대 사건은 여성이 피해자였던 사건은 아니었지만, 남성 피해자에게 보인 주류 언론의 태도와 경찰의 대처 방법 등이 해당 사건을 젠더적 관점에서 바라보게 만들었고, 사건과 관련된 트윗과 해시태그들이 앞서 언급되기도 했던 과거의 '#나는페미니스트입니다', '#강남역살인사건', '#미투' 등의 해시태그 및 '#소라넷' 등 비슷한 시기의 젠더 이슈 관련 해시태그들과 함께 언급되었다. 이를 통해 해당 사건은 그동안 이어져 왔던 디지털 페미니즘의 연속선상에 위치할 수 있게 되었다.

4. "온라인에서 오프라인으로": 혜화역 시위에서의 디지털 연결운동의 실천 사례

여성이 피의자로 검거되었던 홍대 불법 촬영 사건이 어떻게 여성들로 하여금 한국의 사법부가 역사적으로 여성을 대상으로 한 성범죄에 대해 합당한 판결을 내리지 않았다는 문제의식을 갖게 했을까? 온라인에서 촉발된 분노가 오프라인으로 쏟아져 나올 수 있었던 바탕에는 한국 여성들이 디지털 미디어에 축적해 온 사적인 피해의 기억과 문제의식, 그리고 해시태그와 퍼나르기와 같은 참여 문화가 있었다. 즉 시위 참여자들이 온라인 커뮤니티, 트위터, 페이스북, 인스타그램, 카카오톡 메신저 등 복수의 온라인 플랫폼들을 통해 유기적으로 연결되면서, '#동일범죄_동일처벌'이라는 집합행동을 수반한 시위의 의제를 창출해냈다는 점이다. 이 과정에서 그간 일상적으로 소셜 미디어를 이용하면서 연결되어 있던 여성들의 느슨한 네트워크가 사적인 메시지들을 뭉치고 선명하게 하는 데 기여했다.

혜화역에 모인 여성들은 어느 날 갑작스레 집결한 것이 아니다. 2015년부터 각자 삶 속에서 겪은 불편한 일들을 소셜 미디어에 기록했던 온라인에서의 경험이 기반이 되었다. 평범한 여성의 경험은 해시태그가 추가되며 의제가 될 수 있었다(김해원 외, 2018). 2015-2017년 '#강남역살인사건' '#MeToo' 등의 해시태그로 묶인 포스팅들은 개인의 경험을 사회적 이슈로 연결시켜줬다. 5월 1일 홍대에서 누드모델을 촬영한 사건이 '홍대모델 몰카사건'이 아닌 '불법 촬영 편파수사 규탄'으로 재규정되는 데에는 해시태그의 힘이 컸다(〈그림 1〉 참조).

5월 1일 사건을 두고 사적인 경험을 토로했던 소셜 미디어 이용자들은 여성의 피해가 고발되었을 때와 달리, 빠르게 수사가 이뤄지고

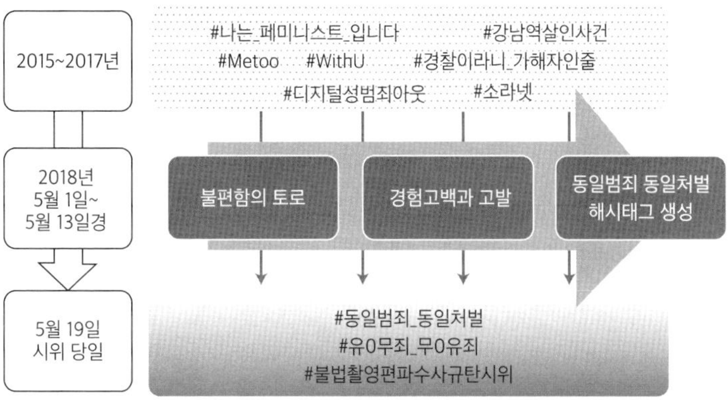

〈그림 1〉 #혜화역 시위와 관련된 해시태그 생성 추이
(김해원 외, 2018: 111)

검거까지 이뤄지는 현실을 보고 분노의 목소리를 내었다. '#나는_페미니스트입니다', '#경찰이라니_가해자인줄', '#몰카반대', '#디지털성범죄아웃' 등 이전의 해시태그가 새로 등장했다. 5월 13일 '#동일범죄_동일처벌'과 같은 공통의 해시태그로 개별적 발화들이 묶이기 시작했다. 이러한 움직임은 해당 사건을 페미니즘 이슈로 자리잡게 했다. 즉 "일부러 # 기호를 사용하는 것은 의제 설정의 목적이 있으며, 이에 따라 대화 혹은 의제 설정의 기능을 하게 하는 것"(김수아, 2017: 306)이었다.

해시태그로 목소리를 내는 방식은 디지털 미디어를 조직화 행위자 organizing agents로 간주하는 새로운 방식의 정치 참여법인 "연결행동"[5](Bennett & Segerberg, 2013: 33-34)에 해당된다고 볼 수 있다. 기존의 정치 참여 방식이 중앙집권적인 "집합적 행동collective action"이라

5 연결행동(베네트와 시거버그, 2013)이란 디지털 미디어를 핵심적인 조직화 행위자 organizing agents로 간주하는 새로운 방식의 정치 참여법을 의미한다. 전통적인 집합모델은 리더십 중심의 중앙집권적인 특성을 보이지만, 연결행동은 개인이 자발적으로 메시지를 개인 미디어에 생산, 공유하며 개발된 액션 프레임이 조직화 기제가 된다.

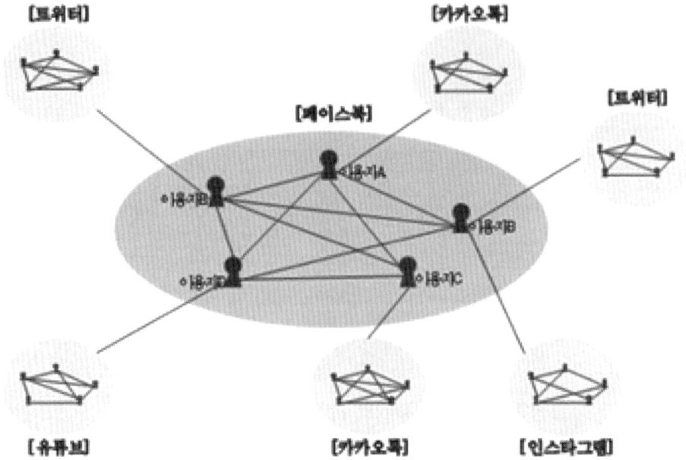

〈그림 2〉 온라인 공간에서 나타나는 플랫폼들 간의 연결관계
(이재원, 2018: 25)

면, 연결행동은 디지털 미디어에서 자발적으로 메시지를 생산하고 공유한다.

'혜화역 시위' 국면에서는 디지털 연결행동에서 플랫폼의 주요 기능별로 다른 기능을 수행한다는 점도 나타났다(〈그림 2〉 참조). 예를 들어, 트위터는 급속도로 개인들의 의견을 퍼 나르고 확산하는 파이프라인 역할을 하며 빠른 의제화와 조직화를 가능케 했다. 그동안 #○○계 성폭력 고발이라든가 #미투, #위드유 등의 해시태그 운동들을 거치면서 트위터 이용자들은 자신들의 의견을 확산시키는 경험을 반복적으로 학습해왔다.

트위터에서 뭉쳐진 의견들은 페이스북, 인스타그램으로 퍼져나갔다. 페이스북에는 공식 페이지[6]를 중심으로, 참여 독려 활동이 일어났

---

6 www.facebook.com/hiddendutch

표 1. 전통적 조직과 '#혜화역 시위 조직하기'의 차이(김해원 외, 2018: 123)

	전통적인 조직/단체	#혜화역시위의 '조직하기'
조직 체계	임원(선출제), 활동가	운영진('총대')[8]
보상	상근직원/봉사자 (유형/무형의 보상 존재)	봉사자(보상 없음/'스펙화' 금지)
멤버십	회원가입(개인정보)	익명가입(실시간 가입/탈퇴)
관계 유형	조직 소속감	이슈 중심, '친목 금지'
동원 방식	오프라인 회원 중심(ex. 정기 소식지), 온라인 매체의 보조적 활용	온라인 커뮤니티, SNS 등 디지털 테크놀로지를 통한 자발적 확산
리소스(재원)	회비, 기부(단체의 공식계좌)	크라우드펀딩(오카방+임시계좌)
기타	소식의 시향가치 중심의 걸집 선명한 정치적 노선 중앙집중적 의사 결정, 수직적 동원	이슈 중심의 걸집 정치적 노선화 경계, 연령주의, 경력(화) 배제 수평적 참여 중시, 자발적 집결

고[7], 이미지 중심의 인스타그램에서는 슬로건이 담긴 이미지나, 집회 참여 인증샷이 주로 업로드되었다. 네이버나 다음 등 포털에서는 긴 글을 통해 시위 참가에 대한 본인의 의견과 시위 참가 경험 이야기나 페미니즘 담론에 대한 생각이 블로그 글로 발행하는 방식이 관찰되었다.

혜화역 시위는 전통적인 시위 방식과 달리, 자발적인 연결행동을 통해 이뤄졌다(〈표 1〉 참조). 때문에 시위 참가자들 간의 조직화 방식에서도 과거와 다른 경향이 두드러졌다. 기존의 조직에서는 선출된 임원이 조직을 이끌어간다면, 혜화역 시위에서는 선출된 리더를 찾아

7 하지만, 페이스북의 개방성 때문에 '좋아요'를 누르는 일에도 주의하는 경우가 많아(이종임·김영은, 2018) 감안해서 볼 필요가 있다.

8 '총대'란 '총대를 메다'의 줄임말로 주로 온라인 커뮤니티 공간에서 공동구매 등의 단체 행위를 나서서 주도하거나 집단을 대표하고 주요한 책임을 맡는 등의 행동, 혹은 그 행동을 하는 사람을 의미한다.

볼 수 없었다. 공식 카페 '불편한 용기'에는 버스 편을 예약하는 등 시위와 관련된 내용을 공지하는 운영진이 활동을 했지만, 이들은 기존 조직의 리더와 달리 보상을 거부했고, 심지어 리더가 되어 자신의 업적을 내세우지 않도록 '친목 금지', '스펙화 금지' 등을 내세웠다. 기존의 시위 '주동자'가 팀워크를 중요하게 생각했던 것과 대조되는 대목이다.

구심점이 없이 시위 참여자들이 조직적으로 거리에 나갈 수 있었던 방법은 무엇일까? 공식 카페의 공지 사항이 개인의 소셜 미디어의 네트워크를 타고 빠르게 전달되었고, 개인들이 속한 커뮤니티와 단체 카톡방, 다른 카페들로 퍼져나갔다. 이처럼 소위 배후 없이 빠르게 연결되고 결집될 수 있었던 것은, 현대에는 커뮤니케이션 자체가 조직화organizing이기 때문이다(Bennett & Segerberg, 2013).

혜화역 시위에 참여하거나, 온라인상에서 관여한 이들 14명을 인터뷰한 연구(정사강·이재원·박동숙, 2021)에 따르면, 이들의 연결행동은 다음과 같은 특징을 보였다. 첫째, 온라인에서 포스팅을 읽고 쓰는 경험을 통해 평범한 여성들이 자신만의 예민함으로 여겼던 경험이 공동체의 불편함이라는 것을 알게 되었다. 둘째, 얼굴을 가리고 시위에 임한 이들이 느낀 감정은 '두려움'이었다. 시위 현장에서 시위대를 바라보는 시선에 두려움을 느꼈고, 자신이 극성맞은 페미니스트가 되는지 걱정했지만, 거리에 모인 다른 여성들을 보고 '연대감'으로 안도했다고 보고했다. 셋째, 여성 간의 연대와 달리 처음으로 국가가 자신을 지켜주지 않는다는 자각으로 '소외감'을 경험했다고 털어놓았다. 넷째, 혜화역 시위가 성공인지에 대해서는 다양한 시선이 존재했다. 많은 여성들이 거리에 나와 목소리를 내기 시작했다는 의미는 있지만, 결집하는 과정에서 '순수함'을 강조하기 위해 '배제의 수사'가 사용되었다. 조직에서 '네임드'를 거부해 운영진끼리도 이름을 알지 못한다든가, 정치권의 개입을 거부하고, '생물학적 여성'으로 참가자를 한정지어 성소수자를 소외시켰다는 비판을 받았고, 불법 촬영을 피해 마스크를 착용하여 논란을 빚기도 했다.

이러한 논란은 여성들이 거리로 나서는 데 얼마나 큰 공포를 갖고 있었는지 반증한다고도 볼 수 있다. "혜화역 시위자들은 이성적으로 소수자를 포용하며 정치적 올바름political correct을 추구하는 잘 정돈된 단체가 아니라, 각각 분노한 개인들이 디지털 미디어를 주축으로 비선형적으로 움직인 이들"(정사강 외, 2021: 140)이었기 때문이다.

* * *

한국의 여성운동 역사에서 온라인 공간은 남성 중심의 인터넷 담론 질서에 저항하여 대항 서사를 구축할 수 있는 '여성 전용 공론장'으로서 주목받아 왔다(김수아, 2006). 이 같은 맥락에서 '홍대 불법 촬영' 사건이나, '강남역 살인사건'이 성차별을 지적하는 공적인 문제제기로 이어질 수 있었던 것도 소셜 미디어를 통한 여성들의 발화가 축적되었기 때문이다. 하지만 이 시기 온라인 공간을 경험한 여성들에게 소셜 미디어는 이중적인 함의를 갖고 있다. 스스로 발화의 주체로 설 수 있는 대안적 공간인 동시에, 여성이라는 이유로 차별과 혐오의 시선을 경험하고 익명의 상대와 싸워야 하는 공간이기도 하다. 흔히 사이버 공간의 가능성을 논의할 때 '정체성 실험의 장'으로서의 가치가 강조되어 왔지만, 이들에게는 성차별과 혐오에 맞서 싸워야 하는 전쟁의 공간이기도 했다(김해원 외, 2018).

소셜 미디어가 확산된 2010년대 중반 이후 한국 사회에서 페미니즘 이슈는 새로운 방식으로 조직화되었다. '익명적 주체들'이 페미니즘 담론 생산에 적극적으로 참여하면서 집단적 움직임을 보이기 시작했고, 이 과정에서 주체들이 연대하는 방식이나, 성차별 이슈를 의제화하는 과정이나 방식, '여성 주체'를 구성해나가는 방식은 소셜 미디어 문화와 영향을 주고받아 왔다(김리나, 2017).

포스트 미디어 시대의 주체인 여성들은 개인 피드에서 우연히 조우하는 수많은 뉴스와 관계들 속에서 자신만의 관심과 취향만을 뽑아내 향유하고 공유할 줄 아는 능력, 사적인 경험을 공적인 이슈로 문제화하고 관심을 끌어 모아 하나의 담론으로 구축해나가는 능력을 갖고 있다. 다양한 미디어와 플랫폼을 자유자재로 넘나들며 능수능란하게 활용할 줄 아는 능력을 가진 새로운 세대의 여성들은 온라인 공간에서 다양한 '질곡'을 경험하면서 때로 '미러링'이라는 무기를 벼려 전쟁을 벌이기도, 때로 폐쇄적 공간으로 숨어들기도 했다.

소셜 미디어 서비스들은 전통 미디어에 비해 빠른 속도로 흥망성쇠를 거듭하면서 모습을 달리하고 있다. '혜화역 시위' 국면에서 소셜 미디어 플랫폼의 기능에 따라 다른 역할을 수행했듯이, 앞으로도 달라지는 미디어 환경이 이용자들의 삶과 어떤 영향을 주고받는지를 일상적으로, 또 학술적으로 고민해봐야 할 것이다.

더 찾아보기

영화 〈벌새〉(2019, 김보라)
〈삼진그룹영어토익반〉(2020, 이종필)

책 조한혜정(1994-2014). 『글 읽기와 삶 읽기』(총3권). 또하나의문화.
Brison, Susan(2002). *AFTERMATH: Violence and the Remaking of a Self*. 고픈 옮김((2003). 『이야기해 그리고 다시 살아나』. 인향.

한국여성의전화 기획, 정희진 엮음(2003). 『성폭력을 다시 쓴다: 객관성, 여성운동, 인권』. 한울.

참고문헌

강남식(2004). 한국 여성운동의 흐름과 쟁점. 『기억과 전망』 여름호: 116-137.

고정갑희(2007). 여성주의 이론생산과 여성운동, 사회운동. 『여/성이론』 17호: 10-31.

김보명(2018). 페미니즘의 재부상, 그 경로와 특징들. 『경제와 사회』 118: 99-138.

김수아(2017). 연결행동(Connective Action)? 아이돌 팬덤의 트위터 해시태그 운동의 명암. 『문화와 사회』 25: 297-336.

______(2006). 「사이버 공간에서의 힘 돋우기(Empowerment) 실천 가능성에 대한 연구: 온라인 여성 커뮤니티를 중심으로」. 서울대학교 박사학위논문.

______(2013). 한국 사회의 사이버 공간과 젠더 이슈. 이나영 외, 『다시 보는 미디어와 젠더』. 이화여자대학교출판문화원.

김리나(2017). 메갈리안들의 '여성' 범주 기획과 연대: "중요한 건 '누가'아닌 우리의 '계획'이다". 『한국여성학』 33(3): 109-140.

김은주(2019). 제4물결로서 온라인-페미니즘: 동시대 페미니즘의 정치와 기술. 『한국여성철학』 31: 1-32.

김해원·박동수·이재원·정사강·강혜원·백지연(2018). 5월 19일, 여성들은 혜화역에 어떻게 모였나? : '불법촬영 편파수사' 규탄시위의 의제화와 조직화 과정을 중심으로. 『언론과사회』 26(4): 85-137.

김효인(2017). SNS 해시태그를 통해 본 여성들의 저항 실천. 『미디어, 젠더 & 문화』 32(4): 5-70.

나영정(2015). 여성운동의 새로운 의제들: 영 페미니즘, 소수자 여성운동, 재생산권 등을 중심으로. 김은희 외. 『1990년대 이후 한국여성운동사 특강』. 액티비즘.

오김숙이(2010). 한국 여성운동과 차이 문제: 2000년대 새로운 '여성주의운동'

을 중심으로. 『여/성이론』 22: 103-129.
이동환·강내원·전종우(2017). SNS를 통한 시민 사회운동의 공론화 과정. 『사이버커뮤니케이션학보』 34(2): 83-123.
이수진(2023. 7. 27). 입사 전 '불법촬영 반대 시위' 지지했다고 해고?… 반복되는 게임 업계 사상 검증. 〈여성신문〉. https://www.womennews.co.kr/news/articleView.html?idxno=238857
이하나(2016. 7.19). 넥슨, 이번엔 페미니스트 성우 해고… '#넥슨_보이콧' 확산. 〈여성신문〉. https://www.womennews.co.kr/news/articleView.html?idxno=95914
이재원(2018). 「소셜 미디어의 사회연결성과 이용자 참여 연구: 페이스북 토픽의 활성화 과정을 중심으로」. 이화여자대학교 박사학위논문.
장민지(2016). 디지털 네이티브 여/성주체Digital Native Fe/male Subject의 운동 전략: 메갈리아를 중심으로. 『미디어, 젠더 & 문화』 31(3): 219-255.
정사강·이재원·박동숙(2021). 나에게 혜화역 시위는 무엇이었나?: 2030 여성들의 경험과 목소리를 중심으로. 『한국언론정보학보』 107호: 116-148.
허윤(2018). 1990년대 페미니스트 여성 대중의 등장과 잡지 '페미니스트저널 if'의 정치학. 『상허학보』 53: 85-117.
Bennett, W. L., & Segerberg, A.(2013). *The logic of connective action: Digital media and the personalization of contentious politics*. Cambridge University Press.
Capachi, C.(2013). Suey Park: Asian American women are # NotYour Asian-Sidekick. The Washington Post. https://www.washingtonpost.com/blogs/she-the-people/wp/2013/12/17/suey-park-asian-american-women-are-notyourasiansidekick/
Chamberlain, P.(2017). *The feminist fourth wave: Affective temporality*. Springer.
Clark, R.(2016). "Hope in a hashtag": the discursive activism of #WhyIStayed. *Feminist Media Studies*. 16(5): 788-804.
Dixon, K.(2014). Feminist online identity: Analyzing the presence of hashtag feminism. *Journal of Arts and Humanities*. 3(7): 34-40.

Guattari, F.(1990). Towards a post-media era. In C. Apprich, J. B. Slater, A.Iles, & O. L. Schultz(Eds.). *Provocative alloys: A post-media anthology.* 26-27. Post-Media Lab & Mute Books.

Horeck, T.(2014). # AskThicke: "blurred lines," rape culture, and the feminist hashtag takeover. *Feminist Media Studies*. 14(6), 1105-1107.

Kang, H., Kim, H. W., Baek, G., & Park, D.(2023). Recalling the Past Within a Social Network's Collective Memory Work: How Did Korean Twitter Users Shape# Equal_Punishment_for_Equal _Crime From Their Experiences?. *Social Media+ Society*. 9(1), 2056305123 1156365.

Kim, J.(2017). #iamafeminist as the "mother tag": Feminist identification and activism against misogyny on Twitter in South Korea. *Feminist Media Studies*. 17(5): 804-820.

Papacharissi, Z., & de Fatima Oliveira, M.(2012). Affective news and networked publics: The rhythms of news storytelling on# Egypt. *Journal of Communication*. 62(2): 266-282.

Meyer, R.(2014). When the world watches the world cup, what does that look like? Retrieved from: http://www.theatlantic.com/technology/archive/2014/07/when-the-wor ld-watchesthe-world-cup-what-does-it-look-like/374461/2

Schmidt, J. H. (2013). Twitter and the rise of personal publics. In K. Weller, A. Bruns, & J. Burgess et al.(Eds.). *Twitter and Society*. Peter Lang.

Slater, H.(1998). Post-media operators: An imaginary address. *Infotainment,* 5: 2-6.

7장

"저, 아가씨 아닌데요?!"

여성 미디어 노동자에 대한 오해와 진실

— 최은경·나은희

1. 이상한 나라의 여성들

드라마는 '그래봤자, 허구'라고 하지만, '드라마 맞아?' 하고 되물을 만큼 현실보다 더 현실 같은 작품도 제법 많다. 흥미로운 점은 이런 작품 가운데 방송국을 배경으로 삼거나 방송인이 등장하는 경우가 꽤 된다는 것이다[1]. 2008년에 방영된 드라마 〈그들이 사는 세상〉(이하 〈그·사·세〉)은 방송국 드라마 제작팀의 일상을 농밀하게 재현한 대표적 작품이다. 시청자의 '인생 드라마'로, 드라마 지망생의 '교본'으로 호평받은 데는 화려한 출연진과 연출진이 한몫하지만, 실제 드라마

1 2000년대부터 방송인을 주인공으로 다루는 작품이 등장하기 시작하여 〈이브의 모든 것〉(2000, MBC), 〈온에어〉(2008, SBS), 〈그들이 사는 세상〉(2008, KBS), 〈스포트라이트〉(2008, ,MBC), 〈드라마의 제왕〉(2012, SBS), 〈미래의 선택〉(2013, KBS), 〈지성이면 감천〉(2013, KBS), 〈프로듀사〉(2015, KBS), 〈질투의 화신〉(2016, SBS), 〈아르곤〉(2017, JTBC), 〈미스티〉(2018, JTBC), 〈멜로가 체질〉(2019, JTBC) 등 2020년대까지 꾸준히 제작·방영 중이다.

촬영 현장을 그대로 옮겨놓은 듯 방송국의 노동 환경과 여건을 날것 그대로 드러낸 실재감이 더 크게 작용했을 것이다. 조연출 끝에 비로소 작품을 맡게 된 여성 PD인 주인공이 커리어와 사랑 사이에서 번민하는 수많은 대사와 장면은 특히 미디어 산업뿐 아니라 노동에 뛰어든 여성의 목소리를 담아내며 큰 관심을 받았다.

〈그·사·세〉 열풍은 무엇보다 제작진 스스로를 반영한 자화상이라는 점도 한몫한다. 24시간 몸담고 경험하는 생산 현장과 노동의 일상이야말로 제작진이 가장 쉽고 재미있고 무엇보다 생생하게 다룰 수 있는 소재요, 배경이기 때문이다. 실제로 2000년대부터 방송 현장의 속살을 재현하기 시작한 작품이 부상하면서 PD와 기자, 앵커, 아나운서, 방송작가, 기상 캐스터 등 실로 다양한 미디어 직군의 면면이 소개되었다. 그동안 영상 너머의 영역이던 제작 현장의 시공간이 공개되면서 방송 프로그램 한 편을 만들기 위해 무려 백여 명에 가까운 스태프가 폭염과 한파에도 카메라와 모니터 뒤에서 그림자가 되어야 하는 극한의 노동 현장이 베일을 벗은 것이다. 문제는 제작 현장과 달리 영상에 재현되는 여성 방송인은 신데렐라부터 원더우먼까지 비현실적인 캐릭터로 묘사되고 있다는 것이다.

그렇다면 현실의 복사판이라는 드라마가 '그들의 세상'이라 말하는 촬영장이나 편집실, 스튜디오 등 방송 제작 현장의 24시간을 순수하게 그려내고 있을까? 과연 이들이 재현하고 있는 여성 PD나 기자, 작가의 희로애락이 미디어 기업의 창의 노동자로서 일하는 여성의 가치관과 정체성을 여과 없이 반영한 것일까? 정작 미디어 산업 현장의 '그녀들'은 '준영'(〈그·사·세〉 속 여성 PD)을 어떻게 바라볼까? '준영'의 번민은 15년이 흐른 '그녀들의 세상'에서 과연 말끔히 사라졌을까? 이런 의문을 품고 드라마국의 여성 PD의 노동에 깃든 갈등에 그치지 않고 작가와 아나운서, 기자 등 더욱 다양한 미디어 산업 직군의 여성 종사자로 범위를 넓혀 노동에서 비롯하는 고민과 문제가 무엇인지를 헤아려 보았다. 나아가 미디어 산업의 전문 종사자로 인정받기 시작한 1990년대 이후 30년이 지난 지금까지 일하는 여성으로서 경험하는 조직·직무·구성원 간의 다양한 갈등이 어떻게 변화했는지 돌아보는 계기를 마련하고자 했다.

2. 미디어가 재현한 여성 미디어 노동자에 관한 오해

여성 미디어 노동자의 '육아'에 관한 오해

#19. 카페 밖

지오 결혼은 한다면서, 애는 왜 못 낳아?

준영 (이상하고 어이없다는 듯) 애 나면 연출 못하잖아.

지오 연출을 왜 못 해? 회사에서 짜르는 것도 아닌데?

준영 아기 가지고 그 배를 불러, 현장을 어떻게 나가?

지오 1년 휴직…

준영 (말꼬리 자르며, 편하게) 1년 뒤에 그 애는 그냥 커? 울 엄마 늘상 하는 소리가 자긴 손주 못 봐준다야. 그럼 내가 다 해야 되는데, 난 애 못 낳아. 그리고, 요즘 유행이 얼마나 잘 변하는데 연출 1년 쉬면 감각 죽기는 시간문제야, 죽어라 조연출 생활 4년하고 2, 3년 연출하고 그만두라고, 난 못 해. 안 해.

– 노희경 대본집 〈그들이 사는 세상〉 1, 309쪽

여자 주인공인 준영이 단호하게 선언하는 임신·출산·육아의 '3포'는 비단 방송 직군만의 현상은 아니다. 수십, 수백 대 일의 경쟁률을 뚫고 마침내 취직에 성공한 여성이라면 천신만고 끝에 거머쥔 노동의 기회와 경력의 단절을 초래하는 육아 노동을 외면하고 싶을 것이다. '출산'이나 '육아'는 전문가로, 창의 노동자로 자아실현을 꿈꾸는 여성 인력에게 일종의 금기어나 마찬가지다. 이는 구직에 활발한 20대와 30대 초반 여성의 2022년도 출산율이 전년 대비 각각 15%와 3% 감소하며 역대 최저를 기록한 수치[2]만 보더라도 알 수 있다. 짚어야 할 대목은 앞서 밝힌 암울한 통계 수치가 바야흐로 15년 전, 뛰어난 커리어 우먼을 갈망하던 준영의 갈등이 나아지기는커녕 더 깊어지고 있음을 시사한다는 것이다. 실제로 1990년대만 해도 여성 방송 종사자들에게는 결혼에 이어 찾아오는 임신과 출산이 피할 수 없지만 고통스런 '통과의례'였으나, 노동 시장의 살인적인 경쟁률을 경험한 오늘날 2030 세대에게는 증발된 생애주기요, 여성에게만 유독 가혹한 현실이다. 때문에 미디어 분야의 직군에 종사하는 여성들은 육아처럼 자신의 의지와 상관없이 업무의 능률을 저해하는 전통적이고 정형화된 여성성에서 벗어나려는 움직임을 보인다. 그 까닭에 여성 방송인들은 '걸크러쉬'나 '쎈 언니', '여전사' 등으로 오해를 쉽게 받는다.

여성 미디어 노동자의 '쎈 언니'에 관한 오해

방송국이나 광고 기획사, 연예 기획사를 배경으로 한 드라마 속 여성의 이미지는 몇 가지로 나뉜다. 출중한 외모와 재능으로 어필하는

2 통계청이 발표한 2023년 「인구동향조사」 중 출생 통계(잠정) 결과 참조.

슈퍼우먼이거나 한없이 가녀리고 고운 심성을 지닌 보호 본능 유발 캐릭터, 그리고 범접 불가한 걸크러쉬 이미지가 미디어 현장의 여성을 상징한다. 앞서 만나본 〈그·사·세〉가 자기주장이 똑 부러진 새로운 여성상을 제시함으로써 힘든 드라마 현장을 꿋꿋이 버텨내는 여성 창의 노동자를 소개했다면, 2015년에 방영한 〈프로듀사〉는 센 언니 캐릭터인 탁예진 PD를 통해 적자생존이 치열한 미디어 산업 현장의 노동 환경을 반영하고 있다.

#. 방송국 건물 밖

예진 (승찬을 기둥으로 몰아세우며) 애들이랑 무슨 얘기 나눴니?

승찬 예, 그냥 뭐, 이런저런

예진 이런저런 나랑 준모랑 같이 살더라 이런 얘기? 그치? (웃음)

승찬 아, 아닌데요

예진 아닌데 왜 내가 다가가니까 애들이 흠칫 놀래지??

승찬 (주저하며) 그건…

예진 (보는)

승찬 선배님이 너무 무서운 눈빛으로 다가오셔서…

예진 아닌 것 같은데… 야, 나는 눈매 자체가 선해서… 뭐 또 그렇게 째려보지도 않았고… 무서울 리가 있니, 내가??

승찬 암튼… 걱정하지 마십쇼. 제가 그… 일시적 주소 공유 관계 문제는 발설하지 않겠습니다.

예진 당연해, 그건… (승찬 어깨 두드리며) 그래야지

– 〈프로듀사〉(KBS 2TV, 2015) 4화 중에서

#. 준모의 집 거실

예진 나도 몰랐는데 나는 진짜 센 게 아니라 센 척을 해 왔던 거 같애. 왜, 내가 처음 입사할 때만 해도 여자 PD가 별로 없었잖아, 그래서 매니저들한테 무시 당할까봐… 그리고 선배들이 좋은 프로에 배정 안 해줄까봐, 출연자들이 나 피디로 인정 안 해줄까봐 엄청 화내고 싸우고 독하게 굴었지…

- 〈프로듀사〉(KBS 2TV, 2015) 11화 중에서

그렇다면, 과연 방송 현장에서 여성은 '쎈 언니'여야만 살아남을까? 〈프로듀사〉의 주인공 탁예진은 예능 프로그램 여성 PD로 등장한다. 그녀가 맡은 프로그램은 예능에서도 잘나가는 음악 순위쇼이다. K-POP 아이돌 군단과 매니저들이 앞다투어 출연을 요청하는 소위 끗발 있는 프로그램의 수장이긴 하나 여성 방송인에게 끗발은 좀처럼 허락되지 않는 권력이다. 그만큼 영향력을 유지하기 위한 보이지 않는 힘겨루기에 시시각각 노출된다. 방송 불가한 옷차림을 두고 여성 출연자와 벌이는 치열한 신경전이나 매니저와의 기싸움은 여성 PD라고 예외일 리 없다. 〈프로듀사〉에 의하면, 여성이 전쟁과도 같은 방송 제작 현장을 이끄는 수장이 되려면 적어도 탁예진의 '쎈 언니' 처세

〈그림 1〉 〈프로듀사〉(2015)의 장면들(KBS, 드라마 홈페이지 참조)

술은 선택이 아닌 필수인 셈이다.

그렇다고 드라마는 걸크러쉬를 유일한 정답으로 내세우진 않는다. 탁예진은 애증 섞인 출연자의 누명을 밤새워 풀어주는가 하면 아이돌 팬들의 마음을 돌려놓는 '츤데레' 역할을 함으로써 여성 PD의 능력이 무소불위의 권력이 아닌 배려와 연대의 결과임을 강조한다.

〈프로듀사〉는 여성이라는 이유로 경쟁에서 뒤쳐지고 인정받지 못할 것이라는 위기의식과 불안한 노동 환경이 빚어낸 강요된 카리스마의 허와 실을 성찰하게 하는 작품이다.

여성 미디어 노동자의 '적'에 관한 오해

방송통신을 비롯한 미디어 기업에 종사하는 여성을 다룬 드라마에서 빠지지 않는 공식은 '라이벌' 구도이다. 다수의 드마라 속 여성 주인공은 동일 집단의 선후배나 서로 다른 직군의 인물과 갈등 관계에 놓이는 경우가 흔하다. 유일무이한 여성 앵커가 되려는 야망과 주인공의 독주를 견제하는 경쟁 구도를 주요 서사로 내세운 드라마 〈미스티〉도 예외는 아니다.

#50. 방송국 화장실

지원 (무시하는 눈빛으로 수도꼭지 틀어대는데 튀는 물방울)

혜란 (물방울이 번지는 스커트를 가만히 보며)

지원 (페이퍼 타올 쓱 뽑아 건네며) 닦으세요.

혜란 닦으세요, 가 아니라 죄송합니다야.

지원 (보며)

혜란 나한테 너, 죄송하라구.

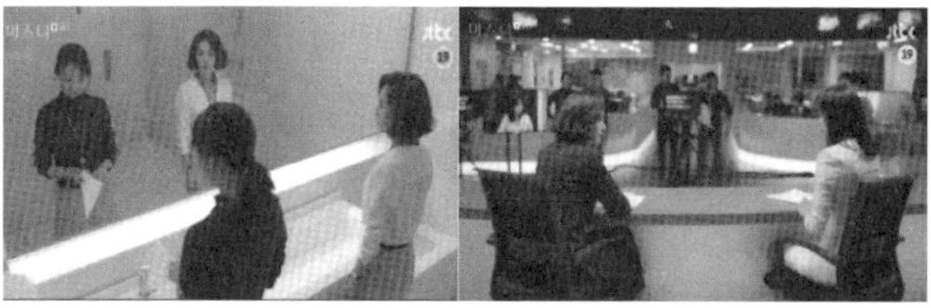

〈그림 2〉〈미스티〉(2018)의 장면들(JTBC, 드라마 홈페이지 참조)

함부로 물을 튀긴 것도, 주인 허락 없이 내 자리 탐낸 것도.

지원 선배도 처음 그 자리에 앉을 때 주인 있었잖아요. 그때 죄송했어요?

혜란 뭐? (기막힌 듯 보면)

지원 영원한 게 어딨어요? 그 자리, 선배만 앉으란 법 없잖아요?

혜란 (보면)

지원 욕심 부리지 마세요. 그 나이에… 추해요. (나가려는데)

혜란 지원아

지원 (돌아보면)

혜란 니 젊음이 실력 같지?

지원 ?

혜란 (씩 웃으며) 그래서, 내가 비켜주면 앉을 자신은 있니? 자신 있음 한번 앉아보든가.

지원 그래 보려구요. (전혀 지지 않는 눈빛으로 돌아서서 나가면)

– 〈미스티〉(JTBC, 2018) 1화 중에서

잘나가든 못나가든 여성 방송인들에게 허들은 생각보다 많다. 앞서 언급한 것처럼 임신과 출산, 육아 등 결혼에서 비롯하는 무임 돌봄

노동은 성공하는 여성이 함께 누리기 힘든 장애물이다. 물론 조직이 우대하는 남성 종사자들과 답이 정해진 경쟁도 피할 수 없는 한계지만, 드라마가 여성 노동자의 가장 높은 허들로 묘사하는 것은 다름 아닌 '동성 라이벌'이나 '동성의 갑질'의 문제이다. 그러나 〈미스티〉가 다룬 여성 노동자 간 갈등은 정확히 말하면 위계를 전제로 한 세대 갈등의 일면이기도 하다. 즉, 정규직 조직이 지향하던 연봉제에 의한 서열제가 고용 구조에 따른 변화로 능력 위주의 성과제로 이동하면서 견고하던 선후배 위계질서가 업무 성과에 따른 서열 파괴를 유도하며 자연스럽게 나이와 직위를 초월한 경쟁 문화가 노동 환경의 패러다임을 바꾼 것이다. 이는 성과를 두고 경쟁하던 대상이 횡적 동료 집단에서 종적인 선후배 관계로 파편화하여 자연스럽게 세대 간 경쟁을 부추기는 결과를 초래했다.

#. 진주의 작업실

진주(N) 보조 작가들이 모였을 때, 메인 메뉴는 테이블 위에 없다. 안주는 거들 뿐, 씹을 건 따로 있지.

사랑 나더러 심부름 해주는 애래… 아니 그걸 대놓고 말할 건 아니잖아. 24시간 작가님 옆에 붙어 있으면 내가 뭐라도 배우겠지, 공부하고 공부하면서 버티고 또 버티면서 흥신소 직원 됐어.

수희 식탐도 쩔어요, 선물로 케이크나 빵 들어오면 먹어보란 얘기 왜 안 해? 혼자 먹고 남긴 거 밀어놔… 왕이야? 수랏간 나인이야?

미영 난 다 참을 수 있으니까 일할 때라도 확실했으면 좋겠어. 아니, 주인공 감정을 모르겠대. 근데 그걸 왜 나한테 뭐

라 그래? 이야기는 다 자기가 만들면서 감정은 내가 알아야 돼? (중략)

진주 씬 하나를 서른한 가지 버전으로 쓴 적도 있어. 무슨 아이스크림이야? 그렇게 써서 골라 쓰면 작가 나도 하겠다. (중략)

미영 맞아. 눈칫밥 3년 먹은 작가가 세 명이야. 우리의 눈은 보기 싫은 것도 보게끔 진화되어 있다고.

– 〈멜로가 체질〉(JTBC, 2019) 9화 중에서

드라마 보조 작가를 비롯한 젊은 여성 창의 노동 3인방의 일상을 다룬 드라마 〈멜로가 체질〉 역시 자서전에 가까운 미디어 산업 영역의 주체를 소환한다. 특히 보조 작가에서 드라마 작가로 데뷔하는 주인공을 단순히 성공한 인물로 묘사하는 대신 주인공들을 둘러싼 다양한 방송 제작 인력과의 관계에서 비롯하는 부침과 긴장을 주된 일상으로 불러온다. 그 과정에서 막내 작가들을 통해 확인할 수 있는 문제가 바로 일방적 위계에 대한 불만을 '꼰대'나 '감 없는 선배'로 취급하는 세대 갈등인 것이다. 다시 말해, 그동안 PD 대 작가 관계에서 직군이나 성별 문제로 불거지던 파열음이 '세대 불평등'과 '고용 불평등'으로 영역을 옮겨가며 여성 노동자의 갈등이 변화하는 양상을 재현하고 있다. 방송 현장의 막내로 통하는 'FD'(이상길 외, 2013)나 '보조 작가'는 조직 내 최말단 '을'로서 '극한 노동'으로부터 벗어나지 못하는 원인이 특권을 누리는 윗세대에 있다고 진단한다. 결국, 미디어 산업 현장에서 어느샌가 '나이'마저 여성에게 부담스럽고 불편한 장애가 되어가고 있는 것이다.

3. 여성 미디어 노동자의 진실

1990년대 이후 다채널 다매체 시대가 도래하면서 방송통신 산업이 양적으로 빠르게 팽창했고 미디어 산업 현장에서 일하는 여성은 노동자라는 주체로서보다, 살펴본 대로 미디어의 좋은 소재로서 역할을 했다. 자유롭고 개방적이며 능력을 중시하는 사회 변화 속에서 시청자는 일과 사랑을 위해 고군분투하는 여성의 성공담 또는 성장 과정에 공감했고, 착하고 순진하며 일도 잘하고 아무리 힘들어도 포기를 모르는 주인공 여성과 상대가 하는 일을 방해하고 질투하며 협박이 주특기인 악녀가 있어야 성공한 드라마가 된다. 이런 여성의 선악 대결이 한국 드라마의 장르가 된 것도 아이러니하다. 여성의 서사가 중심이 되는 변화는 실제 미디어 산업에서 여성의 진출이 두드러지게 많아졌기 때문일까, 혹은 미디어 산업의 특성상 여성의 노동력이 필요했던 걸까? 또한 미디어는 왜 여성 작가, 아나운서, 앵커, 기자 그리고 프로듀서라는 직업에 대한 판타지를 생산하고 있을까? 그리고 일과 사랑, 꾸준한 운동과 특별 관리로 다져진 외모에 주변의 어떤 어려움도 결국은 극복해내는 이 여성들은 왜 육아를 기피하고 쎈 언니로 여성끼리 경쟁하는 데 집착해야 할까? 어쩌면 한국 미디어 산업 성장의 역사에 일부 단서가 있어 보인다. 한국전쟁 이후 경제가 압축 성장을 하면서 한국의 미디어 산업은 선진국이 수년 동안 경험하며 구축한 환경을 단숨에 따라잡았다. 특히 1990년 이후 정부가 적극적으로 미디어 산업에 개입해 유료방송 시장을 키우면서, 우리 미디어 시장은 글로벌 플랫폼 사업자들까지 가세해 무한 능력의 시대를 열었다. 나이, 경력, 젠더에 상관없이 능력을 인정받을 수 있는 기회가 열리면서 국경을 초월한 무한 경쟁 시대가 열린 것이다.

미디어 산업 성장의 과거와 여성 노동자

우리나라는 1956년 대한방송이 개국한 이후 1980년 컬러 방송을 시작했고, 1993년 정부가 광역도시 53개에 종합유선방송사업자(SO) 1차 허가를 내면서 유료방송 시장이 열렸다. 이후 1995년 아날로그 케이블 TV, 2002년 KT 스카이라이프 서비스를 시작으로 위성 TV가 선보이면서 본격적인 다채널 다매체 시대가 도래했다. 이후 2003년 HDTV 본방송, 2005년 디지털 케이블 서비스 상용화와 위성 DMB Digital Multimedia Broadcasting 서비스 실시, 지상파 DMB 서비스가 시작됐으나 위성 DMB는 2012년 사업을 종료했다. 2011년 종합편성 채널이 개국하면서 방송채널사용 사업자 4곳(TV조선, 채널A, JTBC, MBN)이 늘었고, 2021년 말 기준 국내 방송시장의 방송사업 매출은 19조 4,016억 원이며 방송사업자 수는 총 401개, 종사자 수는 3만 6,592명으로 2018년 37,288명에서 코로나19 이후 감소했다(과학기술정보통신부, 2022).[3]

한편 상용인터넷에서 디지털 이동통신과 초고속 인터넷으로 빠르게 이동했던 1990년대는 2008년 삼성 스마트폰과 2009년 애플 아이폰의 국내 출시로 예상치 못한 온라인 동영상 플랫폼의 시대를 앞당겼다. 즉 2010년 티빙Tving을 시작으로 2012년 푹POOQ, 2014년 에브리온 TVeveryon TV, 2016년 넥플릭스Netflix 그리고 2019년 웨이브Wavve[4], 2021년 디즈니 플러스Disney+의 국내 서비스 시작으로 OTT

---

3 전체 사업자에는 전광판방송사업자 21개가 제외됐고, 방송 사업자 중 홈쇼핑과 일반방송채널 사용사업자PP는 180개, 종합유선방송 90개, 지상파방송 50개 IPTV 콘텐츠 36개, 중계유선방송 23개의 사업자가 있다.

4 웨이브는 국내 콘텐츠 연합플랫폼 푹POOQ과 SKT의 옥수수Oksusu가 결합한 플랫폼으

전성기를 맞이하고 있다.

1990년 이후 방송 산업이 폭발적으로 성장하면서 방송 산업을 이해하고 전문 기술을 가진 전문 종사자를 대거 영입했다. 하지만 현재 기자, PD, 아나운서, 제작 관련 종사자 수는 1만4,055명으로 2017년 이후 지속적으로 감소하는 추세이다. 전체 종사자의 비율을 보면, 프로듀서는 아나운서보다 7배가 많고 가장 많다. 다음으로 제작 관련 종사자와 기자가 많다. 실제 종사자 현황을 보면 기자는 1.4% 증가한 3,918명이고, PD는 0.6% 증가한 4,861명이다. 반면 아나운서와 제작 관련 종사자는 감소했는데, 아나운서는 전년보다 3.3% 줄어든 639명, 제작 관련 인원은 3.5% 감소한 4,637명이다.

여성 종사자의 비중은 36.4%로 2020년 35.1%보다 1.3%p 증가했다. 종합유선과 중계유선을 제외한 다른 매체의 여성 종사자 비율은 증가했는데, 위성방송은 남성 종사자의 비율이 77.6%로 가장 높았으며, 방송채널사용 사업은 여성이 45.8%로 다른 매체에 비해 여성의 비율이 높은 특징을 나타냈다(〈그림 3〉 참조).[5] 콘텐츠를 제작하는 현장에서 여성 근로자가 많아지고 있다는 것은 고무적이다. 하지만 제작부터 관리, 기술 분야까지 남성이 전유했던 과거와 견주었을 때, 여성의 일자리가 질적으로도 향상되었거나 남성과의 임금 격차가 줄었거나 혹은 없어졌을까? 사내 동료 간 경쟁을 넘어 글로벌 소비자를 대상으로 경쟁하는 현실에서 여성 노동자는 출산과 육아를 어떻게 대하고 있으며, 드세고 거칠고 남성같이 굴어야 한다는 암묵적 스트레스로부터 자유로워졌을까? 저자는 2023년 4월부터 7월까지 3개월 동안

로 넷플릭스를 포함해 구글. 아마존, 메타(구 페이스북)와 같은 글로벌 플랫폼의 동영상 서비스 시장 독점에 대항하기 위해 만들어졌다.

5 과학기술정보통신부(2022).「방송산업 실태조사 보고서」.

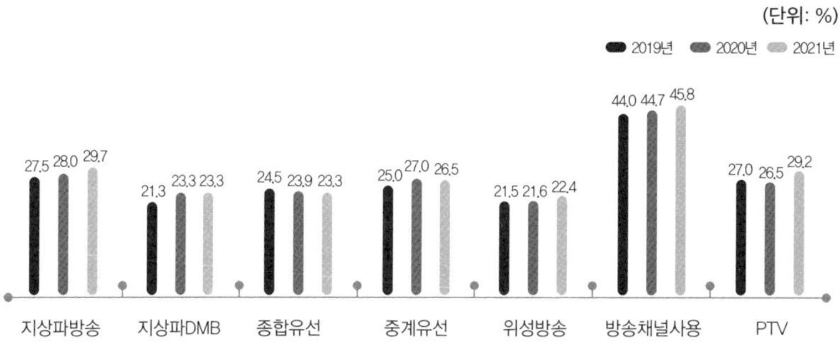

〈그림 3〉 방송매체별 여성 종사자 수 비중 추리(2019~2021년)
(출처: 과학기술정보통신부, 2022: 21)

국내 미디어 산업 분야 종사자 15명을 만나보았다. 이들은 5년 미만부터 30년까지 다양한 경력을 가지고 있는 아나운서, 방송작가, 기자, 프로듀서였다. 1차로 서면을 통해 질문하고 싶은 주제를 설명하며 사전 답변을 수집한 후, 2차 심층 인터뷰를 통해 여성 미디어 노동자들이 일터에서 만나는 전형적인 3가지 오해(육아, 쎈 언니, 여성의 적)에 대해 집중적으로 사례를 수집했다.

미디어 산업 현장의 여성 노동자들의 현실

여성의 방송 산업 진출뿐만 아니라 플랫폼과 IT 기업 분야의 여성 진출은 꾸준히 증가하고 있고, 남성들의 전유물로 여겼던 직장에서 여성의 존재가 아직은 미비하지만 분명 변화가 일고 있다. 예를 들어 2017년 육군사관학교 사상 처음으로 졸업 성적 1, 2, 3등을 모두 여성 생도가 차지했고,[6] 2021년 중앙 부처와 지자체 과장급 5명 중 1명

6 KBS(2017. 2. 24). 육사 졸업 성적 1~3등까지 모두 여성 생도…개교 이래 처음. https://news.kbs.co.kr/news/view.do?ncd=3434916

이상은 여성이었으며[7], 2023년 7월 현대자동차는 생산직 공채에서 여성을 처음 채용했다.[8] 우리나라는 1995년 「여성발전기본법」을 제정한 이후 2014년 이를 전면 개정해 「양성평등기본법」을 만들었는데, 주요 목적은 성별에 따른 차별, 편견, 비하 및 폭력 없이 인권을 동등하게 보장받고 모든 영역에 동등하게 참여하고 대우받는 것을 보장하는 데 있다. 그렇다면 미디어 산업에 종사하는 여성은 일상에서 어떻게 보장받고 있다고 생각할까? 자유롭고 개방적인 조직문화로 창의적인 노동을 할 것이라는 인식이 만연한 미디어 산업계에 실제 종사하면서 어떤 문제와 갈등을 겪고 있는지 생생한 현실에 대해 들어보고자 했다.

연애는 필수, 결혼은 선택, 출산은 포기

MBC의 장수 리얼리티 예능 프로그램 〈무한도전〉에서 김연자의 '아모르파티'라는 곡으로 흥을 참아야 하는 자기제어능력 실험을 한 적이 있다. 이 곡은 2013년에 발표된 후 4년 만에 SNS에서 인기를 얻은 역주행 트로트 곡으로 지금까지도 예능 프로그램의 대표 댄스곡이다. 가사에 실린 "연애는 필수, 결혼은 선택"이라는 말이 지금의 젊은 세대의 현실을 너무 잘 설명하는 유행어가 되었는데, 사회생활을 막 시작해 결혼을 고민하는 젊은 세대에겐 너무 현실적 조언이다. 여성은 결혼 이후 출산과 육아를 전담하면서 일을 포기하고 20~30대 초

---

7 이윤아(2021. 3. 2). 중앙부처·지자체 과장급 5명 중 1명 이상은 여성. 여성가족부. http://www.mogef.go.kr/nw/enw/nw_enw_s001d.do?mid=mda700&bbtSn=709128

8 김명진(2023. 7. 10). 현대차 생산직 '금녀의 벽' 깨졌다… 여성 6명 첫 최종합격. 〈조선경제〉. https://www.chosun.com/economy/economy_general/2023/07/10/5L2XETTCPJAZNILVR3JFLEHJZ4/

반에 쌓았던 경력이 단절되는 현상이 두드러지는데, 성인이 되어 가정을 꾸리며 독립하는 전통적 생애주기가 이젠 당연하지 않은 일이 된 것이다.

> 내가 처음에 입사했을 때는 들어왔을 때 결혼을 포기하고 본인의 삶을 포기하고 직장에 올인하는 선배이거나 독신으로 직장생활을 하거나 아니면 가정을 선택했으면은 직장에서는 그냥 되게 머물러 있어 이거를 직장과 자기의 가정을 양립한다는 게 진짜 어렵구나 라는 생각을 선배를 보면서 했었고 그래서 내가 입사했을 때 그때 스물일곱 살 때 입사해 가서 내가 신랑한테 했던 말이 기억이 나는데 난 여기 5년 정도 있으면 잘 있을 것 같아 왜냐하면 나는 결혼을 할 거고 결혼하고 나서 아이를 낳게 되면 이 두 가지 일을 한다는 건 좀 불가능할 것 같아 그래서 입사하면서부터 사실 퇴사를 준비했던 것 같아요. 퇴사에 대한 생각을… (아나운서, 30년)

과거 결혼 이후 일과 육아를 병행해야 하는 여성들은 한 번쯤 퇴사를 고민한다. '아이는 엄마가 필요하다', '남편보다 더 벌지 않으면 애 키우는 게 경제적이다', '애 키우는 여자는 회사에 충성하지 못한다' 하는 직장과 가족 내 고통스런 조언을 견디며 투쟁하듯 직장생활을 해야 했기 때문이다. 결국 아이가 있는 일하는 여자는 친정 엄마, 시어머니, 친정 식구, 남편 그리고 육아 도우미 같은 조력자가 절실하다.

> 저 아기 데리고 주말 근무 국회에서 출근한 적도 있어요. 애 볼 사람이 없으니까 저는 일하고 애는 옆에서 색칠 공부하고 간다는 얘기가… 국회 어린이집을 운 좋게 보냈는데, 취재하다가 뛰어갔다 와

야 돼요. 무슨 일이 벌어지면… 그래도 그 저는 복 받은 케이스잖아요. 저는 아이와 가까이에 있으니까. 근데 저희가 애 때문에 또 이제 약한 소리 하는 것도 싫은데 근데 해야 되잖아요. (중략) 친정 어머니가 많이 도와주시긴 하셨어요. 또 남편이 솔직히 많이 협조적이긴 했어요. 같은 기자를 해본 사람이라 그랬던 것 같아요… 제가 바쁠 땐 남편이 애를 이렇게 많이 키우기도 하고 집안일을 남편이 되게 많이 해요. 그런 면에서는 (남편이) 진짜 돈 없는 거 빼고는 되게 괜찮아. 정말 좋은 파트너예요. (방송기자, 20년)

하지만 주변의 도움을 받을 만한 형편이 아니거나, 가족의 희생을 감수하면서까지 일과 육아를 병행하는 것이 부담이라 생각하는 젊은 노동자들은 '포기'하는 것을 택한다.

결혼을 못 하겠다고 생각이 든 게 제가 이제 30대 중반부터인데 작년 재작년부터 자꾸 스트레스 받으면 아픈 거예요. 그러니까 대상포진이 올해 초에 한 번 왔었거든요. 스트레스 받는다, 이러면 몸이 자꾸 아픈 거예요. 지금 일밖에 안 하는데도 이렇게 힘든데 만약에 여기서 내가 결혼을 하고 애를 낳으면 남들은 그러면 인생이 더 풍요로워지고 비타민이 생긴다 막 이러는데 안 될 것 같은 거 알잖아요… (신문기자, 11년)

'포기하는 것도 용기 있는 일'이라고 말한다. 스스로 납득하기 위해 인고의 시간을 보냈고 결국 받아들인다는 것을 의미하기 때문이다. 하지만 타인의 시선과 강요에 의해, 주변 환경과 조건에 의해 포기를 강요받는다면 여기서 포기는 행위의 결과만 보면 같을 수 있지만, 불공정하고 불평등한 관계 속 보이지 않는 폭력이 될 수 있다.

> 제가 바쁘기 때문에 저를 좀 내조해줄 사람이 있으면 좋겠다고 생각을 하고 있고, 그런 말이 있다고 하더라고요. 남자 피디들의 자녀는 좋은 대학을 가는데 여자 피디들의 자녀는 좋은 대학을 못 간다더라. 엄마가 바쁘니까 많이 못 챙겨줘서 그런 얘기가 있더라고요. 그러니 결혼해도 애를 낳는 게 부담이… (프로듀서 3년)

'저는 아가씨가 아니라, 피디입니다'

한국 사회는 언젠가부터 개성이 강한 외모와 자기주장과 감정을 표현하는 데 서슴없는 여성들을 '쎈 언니'라고 부른다. 미디어가 재현해 온 미디어 산업계 여성들도 대부분 전문직 커리어 우먼으로 남성들 앞에서도 당차고 똑 부러지게 개인의 욕망과 자신감을 드러낼 줄 아는 주체적 노동자이다. 하지만 많은 여성 작가와 일해야 하는 남성 피디들이나, 여성 기자와 일해야 하는 남성 취재원들은 이들을 전문가로 인정하지 않는다. 심지어 때로는 드센 여자 취급하며 일터에서 고분고분한 여성을 찾는다.

> 작가는 방송국 비정규직 인력 충원을 목적으로 생긴 직종이라고 보거든요. 비정규직으로 싸게… 일하다가 언제라도 짤라도 되고… 그래서 여성으로 채워졌구나 하는 생각이… (작가란 일이) 여성한테 맞는 직종도 아닌데요. (작가는) 섭외도 하는데, 시사 프로그램일수록 권위 있는 사람, 사회 저소득층 분들 모두 통화하게 되는데 놀랍게도 성폭력 피해자 이런 분들 아니고서는 남자 말을 더 잘 들어요. 심지어 제보 전화하는 사람들도 아직까지 남자 바꾸라는 사람들도 있

어요. (중략) 남자들이 (방송작가를) 선택 안 하는 이유는 한 가지뿐이에요. 정규직이 아니기 때문에 지원을 안 하는 거죠. (방송작가 27년)

방송 프로그램이라는 최종 결과물에는 수많은 노력과 땀이 모일 수밖에 없음에도, 현장에서는 프리랜서 경력직 여성 작가는 신입 남성 프리랜서 피디보다 낮은 임금을 받는 불합리한 구조를 관행이라 부르며, 여성의 역할과 기회를 제한한다. 특히 현장에서 취재를 해야 하는 기자, 피디의 경우 경험하게 되는 모욕감은 아직도 비일비재하다.

여성(방송인)에 대한 스테레오 타입이 좀 있는 것 같아요… (남성들 시선엔 제가) 젊은 여성이니까… 상대가 PD일 거라고 생각을 안 하는 경우가 많더라고요. 일반 상인들 만날 때도 그렇고 일단 어르신들 만날 때도… PD라고 안 부르고 '아가씨', '작가님' 이런 식의 호칭이 많았어요. 또 그런 촬영 현장이 아니어도, 어떤 기관이랑 협찬 때문에 회의를 하는 중에, 제가 (미팅 전에) 명함도 드렸어요. '제가 김00 피디입니다'. 이렇게 하고 (명함을) 드렸는데… 상대 (남성) 분이 마지막에 '잘해봅시다. 작가님' 이렇게 말을 하는 경우 많아요. 그래서 제가 바로 정정하긴 했는데, 사과하면서 미안해하지 않는… 이런 경우가 많습니다… (스스로도 현장 가기 전에) 일단 내가 젊은 여성이니까 사람들이 내 말을 잘 안 들을 것이다 라는 생각을 하게 되고… 방송국엔 (촬영팀 위해) 운전해주시는 기사님이 있는데… 그 기사님과 자주 (촬영) 나가봐서 제가 PD인 걸 아세요… 근데 딸 벌이라고 하시면서 은근 말을 놓으신다거나 하죠. (프로듀서 3년)

자기 계발은 '자기님' 거 맞습니다

일과 가정을 돌보며 조직의 책임자가 된 여성 미디어 노동자들은 그래서 위너가 된 것일까? 노동자들은 동료를 밟고 일어서려고 사회생활을 선택한 것이 아니라, 노동의 가치를 인정받고 대가를 통해 삶의 행복과 미래에 투자하려고 오늘도 출근이라는 걸 한다. 여성 노동자도 마찬가지이다. 그런데 유독 여성 미디어 노동자들은 좁은 생존의 문을 넘기 위해 자신을 채찍질하면서 자기 계발을 포기하거나 조직이 원하는 쎈 언니로 동료 여성들과 경쟁을 하게 한다.

> 내가 이 직장에 남아 있어야 될 이유가 나는 있지만 이 직장에서 내가 정말 필요한 사람인가에 대한 존재의 이유에 대해서 끊임없이 질문을 하게 되지 내가 정말 밥값을 하나라는 아주 원초적인 질문도… (중략) 나라는 사람이 집에서의 나와 또 직장에서도 잘해야 하니까… 이걸 내가 해낼 수 있을 만한 능력을 또 내가 계속 키우고 계발을 해야 되는데… 일상에 충실하다보니 지치는 때가 많이 있고… 사람이 물리적으로 에너지가 한계가 있는데 일에다 다 쏟을 수 없는 그런 시기가 있더라고요… 그러다 후배들에게 우리는 사람 난나는 것도 다 일이기 때문에 너의 영역을 넓혀가는 것이기 때문에 제발 가만히 앉아서 컴퓨터만 보지 말고 책도 읽고 음악도 듣고 적극적으로 너한테 투자해라, 내가 자리에 앉아 있는 시간 너무 체크하지 않고 출퇴근 시간 생각 안 할 테니까 뭘 해도 좋으니까 제발 회사에 와서 집에 있는 일 생각하지 말아요. (자기 계발) 좀 분리해라 라는 얘기를 해줬고, 그래서 그때 제가 했던 게 멘토하고 멘티 일대일 매칭시켜서 한 일 년 정도 일주일에 한 번씩이라도 만나서 밥이라도 먹고 하라고 의무 프로그램을 제가 1년을 지원했었어요. (아나운서 30년)

지난 30년간 힘든 세월을 버틴 선배 여성 노동자들이 조직과 세상을 크게 바꾸는 일은 쉽지 않았을 것이다. 물론 여성이라는 이유로 모든 여성이 일터에서 전쟁터 투사처럼 살아야 할 이유도 없다. 창의적인 일을 했을 때 성취감과 효능감을 느낄 줄 아는 사회인이기 때문이다.

> 저는 인정받는 게 좋아요. (조직에선) 일을 한 성과물로 인정을 받잖아요. 그러니까 특히 제 보도에 대한 평가들이 나오고 출연도 하다 보니 스스로 영향을 받더라구요… 근데 (연차가 쌓이면서) 체력적으로 너무 힘들거든요. 이 직업은 뭔가 시원하게 끝났다는 느낌이 안 들어요. 왜냐하면 계속 이슈가 생겨서 계속 팔로우를 해야 되고, 밤에도 연락이 오고… 막 이런 새로운 업데이트가 돼야 되니까… 과거엔 저희들끼리(여성들끼리) 우스갯소리로 (방송국 생활이) 사극 같다고, 맨날 궁중 암투 사극을 찍고 있다는 얘기들을 많이 했어요. (중략) 그래도 사회가 바뀌려면 자리가 사람을 만드는 경우도 많아서 여자들이 승진이랑 임원도 많이 달아야 돼요. 저는 그런 분위기가 되게 중요하다고 생각해요. (방송기자, 20년)

지난 30년 동안 미디어 산업의 현장에서 동고동락했던 수많은 여성 노동자들은 어쩌면 일상화된 차별과 차이의 벽을 미디어 재현이라는 상상 놀이로 대리만족 또는 위로했을지도 모른다. 하지만 누구도 예측할 수 없는 미디어 산업의 미래 앞에서 우리는 결국 전문직 노동자로서 자기 계발과 협업을 고민할 수밖에 없고, 그것이 미디어 산업 현장 속 여성 노동자의 진실이 아닌가 싶다.

제 생각에는 실무적인 개인 전문성이 있고, 조직에 속한 구성원으로서의 전문성 있는 것 같아요. 방송 일을 하면 앵커든 기자든 아나운서든 혼자가 아니라는 걸 느끼게 되는 것 같아요. 뉴스 진행자는 다른 파트의 역할을 정확히 파악해야 협업이 되거든요. 섭외한 작가님의 노고부터, FD, PD, 카메라, 음향, 조명, 기술 등 각자의 역할이 뭔지를 알아야 진행할 때도 편해지고 잘하게 되더라고요. 꾸준히 공부를 해야 되는 것 같아요. (아나운서 3년)

* * *

옛날에는 여자가 나이 들면 꽃이 진다고들 생각을 해서 여성 노동자 스스로 나이 들면 일하기 어렵다고 인정하는 분위기였다고 한다. 연차가 쌓이면 생산력이 떨어지고, 전문성이 부족하고, 끈기와 책임감이 부족해진다는 것이 이유가 아니었다. 유독 일하는 여성에게 박한 이상한 사회 인식과 제도에 여성 스스로 시든 꽃임을 받아들였다는 것이다.

2023년 통계청 경제활동 인구조사를 보니, 30대 여성의 경제활동 참가율이 70.1%로 역대 최고치라고 한다. 결혼율과 출생률이 줄어들면서 여성의 사회 진출이 늘고 있는 것이다(〈중앙일보〉, 2023. 8. 9).[9] 젊은 세대가 일과 가정을 양립하며 저녁이 있는 삶을 살도록 근로기준법을 개정해 주52시간 근무제를 도입했지만, 사무실 안보다 사무실 밖 근무가 일상인 다수의 미디어 산업 종사자들에겐 야근과 초과근무

9 정진호(2023. 8. 9). 30대 '워킹 우먼' 70% 첫 돌파…젊은 여풍, 건설업에도 분다. 〈중앙일보〉. https://www.joongang.co.kr/article/25183475#home

가 일상화된 미디어 산업 현장의 체질이 근본적으로 개선되지 않는 한 꿈만 같은 일이다. 지난 30여 년 동안 미디어 산업은 눈부시게 성장했지만, 그 성장을 가능하게 만든 노동자들 특히 여성 노동자들은 때로는 저항하고, 때로는 적응하며 일상을 버텼다. 하지만 일부 현장에선 아직도 차이보다 차별이 남아 있다. 그래서 포기와 체념으로 현실을 받아들이는 경우도 많다. 물론 개인을 탓할 수도 없고, 조직 문화를 단번에 개혁할 수도 없다. 그럼에도 불구하고 미래의 미디어 산업 현장을 누비게 될 젊은 그녀들은 유독 개인과 청년 그리고 여성에게 부당했던 관행에 순응하기보다, 그들의 방식으로 차별을 거부하며, 유리천장에 큰 균열을 내고 있다. 기성세대가 여성 미디어 노동자의 스테레오타입을 만들어 시청률로 이용했다면, 젊은 여성 미디어 노동자들은 현실의 부조리함을 지적하고, 견고했던 차별적 제도에 질문을 하면서 변화를 요구하고 있다. 이것이 여성에 대한 오해와 편견을 깨는 이들만의 저항이라면, 기성세대는 그들이 만들고 싶어하는 세상이 가져올 무궁한 잠재력과 가능성을 믿고 변화를 반겨줘야 할 때이다.

더 찾아보기

드라마 〈그들이 사는 세상〉(2008, KBS〉
〈스포트라이트〉(2008, MBC)
〈질투의 화신〉(2016, SBS)
〈멜로가 체질〉(2019, JTBC)

책 조남주(2018).『82년생 김지영』. 민음사.
이희은 외(2018).『디지털 미디어와 페미니즘』. 이화여자대학교출판문화원.

참고문헌

과학기술정보통신부(2022). 「방송산업 실태조사 보고서」.

노희경(2009). 『그들이 사는 세상 1, 2』. 북로그컴퍼니.

이윤아(2021. 3. 2). 중앙부처·지자체 과장급 5명 중 1명 이상은 여성. 여성가족부. http://www.mogef.go.kr/nw/enw/nw_enw_s001d.do?mid=mda700&bbtSn=709128

김명진(2023. 7. 10). 현대차 생산직 '금녀의 벽' 깨졌다…여성 6명 첫 최종합격. 〈조선경제〉. https://www.chosun.com/economy/economy_general/2023/07/10/5L2XETTCPJAZNILVR3JFLEHJZ4/

이상길·이정현·김지현(2013). 지상파 방송사 비정규직 노동자의 직무인식과 노동경험: 파견직 FD에 대한 심층 인터뷰를 중심으로. 『방송과 커뮤니케이션』 14(2): 158-206.

정진호(2023. 8. 9). 30대 '워킹 우먼' 70% 첫 돌파…은 여풍, 건설업에도 분다. 〈중앙일보〉. https://www.joongang.co.kr/article/25183475#home

통계청(2023). 「인구동향조사」.

KBS(2017. 2. 24). 육사 졸업 성적 1~3등까지 모두 여성 생도…개교 이래 처음. https://news.kbs.co.kr/news/view.do?ncd=3434916

8장

사회적 참사, 공감과 연대의 공간을 위한 모색

—— 최이숙

1. 당신에게 2022년 10월 29일 이태원은?

2022년 10월 29일 이태원은 지금 당신에게 어떻게 남아 있을까? 한국 사회의 가장 대표적인 초국적 공간이자, 다양한 정체성이 공존했던 이태원은 하루아침에 비극적인 공간으로 탈바꿈했다. 사상 초유의 거리 압사 사건으로 사망자 159명을 포함 300여 명이 넘는 사상자가 발생했다. 참사 직후 정부는 중앙재난안전대책본부를 설치하는 한편, 이후 일주일을 국가애도기간(2022. 10. 30~11. 5.)으로 지정하며, 사망자들의 죽음을 애도했다. 이 기간 동안 정부는 (진상 규명보다도) 사건의 수습을 내세우며, 피해자들의 일상 회복 및 보상에 적극 노력할 것을 이야기했지만, 참사가 일어난 지 8개월이 지난 2023년 7월 현재, 사건에 대한 원인 규명도, 책임 소재도 명확하게 밝혀지지 않은 채 남아 있다. 그 사이 이태원 참사 사망자 유가족은 11월 22일 첫 입장 표명 이후 12월 10일 유가족 협의회를 결성했다. 1월에는 이태원 참사

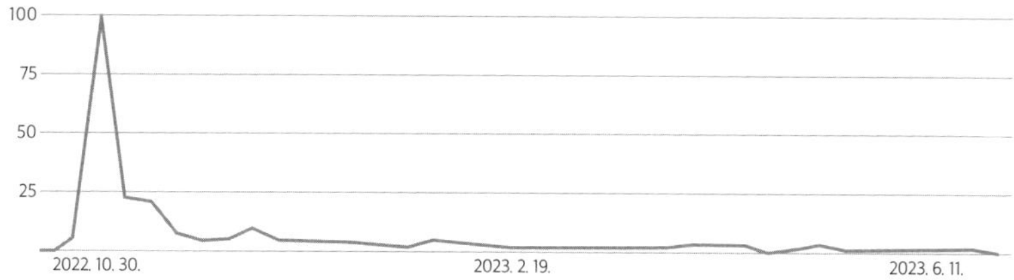

〈그림 1〉 이태원 참사에 대한 구글 트랜드(키워드: 이태원 참사)

에 대한 국정조사가, 2월에는 100일 추모 집회가, 5월에는 박희영 용산구청장의 보석이, 그리고 지난 7월 1일에는 이태원 참사 진상규명 특별법이 패스트트랙 안건으로 상정되었다. 이 글을 쓰는 지금에도 이태원 참사는 여전히 진행 중이다.

그렇다면 지난 동안 과연 한국인들은 이태원 참사에 대해서 얼마만큼의 관심을 갖고 있을까? 〈그림 1〉에서 알 수 있듯이, 참사가 발생한 다음날인 10월 30일 구글 트랜드 상의 관련 검색 빈도가 100이었다면, 특별법이 패스트트랙 안건으로 상정된 7월 1일 이태원 참사에 대한 사회적 관심은 2에 불과하다. 이는 대중의 머릿속에 이태원 참사에 대한 관심이 사라지고 있음을 일정 부분 시사한다. 이러한 경향은 언론 보도에 있어서도 유사하게 나타난다. 이태원 참사 당일 폭발적이라 할 만큼 쏟아졌던 레거시 미디어의 보도(전국 일간지, 방송사 기준)[1]는 국가 애도 기간이 끝난 직후 급격하게 줄어들었다(〈그림 2〉 참조). 두 개의 그림에서 보듯이 참사에 대한 관심 변화와 언론의 보도량 추이는 이태원 참사 특별법을 둘러싼 논쟁이 있었던 2023년 6월을 제외한다면 거의 유사한 경향을 보인다.

1 이태원 참사 관련 보도가 너무나도 쏟아졌기 때문에 개략적인 트렌드를 살펴보기 위해 빅카인즈Bigkinds 검색 시 제목에 '이태원'이 들어간 기사만을 대상으로 산출한 수치이다.

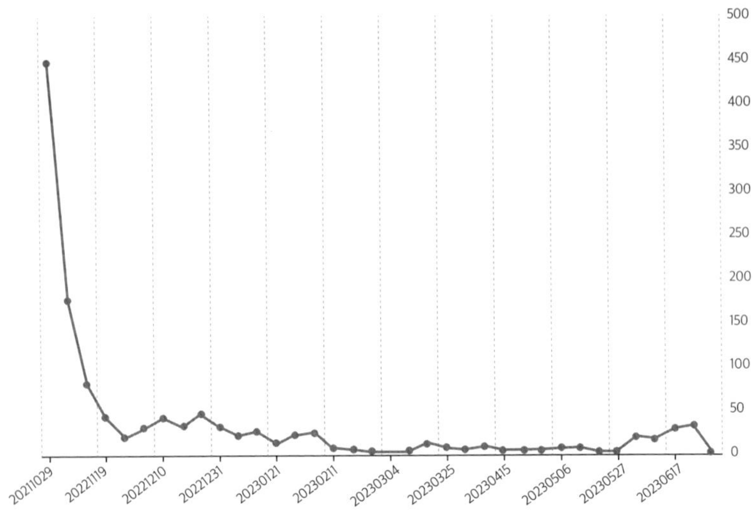

〈그림 2〉 이태원 참사 보도 건수(중앙일간지 & 방송사)
- 빅카인즈Bigkinds 제목 검색(검색어: 이태원, 검색 기간: 2022. 10. 29. ~ 2023. 7. 1.)

이처럼 언론은 사회에서 발생하는 사건을 인식하고 그에 대한 공통 감각을 생성하는 데 중요한 역할을 한다. 특히 사회적 참사와 같은 재난은 사건의 증언자이자 이를 맥락에 맞게 해석하는 제도로서의 언론이 사회적으로 왜 존재해야 하는지 잘 보여주는 사건이다(Scanlon, 2007; Houston, Schraedly, Reed, & Saidi, 2019, 593쪽 재인용). 하지만 동시에 재난은 언론인들이 참혹한 현장을 온몸으로 마주하며 참사의 상황을 전달해야 한다는 점에서, 발생 원인과 그에 따른 결과를 다층적으로 해석해야 한다는 점에서 다루기 쉽지 않은 이슈이다. 재난 시 뉴스를 접하는 것은 익숙한 일상임에도 불구하고 공중에게 숙고한 문제를 던지는 참사 보도를 만나는 것은 익숙하지는 않다. 또한 참사는 어떤 면에서 국가, 시장에 자율적이지도 윤리적이지도 않은 언론의 현실을 그대로 드러내곤 한다.

이 글은 이태원 참사를 어떻게 기억해야 할 것인가? 그 과정에서 언론은 어떤 역할을 해야 하며 그 역할을 어떻게 잘 수행할 수 있을까? 라는 물음에서 시작된다. 그리고 그 실마리를 여성주의 미디어 윤리에서 찾고자 한다. 일반적으로 저널리즘 윤리, 미디어 윤리는 미디어 생산자(기자, 생산 조직)들이 중시하는 가치이자, 이들이 미디어 콘텐츠를 생산하는 과정에서 준거로 삼는 실행 준칙이다. 이 글은 현상 속에 작동하는 권력에 둔감하며, 공감적 연대를 창출하는 데 실패한 객관주의 저널리즘을 비판하는 여성주의 미디어 윤리와 이를 실행하기 위한 실험이 참사에 대한 접근과 의미를 새롭게 구성할 수 있음을 제안하고자 한다. 본격적인 논의에 앞서 먼저 사회적 참사란 무엇이며, 참사 피해로부터 개인과 공동체가 회복하기 위한 조건은 무엇인지 살펴볼 것이다. 그리고 대안적인 저널리즘 가치를 담고 있는 여성주의 미디어 윤리와 한국에서의 실천에 대해 논의할 것이다. 이를 바탕으로 지난 30년간의 재난 보도, 그리고 현재(2023년 7월)까지의 이태원 참사 보도를 평가할 것이다. 마지막으로 재난이 일상화된 시대, 공감과 연대의 공간이 마련되기 위한 언론 그리고 우리의 역할에 대해 생각해보고자 한다.

2. 사회적이고 정치적인 재난, 그리고 피해자

사회적 참사란 무엇일까? 이태원 참사 초기 윤석열 정부는 '참사'가 아닌 '사고'로 '희생자'나 '피해자' 대신 '사망자'로 용어를 통일하여 쓰도록 하는 지침을 발표하여 사회적 논란을 일으켰다.[2] 10·29 이태원 참사 발생 이후 뉴욕타임스New York Times, CNN 등 해외 언론은 이를 재난disaster이라고 명명한 바가 시사하듯 사회적 참사는 '재난'[3]이다. 재난안전법에 의하면 흔히 재난은 가뭄, 홍수, 태풍 등 자연재해로부터 발생한 것과, 사회적인 요인에서 발생하는 것으로 구분된다. 하지만 2023년 여름 집중호우로 인해 일어난 오송 지하차도 참사에서 알 수 있듯이 자연재해 역시 해당 사회가 이에 얼마만큼 대비했는가에 따라 그 피해 규모가 미미할 수도 또 대형 참사로 이어질 수도 있다. 영화 〈기생충〉에서 때 아닌 집중호우로 기택(송강호 분)은 집과 재산을 다 잃은 반면, 박사장(이선균 분)의 아이는 미제 텐트에서 못다 한 캠핑을 이어가는 상황은 자연 재난에 따른 피해가 동일하지 않음을 보여준다. 때문에 재난 연구자들은 자연 재난과 사회적 재난 간의 경계는 불분명하며, 모든 재난은 사회적이라고 말한다.

사회적 참사는 또한 정치적이다. 참사는 그 생성 과정에서, 발생 이후 공동체가 이를 마주하고, 원인을 진단하고 해결하는 과정에서 사회 시스템의 위기와 불평등, 가치, 편견을 드러낸다. 참사는 사회의 구조적 문제를 치유하고 개선할 수 있는 계기인 한편 통치 세력이 관리해야 할 커다란 정치적 '위기'이다(이선민·이상길, 2015). 1995년 삼풍백화점 붕괴 사고[4], 2003년 대구 지하철 화재 사고[5], 그리고 2014년 세

---

2 사실 한국 사회에서 참사와 사고를 구분해서 사용하기 시작한 것은 세월호 참사 이후이다. 당시 KBS 보도국장이 세월호를 단순한 해상 교통사고라고 언급한 뒤, 당시 보수언론과 여당(새누리당) 의원들이 이 비극을 사소하고 일상적인 것으로 정의하면서 시작되었다. 교통사고 프레임에서 벗어나고자 세월호 유가족 및 시민사회 대책위에서 사고를 대신하여 참사라는 표현을 채택하고 참사는 교통사고와 같은 '뜻밖의 불행한 일'이 아니라 비극적이고 끔찍하며 사회의 구조적 문제 때문에 발생한 비극으로 정의되기 시작했다(박상은, 2023).

3 따라서 이 글에서는 '참사'와 '재난'을 혼용해서 사용할 것이다.

4 1995년 6월 29일 서울시 서초구에 있던 삼풍백화점 건물 전체가 붕괴한 사고로, 이로 인해 502명이 사망하고 937명이 부상을 입었다. 부실 시공과 무리한 증축, 그 과정

월호 침몰까지 정권에 위협이 되지 않는 선에서 참사를 수습코자 하는 정부 및 지배 집단과 사건의 원인을 규명하고, 책임자에 대한 처벌 및 재발 방지를 요구하는 피해자/대안 세력은 언제나 서로 대립했다(박상은, 2023; 유해정, 2018; 이선민·이상길, 2015). 이렇듯 재난의 상황 속에서 누가 말하는가, 누가 재난의 정치를 주도 하는가는 참사의 발생, 진상 규명 및 수습에 이르는 각 국면에서 가장 핵심적인 문제이다. 한국 사회에서 재난의 정치가 어떻게 구성되었는가를 역사적으로 고찰한 유해정(2018)에 의하면, 사고 발생 시에는 재난의 피해자와 목격자들의 목소리가 주목받는 것과 달리 수습 국면에서는 정부가 재난의 정치를 주도하면서 피해자의 목소리는 반복적으로 왜곡되거나 제대로 들리지 못했다.

그렇다면 사회적 참사의 피해자는 누구일까? 이태원 참사 소식과 영상을 접한 뒤, 한동안 사람들이 밀집한 지하철을 타지 못했던 나는 이번 참사의 피해자일까, 아닐까? 참사 피해로부터 개인이, 그리고 사회가 회복된다는 것은 무엇을 의미할까?

국가트라우마센터와 트라우마스트레스학회에 의하면 재난의 경험자는 재난 충격에 따라 1차 경험자~5차 경험자까지 분류된다(〈그림 3〉

에서 나타난 비리, 그리고 붕괴 위험 경고 간과로 인해 발생한 인재였다. 사고 발생 이후 재난 컨트롤 타워가 작동하지 않았고, 잔해 확인이 제대로 이뤄지지 않아 난지도 쓰레기 매립장에서 유족이 시신을 수습할 정도로 재난 이후의 대비도 미흡했다(채정호, 2023).

5 2003년 2월 발생한 사상 최악의 지하철 사고로 우울증을 앓고 있던 한 남성의 지하철 방화로 시작되었다. 이후 기관사와 지하철 운행 상황을 관장하는 종합상황실의 부적절한 대처, 불에 잘 타는 가연재를 사용한 지하철 내장재에서 발생한 유독가스로 192명이 사망했다. 재난 수습 과정도 참담했다. 사고 발생 이후 시신 수습도 되기 전에 대구시가 사고 현장과 지하철에 대한 물청소를 지시해, 유족들은 하수구와 쓰레기 포대를 뒤지면서 140구의 유해를 찾아냈을 정도였다(채정호, 2023).

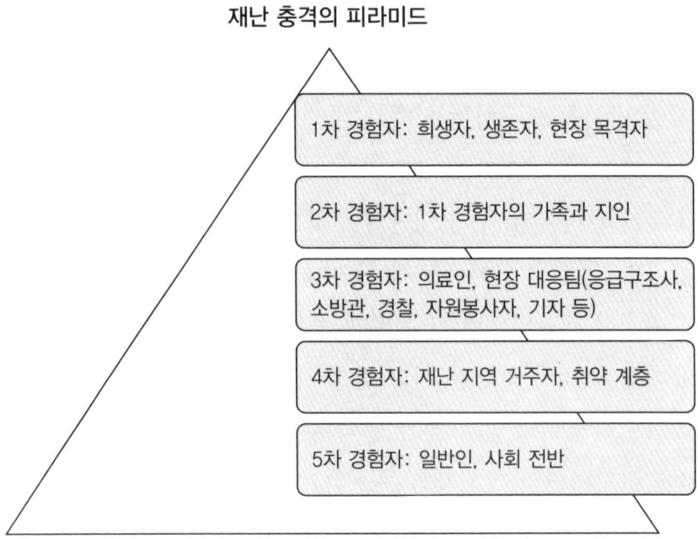

〈그림 3〉 **재난 충격에 따른 재난 경험자 분류**(출처: 트라우마스트레스학회, 2022. 11. 3.)

참조). 1차 경험자인 재난 피해자는 '재난으로 인해 직접적인 충격이나 손상을 받은 사람', 즉 재난으로 인해 물적·경제적·정신적 피해를 입은 사람들을 지칭한다. 이태원 참사의 경우, 사망자, 부상자, 그리고 이태원 참사 현장의 상인들은 재난의 1차 경험자로 정의된다. 2차 경험자는 유가족을 비롯한 피해자의 가족, 지인, 친지이며, 3차 경험자는 경찰, 소방관, 기자 등 재난 지원 인력, 4차 경험자는 재난 발생 지역 거주자들, 5차 경험자는 매스컴이나 대중매체를 통해 재난을 경험한 뒤 심리적 스트레스를 겪는 사람들이다.[6] 이태원 참사 직후, 촘촘히 연결된 한국 사회의 특징이 재난 트라우마를 키웠다는 보도가 언급하듯, 우리는 모두 재난의 경험자이자, 재난의 피해자이다. 세월호

6 국가트라우마센터, 재난의 경험자란: https://nct.go.kr/distMental/understand/understand01_1.do

당시 탑승자 구조 및 수색에 참여한 잠수사의 자살, 구조대원 및 의료진, 취재기자들이 겪은 외상후 스트레스 장애, 이태원 참사 직후 밀집 지역에서 공포를 호소하는 시민들은 미디어로 포위된 현 시점에서 그 누구도 재난의 경험으로부터 자유로울 수 없음을 드러낸다.

이러한 참사 피해로부터 회복된다는 것은 무엇을 의미할까? 사전적인 의미로 '회복'은 원래의 상태, 즉 참사의 수습-보상 국면에서 흔히 정치권 또는 (보수) 언론에서 말하는 '일상으로 돌아간 상태'를 의미한다. 그런데 여기서 놓치지 말아야 할 부분은 '누가' 어떠한 과정을 거쳐 일상으로 돌아갈 수 있는가이며, 이는 결국 피해자를 비롯해 다양한 층위의 재난 경험자들에게 재난이 어떠한 의미를 지니는가와 연관된다.

참사의 경험자들, 특히 1차, 2차 경험자에게 재난은 사망, 부상, 가족의 죽음, 트라우마 등 하루아침에 자신의 삶을 뒤흔든 사건이다. 그리고 트라우마 연구와 생존자 인터뷰가 시사하듯, 재난 경험에 따른 상흔은 이들의 몸과 마음에 각인된다. 삼풍백화점 붕괴 사고의 생존자는 27년째 정신과 약을 복용하지 않으면 잠을 잘 수 없으며(〈주진우 라이브〉, 2022. 11. 3), 대구 지하철 화재 참사 생존자들은 암 발병, 죄책감과 공포, 신체적·정신적 장애에 따른 경제적 빈곤에 시달리고 있다(〈한겨레 21〉, 2012. 3. 2). 이러한 재난 경험으로부터의 회복은 말처럼 쉽게 할 수 있는 것도, 시간이 지나면 저절로 되는 것도 아니다. 사회가 그 죽음을 함께 애도하고 그 피해에 함께 공감하며 재난이 낳은 개인적 사회적 문제를 해결해갈 때 가능하다(채정호, 2023). 즉 1차적으로 사건의 원인에 대한 철저한 조사와 책임 규명, 이들이 겪는 고통에 대한 충분한 보상과 위로, 참사를 낳은 사회에 대한 반성이 전제되어야 한다. 삼풍백화점에서 세월호, 이태원에 이르기까지 참사 이후 언제나 유가족과 생존자들은 언제나 갑작스런 죽음 및 고통에 대한 설명을 요구했지만 그에 대한 제대로 된 답을 들을 수 없었다. 참사의 실체적 진실에 대한 이들의 물음은 그 정당성에도 불구하고, 사건을 외면하려는 시도와 맞설 수밖에 없었다. 이들의 목소리는 제대로 전달되지 않거나 (경제적) 보상 프레임에[7] 갇혀 왜곡되기 일쑤였고, 책임지지 않는 사회가 형성한 차가운 시선은 그 신체적·정신적 고통을 더욱 깊게 만들어왔다(김명희, 2015; 유해정, 2018; 채정호, 2023). 참사 피해로부터의 회복은 '홀로' 가능하지 않다. 피해자들의 고통을 경청하고 존중하며, 비극을 기억하고 그 아픔을 치유하려는 사회의 노력이 뒤따를 때 가능한 것이다. 이러한 여정 속에서 피해자와 함께할 때 공동체도 참사의 상처를 딛고 혹시 모를 (미래의) 재난에 대비할 수 있다.

3. 재난, 그리고 여성주의 미디어 윤리

허슨 등은 재난 시 언론의 역할에 대해 1) 재난 발생 이전에는 재난에 대비하고, 2) 재난 발생 직후에는 정확한 소식을 전달함으로써 재

7 채정호는 재난 피해자에 대한 물질적·경제적 보상에 대해 비난하는 풍조에 문제를 제기하며 이는 재난의 경험자가 일상으로 돌아가는 데 있어 매우 중요하다고 언급한다. 여러 요인을 충분히 고려하여 정당하게 책정된 보상액은 신체적·정신적 트라우마로 인해 경제 활동이 어려운 이들이 삶을 이어가게 하는 데 실질적 도움을 줌과 동시에 상징적인 측면에서 그 고통을 사회가 인정하고 가슴 아파한다는 것을 보여주기 때문이다. 그동안의 재난에서 '보상'은 언제나 논란의 대상이었다. 하지만 1997년 괌에서 추락한 대한항공 여객기 부상자에 대한 한국 보상액이 미국에 비해 2.4~24배 적었던 사례에서처럼, 채정호는 그동안 피해자에 대한 보상이 이들의 경제적 어려움과 심리적 트라우마를 해소할 수 있는 수준까지 진행되지 못했음을 지적했다(채정호, 2023).

난의 피해를 최소화하며, 3) 상황이 종료된 이후에는 재난 피해자에 공감하고 존중하는 태도를 보임으로써 개인과 공동체의 일상 회복에 기여해야 한다고 주장했다. 재난 보도는 평소에 비해 더 감정적으로 상황을 전달하여—예를 들어 강력한 경고와 비극에 대한 공감—재난의 심각성을 끊임없이 알려야 한다고 했다(Houston et al., 2019). 이러한 주장은 감정과 의견을 배제한 채 사실 전달을 강조하는 '객관주의 저널리즘'의 전통과는 다른 접근이 재난 보도에 필요하다는 점을 시사한다. 여성주의 미디어 윤리는 재난 시 뉴스룸이 선택할 수 있는 하나의 대안이 될 수 있을 것이다

여성주의 저널리즘 연구는 뉴스(더 넓게는 미디어 콘텐츠) 속 젠더 불평등, 그리고 이를 유발하는 남성 중심적인 뉴스 생산 문화와 조직 구조에 대해서 비판했다. 또한 뉴스룸을 지배하는 가치이자 윤리로서의 '객관주의'가 실은 백인 남성 중심 사회의 지배적 가치를 반영한 실행 준칙임을 드러내며 이에 도전했다. 객관주의란 인간이 편견과 감정을 배제한 채 이성적 판단에 기초하여 현상이 놓인 진실에 다다를 수 있다는 믿음에 근거한다. 이러한 사유 속에서 인간은 자신을 규정하는 다양한 사회적 관계—계급, 젠더, 인종 등—를 초월한 존재로 가정된다. 저널리즘 장場에서 객관주의는 기자의 주관을 배제한 취재와 보도, 기사 작성에서 사실과 의견의 분리, 갈등 이슈에 대한 기계적 중립, 정보원 활용과 발언 인용 등으로 의례화되었다(Chamber, Steiner & Flemming, 2004). 그런데 기울어진 운동장에 적용된 기계적 중립은 사실상 '기울어진' 구조를 암묵적으로 인정하는 것에 다름 아니다. 일례로 사회의 권력과 특권이 불균등하게 배치된 상황에서 언론이 선택한 이슈와 정보원은 대체적으로 사회의 권력 분포를 반영하는 경향이 있다. 뉴스 전반에 걸쳐 의사결정자(대통령, 정부 관료, 조직 내 고위직)와

관련된 이슈, 그리고 그들의 목소리가 부각된 반면 노동 계급·여성·성소수자·유색 인종·장애 관련 이슈나 소수자minorities 정보원의 활용은 중시되지 않거나 '편견'을 유발할 수 있는 것으로 평가되곤 했다. 이러한 이유로 여성주의 연구자들은 언론이 '사실 전달'에 집착함으로써 현상 속에 작용하는 권력과 보도 이후의 상황에 대한 책임에 둔감한 뉴스가 양산되었음을 비판했다(Steiner, 2020).

여성주의 연구자들은 언론 보도가 중층적으로 작용하는 불공정에 도전하고 정의Justice를 증진시키려면 새로운 미디어 윤리가 필요하다고 언급한다. 모든 지식에는 가치value와 편견이 내재해 있으며, 과학적 연구는 그 속에 담긴 사회적 관계와 권력의 작동을 드러내야 한다는 페미니즘 인식론에 기초한 새로운 미디어 윤리를 제안한다(Steiner, 2018, 2020). 이들은 더 나은 뉴스를 제공하기 위해서는 뉴스룸 안팎에서 취약한 위치에 처한 사람들의 목소리에 언론이 귀 기울여야 한다고 강조했다. 자본주의의 모순이 노동자 계급의 삶을 통해, 가부장제의 모순이 여성과 성소수자의 목소리를 통해 드러나듯이 특정 관계 속 소수자들의 경험은 사건/현상 속에 깊숙이 숨겨진 실체적 진실, 교차적으로 작용하는 억압의 양상을 드러낸다는 것이다. 조직 내의 여성, 유색 인종, 성소수자의 정체성을 지닌 기자들의 채용 및 이들과의 대화를 통해 기존의 백인 남성 중심적인 뉴스룸에서 놓치고 있는 이슈와 정보원에 다가가고, 보도에 다양한 목소리를 담아냄으로써 지속적으로 사건의 사회적 의미를 (재)구성할 수 있다(Steiner, 2018, 2020).

또한 여성주의 미디어 윤리는 취재원과 언론인의 관계, 취재원의 삶의 문제에 대해 성찰해야 함을 강조한다. 특히 언론이 다루는 사건에서 취약한 위치에 있는 정보원에 대해 기자가 우월한 지위에 있음을 인식하고, 기존의 사회적 편견이 이들의 목소리를 경청하지 못하도록 할 가능성에 대해 끊임없이 질문해야 한다고 말한다. 특히 성범죄 피해자, 재난 피해자 등 사회적 문제가 유발시킨 트라우마를 겪고 있는 이들과 만날 때, 언론인은 언제나 해당 사건의 역사적 맥락과 함께 이 사건이 그리고 이 보도가 이들의 삶에 어떤 의미를 갖는지를 고민할 것을 요청한다. 취재원에 대해 윤리적인 태도를 견지하고 언론의 책임에 대해 보다 폭넓게 사유할 수 있기 때문에 여성주의 미디어 윤리는 저널리즘이 맞닥뜨린 신뢰성의 위기를 해결할 수 있는 실마리를 제공할 것이다(Steiner, 2018).

사실 여성주의 미디어 윤리의 제안은 완전히 새로운 것은 아니다. 세월호 그리고 페미니즘 리부트를 겪으면서 국내외 뉴스룸은 저널리즘의 새로운 지향으로 이를 수용하고 어느 정도 실행하고 있다. 2018년 한겨레를 시작으로 몇몇 언론사에서 조직과 뉴스의 성인지 감수성을 높이기 위해 젠더 데스크 그리고 젠더팀/젠더 담당 기자를 배치한 것이 대표적인 사례라 할 수 있다. 해당 제도의 도입 후, 뉴스 생산 과정 전반에 걸쳐 '젠더'에 대한 고민이 확대되었고(장은미·최이숙·김세은, 2021), 취재원의 삶을 고려한 어휘의 선택, 이슈에 대한 접근이 늘면서 포탈 댓글창에서의 혐오 발화도 약간은 누그러졌다(최이숙, 2022), 새로운 관점과 서사를 보다 효과적으로 담을 수 있는 다양한 플랫폼과 채널을 활용한 레거시 미디어의 실험도 이어졌다. 디지털 성착취 끝장 프로젝트인 '너머 N' 아카이브(https://stopn.hani.co.kr/), 젠더 전문 매체(예를 들면 경향신문의 플랫) 및 뉴스레터의 등장(예를 들면 한국일보의 허스토리) 등이 대표적이다. 젠더 관련 뉴스 포털 댓글창 폐지(2021년 한겨레)처럼 보도

〈그림 4〉
'너머 N' 아카이브

이후의 상황을 고려한 시책도 나타났다.

사회적이고 정치적인 재난의 상황에서 여성주의 미디어 윤리는 이전과는 다른 취재와 보도로 안내할 수 있을 것이다. 그렇다면 지난 30년간 재난 관련 보도에 있어서 나타난 문제들은 무엇일까? 159명의 목숨을 앗아간 이 대참사를 대하는 데 있어서 기존과는 다른 저널리즘을 향한 한국 언론의 고민과 노력은 재난 회복을 위해 필요한 의제를 공동체에 제기하고 있을까?

4. 30년간의 재난 보도 회고: 1995년 삼풍백화점에서 2014년 세월호까지

다시 재난의 이야기로 돌아가자. 한국 언론은 지난 30년간 재난을 어떻게 보도했을까? 결론부터 이야기하면, 한국 언론은 사회적 참사 보도에 있어서 언론의 사회적 존재 이유를 보여주지 못했다. 주로 참사 발생 직후 보도를 대상으로 분석한 관련 연구에 의하면, 한국 언론은 스트레이트, 단신 위주의 보도를 통해 사건의 원인과 책임에 대해 제대로 규명하지 못했고, '단독' 경쟁에 휩싸여 제대로 된 팩트 체크 없이 부정확한 뉴스를 공중에게 전하기도 했다. 재난 상황을 자극적이고 선정적으로 보도했고 그 과정에서 유가족과 생존자는 대상화[8]되었다(강진숙, 1996; 유승관·강경수, 2011). 사건 발생의 책임을 특정 개인

8 일례로 삼풍백화점 참사 당시 언론은 생존자 구조 속보를 내보내면서 언론은 어둠에서 나온 피해자들이 쏟아지는 빛으로 인해 시력을 상실할 수도 있음을 염려하면서도 보도를 위해 카메라와 조명판을 들이댔다.

에게 돌리거나(개인화)[9], '냄비 저널리즘'이라 평가될 정도로 사건 발생 시 보도가 쏟아지다가 수습/보상 국면으로 가면 재난 관련 뉴스를 더 이상 찾아보기 힘들 정도로 보도하지 않는 모습을 반복했다(유승관·강경수, 2011; 유해정, 2018; 윤태진, 2014). 그 결과 죽음과 고통을 둘러싼 진실을 밝히고 그에 대응할 것을 요구하는 목소리는 존중받지 못한 채 왜곡·삭제되었다.

> "우린 화장하겠는데, 우리 가족 시신이 난지도에 가서 뿌려져 있을지도 모르는데, 내가 할 수 있는 일은 아무것도 없고, 사람들은 오직 보상밖에 없는 것처럼 이야기를 하고…. 언론은 다 돌아서서 이제 잊어야 한다, 국민 피로가 너무 크다, 정리를 해야 한다는 쪽으로 몰고 가고. 지지해주는 사람이 아무도 없고 안타까워해 주는 사람도 없고 우리가 하는 행동들은 오직 보상을 많이 받기 위한 것으로 매도당하고 있으니까 사람이 독해질 수밖에 없죠. 정부도 사람들도 만나면 들어주려고는 안 하고 자꾸 설득하려 하니까 얘기 들을 필요가 없는 거죠. 그러면서 적군이다 아군이다 나뉘고 내 친구들이 미워지고. 사람이 죽었는데 왜 돈 얘기밖에 할 게 없는데? 너 돈 주면 니 가족 죽일래?"(삼풍백화점 유가족 인터뷰; 유해정, 2018: 127에서 재인용)

언론이 재난 의제를 지켜내지 못하면서, 원인에 대한 진단, 책임 규명, 향후 대책 등은 공적으로 충분히 논의될 수 없었다. 그 결과 재난

---

9 예를 들어 세월호 참사 당시 먼저 탈출한 선장에게, 대구 지하철 참사 당시 마스터키를 가지고 탈출했던 기관사에게 책임을 묻는 보도가 여기에 속한다.

을 통해 다음 재난에 제대로 대비하는 것은 언제나 요원했다.

2014년 세월호 참사는 재난 보도와 관련된 누적된 문제들이 폭발한 언론 대참사였다. 국민들은 국가의 재난 관리 시스템이 제대로 작동하지 않아 301명이 그대로 목숨을 잃는 과정을 실시간으로 목격했다. '전원 구조'라는 한국 언론 역사상 최악의 오보는 공식 정보원의 발표를 검토 없이 그대로 '받아쓰기'한 관행[10], '특종'과 '뉴스거리'에 매몰된 뉴스 생산 문화가 낳은 처참한 결과였다. 정치적 통제로 인해 언론은 참사 발생 과정에서 국민들이 목격한 국가 부재의 원인을 제대로 짚어내지 못했다. 대통령을 비롯한 정치권의 행보와 발언이 부각된 것과 달리, 갑작스레 가족과 지인을 잃은 유가족과 생존자들의 요구와 목소리는 "너무 감정적이거나 공신력이 없다"(김효신, 2014; 김경희, 2017: 19에서 재인용)는 이유로 삭제되거나 왜곡되었다.[11] 사건의 본질과 맥락을 간과한 채, 사실에 대한 단순한 전달 및 기계적 중립에 갇힌 저널리즘의 의례 속에 피해자들 요구는 사회 밖으로 충분히 표출되지 못했다. 세월호라는 기울어진 링 위에 정부와 피해자라는 서로 다른 체급의 선수가 등장했음에도 불구하고 유가족은 정권과 동등하게 맞서 갈등하는 집단으로 재현되었을 뿐이었다(김경희, 2017; 이선

10 "수중 구조요원은 단 한 명도 없었다. 구조 선박들은 아무것도 하지 못한 채 선수 주위만 맴돌고 있었다. 목포MBC 보도부장에게 "전원 구조는 사실과 다른 것 같다. 2백여 명 이상은 갇힌 듯하다"고 보고했고, 동료 기자들에게도 "구조자 수가 중복됐는지 확인해달라"고 요청했다. 당시 사고 해역의 구조 책임을 맡고 있던 목포 해양경찰서장에게도 확인했더니 "구조자 수는 160여 명에 불과하다"고 했다. 사고 당일 목포MBC 보도국 간부들은 서울MBC에 '전원 구조' 보도가 오류임을 언급했지만, MBC를 비롯한 모든 언론은 중앙재난안전대책본부의 잘못된 발표를 그대로 실었다(박영훈, 2014: 24).

11 대표적인 사례는 바로 대통령의 2014년 4월과 5월의 진도 방문 당시의 방송 뉴스였다. 두 번의 뉴스에서 대통령의 말과 이에 대한 환호만이 보도되었고, 가족의 통곡소리, 대통령과 정부 관계자를 향한 분노와 욕설은 모두 삭제 처리되었다(김경희, 2017).

민·이상길, 2015). 특히 2014년 두 차례의 선거와 함께 세월호 참사가 '정쟁'의 영역으로 소환되면서, 보수 언론을 중심으로 피해자에 대한 낙인과 위계화(순수한 피해자 vs 불법적 피해자)는 심각해졌다(이선민·이상길, 2015). 유가족은 온라인상의 혐오 발언과 이를 중계하는 언론 보도로 더 큰 상처를 입었고, 피해자–공중을 연결하며 재난 피해로부터의 회복의 임무를 수행해야 할 언론은 그 책임을 외면했다(김경희, 2017; 이선민·이상길, 2015). 침몰하는 세월호와 함께 저널리즘 역시 침몰하고 말았다(방송기자협회, 2014).

하지만 동시에 세월호 보도는 언론의 지배적 관행과 정부와 시장에 포획된 뉴스 생산 환경에 대해 반성하는 계기가 되었다. 2014년 가을 5개 언론 단체는 정확한 정보 전달, 피해자 보호 등의 내용을 담은 재난보도 가이드라인을 발표했다(〈그림 5〉 참조). 동시에 혼종적인 미디어 환경 속에서 언론의 의제 지키기와 공감적·윤리적 미디어 활동이 재난의 상황에서 갖는 중요성을 확인할 수 있었다. JTBC 뉴스룸은 선거, 오바마 대통령의 방한 등의 상황 속에서도 100일이 넘는 기간 동안 세월호 이슈를 전면에 내세웠다. 한겨레는 2014년 6월 16일부터 11개월간 사망한 희생자를 추모하는 '잊지 않겠습니다' 특집을 1면 혹은 2면에 배치함으로써 공중에게 세월호는 여전히 질문하고 '기억'해야 하는 사건임을 환기시켰다. JTBC와 진보적인 레거시 미디어, 팩트TV, 뉴스타파 등은 피해자와 유가족을 배려하고 이들의 목소리에 귀 기울이며 주류 언론의 장에서 은폐되고 왜곡된 '사실들'에 균열을 내었다. 생존자와 유가족들이 미디어 집단과 함께 생산한 이야기를 공

〈그림 5〉 재난보도 가이드라인

중에게 전달하는 플랫폼으로 자리하면서, 재난 상황을 재해석할 수 있는 조각들을 제시하고 이 참사가 여전히 '진행 중'임을, 그리고 한국 사회는 여전히 이를 탐문하고 개입해야 할 책임이 있음을 일깨웠다. 이 과정을 통해 재난의 피해자들은 재현의 대상에서 재현의 주체로, 자신에게 고통을 둘러싼 진실을 질문하는 당사자로서의 지위를 획득해갔다(김예란, 2017; 윤태진, 2014; 이선민·이상길, 2015).

5. 이태원 참사 보도: 가능성과 남아 있는 질문들

이태원 참사가 발생하고 한 달 뒤에 실시된 진행된 언론진흥재단 조사에 의하면, 과반 이상의 국민들은 참사 초기 언론 보도의 정확성과 신뢰성이 이전에 비해 개선되었다고 평가했다(오세욱, 2022. 12. 7). 일선 현장의 의견도 크게 다르지 않았다. '토끼머리띠 남성 논란'과 같은 부정확한 정보의 유포, 출처가 불분명한 영상 사용, 여전히 미흡했던 참사 피해자 보호 등의 문제가 반복되었지만[12], '트라우마 예방을 위한 재난보도 가이드', 기자에게 알리는 '트라우마 예방을 위한 포켓 가이드'가 뉴스룸에 공유되면서 영상물 사용, 생존자/유가족을 비롯한 피해자에 대한 접근 등이 이전에 비해 신중해졌다고 평가했다(이승윤, 2023; 이정애, 2023. 1).[13] 또한 재난 경험자들의 2차 피해를 예방하기 위해 관련 기사의 포털 사이트 댓글 창을 닫아달라는 시민사회 단체의 요청에 응답한 언론사가 많았다는 점 역시 긍정적이다(미디어오늘,

12 민주언론운동시민연합(2022. 11. 1). '이태원 참사' 신중치 못한 보도들. 〈미디어오늘〉, http://www.mediatoday.co.kr/news/articleView.html?idxno=306631

2023. 2. 5).[14] 이러한 변화는 2014년 세월호 대참사, #Metoo운동, N번방으로 대표되는 디지털 성착취 사건을 거치면서 진보적인 언론사를 중심으로 새로운 저널리즘 윤리를 고민하고 실험한 노력이 반영된 결과일 것이다.

그런데, 이태원 참사는 사회적 참사로서는 이례적으로 참사 당일부터 희생자에 대한 혐오 및 비난성 발언이 온라인 공간에서 난무했던 재난이다. 사망자에 대한 애도가 "소거된 채, 희생자에 대한 공격과 비난"(이해수, 2023)[15]이 넘치는 상황에서 언론은 어떠한 위치에 있을까? 12월 10일 유가족협의회 출범, 1월 이태원 참사 국정조사, 5월 박희영 용산구청장의 보석, 6월 이태원 참사 특별법안 발의 및 패스트트랙 지정 등 참사 이후의 일련의 상황 속에서 한국의 언론은 재난을 관통하는 다양한 힘에 유의하며, 각 국면마다 사건이 제기하는 문제를 잘 해석해 왔을까? 재난 경험자들의 목소리에 경청하면서, 신체적·정신적 고통을 겪고 있는 피해자들과 공중이 함께 연대할 수 있는 장을 열어왔을까?

---

13 2022년 가을 국가트라우마센터는 '트라우마 예방을 위한 재난보도가이드', '기자에게 알리는 트라우마 예방을 위한 포켓가이드'를 발표했다. 이는 기존의 재난보도가이드라인에서 한걸음 더 나아가 '트라우마 최소화 및 회복 관점'에서 취재/보도가 재난 경험자의 심리적 회복을 촉진하고 사회 통합의 메시지를 전달하기 위해 어떻게 해야 하는지 담고 있다. 세월호와 미투운동 등을 표면화된 언론인의 외상후 스트레스 장애, 그리고 언론인에 대한 온라인 괴롭힘에 대한 언론사들의 대처 방안 역시 수록되어 있다. 전문은 아래의 QR 코드를 참고할 것.

〈그림 6〉 트라우마 예방을 위한 재난 보도 가이드

14 미디어오늘(2023. 2. 5). "이태원 참사 100일 추모제 댓글창 닫자" 요청에 응한 언론은. http://www.mediatoday.co.kr/news/articleView.html?idxno=308334

15 이태원 참사 피해자에 대한 혐오가 가능할 수 있었던 담론적·사회적 조건에 대한 분석은 이해수(2023)를 참고할 것.

모든 참사에는 그 나름의 특수성이 존재한다. 언론 보도에 대한 평가 역시 이러한 특수성을 이해하는 가운데 이뤄져야 한다. 이태원 참사는 정부와 여당의 진정성 있는 사과나 책임 정치가 실종된 채, 참사가 정치적 위기로 전환되지 않도록 초기부터 관리된 재난이었다(이희은, 2023). 사망자의 이름이 사라진 분향소, 국가에 의해 강요된 애도, 원인 규명 이전 피해자 보상 프레임의 채택이라는 정치적 특수성이 다양한 정체성이 교차하는 혼종적 공간인 이태원에서 혼종적 카니발인 할로윈에 발생한 사건이라는 점과 화학적으로 반응하면서 사망자에 대한 애도, 생존자와 유족에 대한 공중의 공감과 연대는 제한되었다(이해수, 2023; 이희은 2023).

참사가 초기부터 정치적 사건으로 규정되면서 보도 역시 정치적 성향(진보/보수)에 따라 확연히 달랐다. 참사 발생 직후 뉴스가 쏟아졌지만, 시간이 지날수록 한 주당 보도 건수가 모든 언론에서 줄었는데 특히 보수지(동아일보, 조선일보)에서 두드러졌다. 국가 애도 기간 동안 동아, 조선일보의 보도량은 각각 167건, 174건이었고, 경향신문 404건, 한겨레 214건이었다. 국가 애도 기간 이후, 7월 1일 이태원 참사 특별법이 패스트트랙 안건으로 지정될 때까지 경향신문의 보도 건수는 609건, 한겨레의 보도 건수는 403건으로 두 신문사는 사망자 이름 공개, 유가족 대책위의 결성, 이태원 참사 국정조사, 추모 집회와 시민 분향소 설치, 특별법 제정을 위한 노력 등 참사 이후의 상황 전개와 쟁점을 전달했다. 반면 동아일보와 조선일보의 경우 참사 후 8개월간 각각 238건, 181건이었고, 특히 국정조사가 마무리된 1월 이후 기사 건수는 29건(동아일보), 9건(조선일보)에 불과했다. 정보원 활용 및 주제도 문제였다. 이태원 관련 보도에서 유가족과 생존자의 목소리는 발견하기 어려웠고, 기사의 주제 역시 박희영 용산구청장의 병보석, 이태원 참사 당시 닥터카를 탄 신현영 의원의 불구속 등 재난 보도의 핵심 의제—참사 발생 원인, 책임 규명, 향후 대책 등—와는 무관한 주변적인 사안들이었다. 결국 보수 언론은 초기부터 참사가 정치적 위기로 번지는 것을 막아내려 관리했던 정부의 노력에 발맞추면서 참사에 대한 '무보도' 또는 핵심 이슈를 벗어난 의제 제시의 태도를 견지했다.

혐오 발화에 편승하며, '조회수 장사'에 앞장서는 언론의 모습은 이번에도 반복되었다. 여당인 국민의힘 정치인이나 보수 유튜버들의 사망자에 대한 비하 발언, 진상 규명을 요구하는 유가족 공동체에 대해 '세월호의 길'로 규정하고 우려를 표한 발언을 대부분의 언론사에서 그대로 받아 적었다. 피해자들의 삶을 고려하지 않은 이러한 보도로 인해, 참사 피해의 책임은 개인에게 돌려졌고, 피해자들의 고립감과 2차 피해는 더욱 커져갔다(김수정, 2023).

진보적 성향의 한겨레와 경향신문뿐 아니라 공영방송 역시 상대적으로 이태원 참사 이후의 사건과 이슈(예를 들면 100/200일 추모 행사, 책임자들의 재판, 특별법 제정, 여권 정치인과 지지자들로 인한 유가족과 생존자의 2차 피해)를 전하며 이를 둘러싼 쟁점을 환기하려 노력했다. 이는 의제 지키기agenda keeping의 측면에서는 과거에 비해 진일보했다고 평가할 수 있지만 참사 이후의 상황 변화를 따라가는 측면이 강했다. 이태원에서의 참사 경험이 이들의 삶, 한국 사회에 어떤 의미로 새겨지고 있는가에 대한 적극적인 질문은 다소 아쉬웠다.

참사, 폭력을 기록하고 기억하려는 시도는 이번에도 다양한 방식(전통적인 보도, 아카이빙 사이트, 뉴스레터 등)으로 진행되었다. 오마이뉴스는 한겨레와 함께 이태원 생존자의 이야기를 담는 한편, 사망자 추모관을 운영하며 이들의 삶과 유가족의 목소리를 존중했다. 뉴스타파는 11월부터 사건 발생부터 현재까지의 쟁점과 사건 전개를 독자들이 한 눈에 알아볼 수 있도록 아카이브를 운영하고 있다. 또한 피해자를 동질화하던 기존의 서사를 넘어 그동안의 보도에서 삭제되었던 외국인 사망자와 그 유가족의 이야기를 의제화함으로써 피해자들의 다양한 얼굴을 복원했다. 레거시 미디어의 뉴스레터(예를 들면 경향신문의 점, 선, 면 등)는 참사 이후의 각 국면에서 재난 경험자들의 고통과 진실을 밝히기 위한 절규를 공중이 청취할 수 있도록 연결하는 역할을 했다. 이들 언론은 우리의 "일상에서 이 죽음을 밀어내려는"(이희은, 2023: 34) 모든 시도에 맞서 이를 목격하고 증언하는 행위자로서 그 역할을 했다. 이태원 참사가 여전히 진행 중이며, 진정한 회복을 위해 사회 공동체가 함께하고 있음을, 또 해야 함을 계속 환기하고 있다.

6. 기억, 공감 그리고 연대: 살아남은 자의 의무

> "세월호 유가족의 손을 잡고 힘내시라고, 세월이 약이라고 했는데 지금은 제 입을 찢고 싶다. 위로 말고 끝까지 분노해달라." (이태원 유가족 발언)
>
> "참사는 사람을 가려 오지 않는다. 이번에는 운 좋게 당신이 아니었을 뿐이다." (삼풍백화점 생존자 이선민 씨 발언)

사회의 불확실성은 커져 가고 '남의 일'로 여겨졌던 재난, 사회적 참사는 어느 순간 나의 일이 되기도 한다. 1990년대 중반 서울 한복판에서 벌어진 성수대교 붕괴, 삼풍백화점 붕괴 사고, 2003년 대구 지하철 화재, 2000년대 다양한 해상 사고, 가습기 살균제 피해, 2014년 세월호, 2022년 이태원, 그리고 2023년 오송역 지하차도 참사까지 어쩌면 우리는 위험과 재난이 언제 벌어질지 모르는 사회에서 살아가고 있다.

재난 보도는 재난이 우리 삶에 끼치는 치명적인 영향과 함께 그 '예측 불가능성과 일상화'라는 상반되는 특성을 인지하는 가운데 이뤄져야 한다. 또한 재난은 사람을 가려 오지 않지만, 재난의 수습 과정은 정치적이며, 누구에게나 동등하지 않은 그 피해는 우리의 삶 속에 깊이 새겨진다는 점을 보도 과정에서 충분히 고려해야 한다.

지난 30년간 아니 그 이전부터 한국 사회 그리고 한국 언론은 '이제는', '더 이상'이라는 말로 참사를 둘러싼 진실을 덮으려 했다. 그리고 고통을 겪으며 이를 밝히려는 사람들을 외면하고 비난하며 재난의 경험을 치유 불가능한 것으로 만들어왔다. 객관주의의 덫에 걸린 한국 언론은 '사실 전달'이라는 미명 하에 재난을 둘러싼 정치와 재난이 드러낸 사회의 민낯을 드러내지도, 진실을 밝히려는 목소리를 경청하지도, 경험자들의 몸과 마음에 각인된 아픔에 공명하지도 못했다. 이태원 거리에서 159명의 사상자가 발생한 순간에도, 이 참사의 경험자들이 갑작스레 찾아온 슬픔에 신음하며 진실 규명을 요구하는 이 시간에도 과거의 부끄러운 모습을 많은 언론, 언론인들이 반복하며 그 윤리적 책임을 외면하고 있다.

불확실한 삶, 미디어에 포화된 일상을 살아가는 지금, 사회적 참사에서 피해자와 재난 경험자의 경계는 불분명하다. '아직도 이태원'이 아니라 '여전히 이태원'이어야 하는 이유는 재난을 복기하고 그 아픔에 공명하고 이를 기억하는 과정이 피해자들과 함께 '나' 그리고 '우리'가 신체적으로 정서적으로 안전하게 존중받으며 살 수 있는 여건을 조성하는 여정이기 때문이다.

다행스럽게도 또 감사하게도 세월호 이후 사회적 재난이라는 처참한 상황 속에서도 취약한 존재들에 주목하고 이들과 함께 재난의 국면마다 교차적으로 작용하는 억압의 모습들을 드러내는 언론, 언론인의 활동이 지금 이 순간에도 진행 중이다. 현장의 언론인들은 외상후 스트레스 장애와 자신에 대한 온라인 괴롭힘을 겪으면서도 진상 규명을 촉구하는 이들과 함께하고 있다. 이러한 모습은 세월호, 미투운동을 거치며 성장한 한국 사회의 젠더/인권 감수성에 대한 언론의 고민과 실천이 혐오에 맞서 고통에 대한 공감과 재난 경험자들과의 연대를 창출하고, 참사에 대한 사회적 감각을 형성하는 데 있어 유의미함을 보여준다. 또한 빠르게 생산/유포되는 수많은 정보 속에서 옥석을 가려내고 사건을 규명하고 해석하는 레거시 미디어가 지금 왜 필요한지 스스로 증명해주고 있다. 세월호 이후의 상황은 '속보', '단독' 위주의 단편적인 보도로는 레거시 미디어가 쌓아왔던 '레거시'는 신뢰를 상실하며 더 이상 유지될 수 없다는 점을 드러냈다. 취약한 존재들의 목소리에 성찰적 자세로 귀 기울이며 권력의 작용을 드러내고 가려진 새로운 진실에 다가설 것을 주문하는 여성주의 미디어 윤리에 모든 미디어가 주목해야 하는 이유이기도 하다.

마지막으로 좋은 언론은 좋은 보도를 통해서 만들어지고, 좋은 보도는 좋은 기자들, 언론사의 노력을 통해 생산된다. 언론이 사회 속에 존재하는 제도라는 점을 고려할 때, 이들을 지지하고 함께 참사를 기억하고, 재난 경험자가 말하는 고통에 공감하고, 이들과 함께 손잡는 것, 지금 이 자리에서 우리가 해야 할 일이 아닐까?

더 찾아보기

보도 가이드라인 재난보도가이드라인(199쪽 QR 코드 참조)
트라우마 예방을 위한 재난보도 가이드라인(201쪽 QR 코드 참조)

책 김경희(2017). 『뉴스 안과 밖의 여성: 한국 저널리즘에서 나타나는 젠더 문제』. 이화여자대학교출판문화원.
채정호(2023). 『고통의 곁에 우리가 있다면: 재난 트라우마의 현장에서 사회적 지지와 연결을 생각하다』. 생각속의집.

참고문헌

강진숙(1996). 재난보도의 현실구성방식 연구: '삼풍백화점 붕괴사고'에 관한 TV 뉴스보도를 중심으로. 『중앙대학교 언론연구소』 5(1): 117-146.

김경희(2017). 지역의 재난 뉴스에서 나타난 보도관행과 대안: 세월호 뉴스 생산과정에서의 기자들의 갈등구조를 중심으로. 『한국언론학보』 61(5): 7-39.

김명희(2015). 고통의 의료화: 세월호 트라우마 담론에 대한 실재론적 검토. 『보건과 사회과학』 38(1): 225-245.

김예란(2017). 죽음과 기억의 미디어 쟁투: 세월호 참사의 역사화를 위한 하나의 계보학적 관점. 『언론정보연구』 54(1): 124-171.

김수정(2023). 10·29 이태원 참사와 2차 가해: 미디어를 중심으로. 「10.29 이태원 참사 '2차 가해자'는 누구인가? 토론회 자료집」. http://www.ccdm.or.kr/xe/forum/317398

박상은(2023) 재난의 사회적 원인과 의미 구성: 10·29 이태원 참사를 사례로. 『경제와사회』 138: 70-100.

방송기자연합회(2014). 『세월호 보도, 저널리즘의 침몰』. 서울: 방송기자연합회

박영훈(2014). 받아쓰기, 그리고 남은 것들…. 『방송기자』 19(7): 24.

삼풍백화점 붕괴 생존자. "이태원 참사, 누구를 죽이려 간 사람도 죽으려 간 사람도 없어". 〈주진우 라이브〉. https://news.kbs.co.kr/news/view.do?ncd=5593204,

오세욱(2022. 12. 7). 미디어 이슈-이태원 참사 관련 보도에 대한 국민들의 인식. 『미디어 이슈』 8(6). 한국언론진흥재단.

유승관·강경수(2011). 세계 뉴스통신사의 재난·재해 뉴스보도의 실태와 개선 방안 연구. 『방송통신연구』 76: 140-169.
유해정(2018). 『재난정치와 애도』. 성공회대학교 박사학위논문.
윤태진(2014). 방송사의 세월호 참사 보도. 『문화과학』 79: 192-212.
이선민·이상길(2015). 세월호, 국가, 미디어. 『언론과 사회』 23(4): 5-66.
이승윤(2023). 재난보도준칙은 지켜졌나?. 『관훈저널』 봄호. 25-41.
이정애(2023). '트라우마 감수성'을 중심으로 언론 문화는 세대교체 중. 『방송기자』 70(12): 24-29.
이해수(2023). 금기가 된 카니발과 애도의 위계: 우리는 왜 이태원 참사를 애도하지 못하고 있는가. 『문화과학』 113: 84-107.
이희은(2023). 사회적 참사와 타인의 죽음. 『문화연구』 11(1): 23-41.
장은미·최이숙·김세은(2021). "우리는 더디지만 나아가고 있다": '미투 운동(#MeToo)' 이후 성평등 보도를 위한 한국 언론의 실천과 과제. 『미디어, 젠더 & 문화』 36(3): 187-236.
최이숙(2022. 11). 댓글창-인권을 보호하면서 독자를 읽어가는 공간이 될 수 있을까? 「제72회 언론인권포럼:보도댓글, 어떻게 개선되어야 하나 자료집」. http://www.presswatch.or.kr/data_report/47
고나무 등(2012. 3. 2). 우리는 생존자가 아니다. 〈한겨레 21〉 https://h21.hani.co.kr/arti/cover/cover_general/31489.html
Chambers, D., Steiner, L., & Fleming, C.(2004). *Women and Journalism*(1st ed.). NY: Routledge. https://doi.org/10.4324/9780203500668
Houston, J. B., Schraedley, M. K., Worley, M. E., Reed, K., & Saidi, J. (2019). Disaster journalism: fostering citizen and community disaster mitigation, preparedness, response, recovery, and resilience across the disaster cycle. *Disasters*, 43(3): 591-611.
Steiner, L.(2018). Solving journalism's post-truth crisis with feminist standpoint epistemology. *Journalism Studies*, 19(13): 1854-1865.
_____(2020). Feminist media ethics. in Wulkins, L. & Clifford, C. G.(eds). *The Routledge handboook of mass media ethics*(pp. 433-452). NY: Taylor & Francis.

3부

새로운 미디어 기술과 여성

MEDIA HERSTORY

9장

하리수와 풍자

변화하는 미디어 환경 속 트랜스젠더 연예인의 여성 되기

— 문현영

앞가르마 긴 생머리의 한 여자가 카메라를 응시하고 있다. 카메라는 그녀의 상반신을 관음증적으로 훑고 깊게 패인 상의 사이로 그녀의 가슴이 보인다. 미소를 지은 건지 무표정인지 알 수 없는 묘한 표정으로 카메라를 응시하는 그녀의 눈빛 뒤로 "원숭이 엉덩이는 빠~알게"라는 중저음 여성의 노랫소리가 들린다. 조용한 긴장감이 감돌던 그때 등장하는 '새빨간 거짓말'이라는 붉은 글씨, 그리고 그녀는 서서히 고개를 들어 발칙한 미소와 함께 침을 꿀꺽 삼킨다. 무잇이 새빨간 기짓말이라는 것일까? 그때 카메라는 그녀의 울대뼈adam's apple를 클로즈업하고 그녀는 파안대소를 터뜨린다. 그렇게 2001년 '여자보다 예쁜 여자' 하리수가 등장했다. 그리고 20년 후, 또 다른 여성이 미디어의 주목을 받는다. 이 여성은 스스로 '못생기고 뚱뚱한 트랜스젠더'라고 소개한다. 하지만 그녀는 당당하고 주눅 들지 않는 태도로 호탕하게 웃는다. 달라도 너무 다른 둘. 이 둘의 공통점은 무엇이고 또 차이점은 무엇일까? 무엇이 이 둘을 이렇게 다르게 만들 수 있었을까?

하리수의 등장은 떠들썩했다. '새빨간 거짓말'이라는 광고 카피를 내세운 화장품 브랜드의 모델로 데뷔한 그녀는 아름다운 외모와 당시로서는 낯선 트랜스젠더[1]라는 사실로 등장과 동시에 대중적 관심을 폭발적으로 받았다. 사람들은 그토록 아름다운 여성이 호적상 여성이 아니라는 사실로 충격을 받았고 감탄했다. 그녀는 여러모로 처음이었다. 전 국민이 아는 첫 트랜스젠더였고 연예인 중에는 처음으로 법적 성별 정정을 했고 또 바뀐 성으로 결혼을 했다. 처음인 만큼 그녀는 많은 백래시backlash[2]를 받기도 했다. 그녀는 방송인 풍자가 데뷔하기까지 20년 동안 거의 유일한 대중적 인지도를 가진 트랜스젠더 연예인이었다.[3] 이 둘은 대중에게 널리 알려진 극소수의 트랜스젠더 연예인으로서 동일시되거나 비교를 받는다.

이 글에서는 20년이라는 시간의 격차를 둔 두 연예인의 방송 활동과 변화하는 미디어 환경을 살펴보고, 동성애 혐오와 트랜스포비아 역사가 있는 한국 사회에서 그들의 경험을 비교하려고 한다. 본 글은

1 트랜스젠더transgender는 태어날 때 부여되는 법적 성별과 스스로 인식하는 성별 정체성이 일치하지 않는 사람을 지칭하는 용어로 남성이라는 법적 성별이 주어졌으나 스스로 여성으로 인식하는 MTFmale to female, 여성이라는 법적 성별이 주어졌으나 스스로 남성으로 인식하는 FTMfemale to male, 그리고 젠더 정체성을 남성이나 여성으로 구분하기를 거부하거나 이분법적 구조가 불충분하다고 느끼는 젠더퀴어gender queer 모두를 포함한다.

2 젠더적 의미의 백래시backlash는 양성 평등의 진전과 전통적인 성 규범에 대해 도전하는 현상 및 움직임에 대한 반발적 반응과 저항을 의미한다. 미국 저널리스트인 수잔 팔루디가 미국 내 여성운동의 성과에 대한 반발적 저항 및 페미니스트에 대한 공격을 분석한 『백래시』라는 책을 출판했는데 그 후로 이 용어가 광범위하게 사용되었다.

3 하리수가 데뷔한 이후 여러 명의 트랜스젠더 연예인이 등장했다. 모델 출신 방송인 최한빛, 영화 〈색즉시공〉의 이시연, 그리고 트랜스젠더 아이돌그룹 레이디 등이 있었다. 하지만 이들은 대중적 인지도를 얻지는 못했고 짧은 방송 활동을 했다. 이 점에서 본 장에서는 20년의 시간 동안 대중이 인식하는 두 명의 트랜스젠더 연예인이 하리수와 풍자라고 명시했다.

하리수가 레거시 미디어 환경에서 전통적이고 규범적인 여성의 미를 구현하는 한편 페미니스트 영화 이론가 로라 멀비가 제시한 '남성의 시선male gaze'의 대상이 되었다고 분석한다. 그녀는 방송 활동에서 성적 대상화가 되거나 트랜스젠더로서의 경험을 반복적으로 진술하기를 요구받았다. 반면 풍자는 인터넷 방송 플랫폼을 통한 소셜 미디어 환경에서 인기를 얻으며 때때로 규범적인 미에 대한 전복을 시도했다고 본 글은 주장한다. 이 둘의 차이에는 서로 다른 미디어 환경이 중요한 역할을 한 것이다. 하리수가 보여지는 대상이었다면 풍자는 말하는 자로서 방송 활동을 하고 있으며 말의 힘을 통해 주체성agency을 발휘한다고 본다. 이 장에서는 두 인물을 분석함으로써 진화하는 미디어의 역학 관계와 한국 사회에서 포용성과 수용성이 진전되는 방향을 조명하고자 한다.

1. 하리수의 방송 활동

하리수는 한국의 대표적인 트랜스젠더 연예인이자 대한민국 최초로 성별 정정을 하고 결혼한 트랜스젠더 인물이다. 하리수는 2001년 당시 '빨간통 파우더'로 불리던 한 화장품 광고 모델을 하면서 순식간에 인지도를 얻었다. 광고가 방영되던 당시는 공중파 방송에서 트랜스젠더 연예인의 출연을 찾아볼 수 없을 정도로 대중의 친숙도가 없던 시기였다. 대중이 트랜스젠더를 접하던 통로는 유흥업소 종사자나 지하철역 가판대 타블로이드의 소재 정도로 매우 제한적이었다. 그런 시대 상황에서 화장품 광고 단독 모델로 기용된 것은 매우 파격적이었다고 할 수 있다. 그녀가 "너무 예쁘기 때문"에 그리고 "'성전환'이

라는 파격적인 소재"를 썼기 때문에 단숨에 주목을 받은 이 광고는 그녀를 스타로 만들었다.[4]

그 후 하리수는 가수, 배우, 모델로서 활동을 이어나갔다. 그녀를 수식하는 단어는 '트랜스젠더' 그리고 '섹시'였다. 그녀의 연예 활동은 성애화된 여성성sexualized femininity으로 정의될 수 있다. 가수로서 데뷔한 1집 'Temptation'은 노래가사가 지나치게 선정적이라는 이유로 방송 불가 판정을 받은 적 있으며 안무 중 겉옷을 찢는 퍼포먼스로 논란의 대상이 되기도 했다. 2001년에는 영화 〈노랑머리 2〉에서 야구선수와 동거 중인 트랜스젠더 역할을 했고 2004년 주연을 맡은 영화 〈도색〉에서는 트랜스젠더 마담의 젊은 시절을 연기했다. 두 영화 모두 실제 표현되는 노출의 정도나 선정성보다 과장되어 홍보되었고 흔히 말하는 '야한 영화'로 사람들에게 각인되어 있다. 하리수라는 인물을 마케팅의 수단으로 홍보한 제작사의 의도된 결과였다.

하리수의 방송 활동은 그녀가 트랜스젠더라는 프레임 안에서 구성되었다. 앞서 살펴본 필모그래피도 그렇지만 그녀가 출연한 드라마에서도 그녀는 트랜스젠더 역할로 등장한다. 2006년 MBC 12부작 드라마 〈떨리는 가슴〉에서는 성전환 수술을 받기 위해 가족과 연락을 끊었다가 박만호에서 박혜은으로 다시 가족 앞에 등장하는 트랜스젠더 역할을 맡았다. 그녀는 연기 활동을 하면서 '트랜스젠더'라는 정체성에서 분리되지 못했다. 당시 가장 인기 있는 예능 토크쇼 중 하나였던 KBS 2TV 〈서세원 쇼〉에 출연해서도 그녀는 성전환과 '섹시'라는 키워드에서 자유롭지 못했다. 성전환 수술에 대한 그녀의 경험을 말할

---

4 중앙일보(2002. 2. 23). 국내 최초 '성전환자' 등장시킨 도도화장품 CF. https://www.joongang.co.kr/article/879191#home

것을 요구받고 맥락과 상관없는 '매력 발산,' 즉 춤을 요구받았다. 그녀는 관찰되고 대상화되었다.

방송에서 하리수의 여성성은 종종 조롱의 대상이 되며 그녀는 완전하지 못한 '가짜 여성' 혹은 '유사 여성pseudo-woman'으로 그려졌다. 하리수의 생활을 관찰하는 SBS 스페셜 〈하리수 10년, 그녀를 꿈꾸다〉에서 하리수의 결혼 생활을 보여주며 '완전한 여자를 꿈꾸다'라는 자막을 쓴다. 또한 '여자보다 예쁜 여자'라는 설명을 한다. 이런 설명은 가치 중립적이지 않다. 그녀가 '완전한' 여자가 아니며 '진짜 여자'의 울타리 밖에 존재함을 상기시키기 때문이다. 또한 그녀에게는 '형부 파이팅!'이라는 유행어가 있는데 이 또한 그녀에 대한 조롱을 엿볼 수 있다. 2001년 MBC 예능 〈목표달성 토요일〉의 한 코너였던 〈동거동락〉에서 경기 중이던 남자 인기가수에게 했던 말인데 당시 해당 남성가수와 혼인 관계였던 여성 연예인과 하리수의 관계성에서 나온 '형부'라는 말이 조롱과 풍자의 대상이 된 것이다. 당시 모 여성 연예인이 이를 과장되게 모사하여 더욱 널리 알려지게 되었고 그녀에 대한 조롱 섞인 공격이 되었다. 그녀에게 '여자보다 예쁘다'라는 말은 허용이 되지만 그녀가 진짜 여성은 아님을 끊임없이 상기시키고 재생산하는 역학의 순간이라고 할 수 있다.

하지만 하리수를 피해자로만 규정하는 것은 그녀에게 공평하지 못하다. 오히려 그녀는 주어진 상황에서 끊임없이 주체적 선택을 하는 행위자로 보아야 한다. 그녀가 등장한 2000년대 초반은 성소수자에 대한 대중의 이해도 및 친숙도가 낮았던 시기이고 차별적 언동이 공적으로 용인되던 시기이다. 2000년 연예인 최초로 홍석천 씨가 커밍아웃을 했고 모든 방송 활동에서 하차하여 그 후 3년간 공백기를 가졌다. 2001년에 하리수가 데뷔를 했다는 점을 고려해본다면 성소수자에 대한 대중의 배타성이 꽤 높은 시기였다는 것을 유추할 수 있다. 하리수는 이런 환경에서 연예인으로 활동하며 대중의 인지도와 경제적 이윤을 추구하는 최선의 선택을 한 것이다. 실제로 그는 데뷔 직후에 일간지 인터뷰에서 이렇게 말했다. "내가 아무리 '여자'라고 우겨도 세상은 나를 한 평범한 여자로 보지 않는다. 이미 사람들의 머릿속에는 '하리수는 트랜스젠더,' '트랜스젠더는 이상한 사람들'이라는 편견이 들어 있다. 그런 세상에서 난 차라리 확실한 상품이 되겠다."[5] 그녀는 자신에게 주어진 선택지가 '규범적 여성성'을 수행하면서 트랜스젠더에 대한 대중의 관음증적 호기심을 충족시키는 것이라는 현실을 직시하고 그 안에서 효율적 선택을 한 것이다. 그녀는 시대적 상황 속에 존재한 행위자였다.

하리수는 방송 활동을 하는 동안에 자신의 인생 행보를 통해서 사회의 다양한 편견에 도전하고 변화를 달성했다. 2001년 3월 '빨간통 파우더' 광고로 인기를 얻은 그 다음해인 2002년 12월 호적상 성별 정정 신청을 했다. 하리수 이전에 2001년 7월 성별 정정 신청을 한 트랜스젠더 일반인 여성이 있었는데 그녀가 법원 신청을 한 배경에 하리수의 대중적 인지도가 영향을 미쳤음을 추정해볼 수 있다. 하리수의 성별 정정 및 개명 신청은 법원에서 받아들여졌고 이후 많은 트랜스젠더의 성별 정정 신청이 이어졌다. 2006년에는 대법원 전원합의체가 트랜스젠더의 개명 및 호적 정정을 허용하는 판결을 냈다.[6] 또한

---

5 신육동욱(2001. 5. 22). 트랜스젠더 연예인 하리수. 〈한겨레21〉. https://h21.hani.co.kr/arti/cover/cover_general/2505.html

6 법적으로 트랜스젠더의 성별 정정이 공식화되었다는 것은 의미 있는 일이나 대법원 판결에서 성전환 수술을 통한 외부 성기 및 신체 외관이 반대의 성으로 바뀔 것을 명시한 것은 지나치게 성기 중심적이라는 비판이 있으며 모든 트랜스젠더가 성기 수술을 원하거나 할 수 있는 경제적·신체적 능력을 가지지 못하는 현실을 반영하지 않은

하리수는 2007년 결혼을 통해서 또 한 번 사회적 편견에 도전했다. 연예인 최초로 성전환 후 결혼식을 올린 하리수와 배우자는 많은 조소와 악성 비방에 시달렸다. 하지만 합법적 결혼식을 공개적으로 올림으로써 트랜스젠더의 권리를 확장하는 성과를 달성했다.

2. 풍자의 방송 활동

하리수가 한 편의 광고로 혜성처럼 등장했다면 풍자는 서서히 입소문이 나 활동의 지평을 넓혀갔다고 할 수 있다. 아프리카TV와 유튜브라는 소셜 미디어에서 소위 '썰'[7]이라고 불리는 입담을 펼치면서 인지도를 얻었다. 그녀의 예명 풍자도 '별풍선[8]을 많이 뽑자'의 준말이라는 것을 고려했을 때 이름 자체에서 그녀가 등장한 미디어 환경을 유추할 수 있다. 주로 일인 방송을 진행했으며 특별한 이벤트를 하기보다는 시청자에게 이야기를 전달하는 형식으로 활동을 했다. 인기 유튜버로서 인지도를 얻은 그녀는 거꾸로 지상파나 인터넷TV 등으로 활동 영역을 넓혀갔다.

풍자의 방송은 '이야기'가 중심이다. 유튜브 스튜디오 와플이 제작한 〈튀르키예즈 온 더 블록〉의 풍자 방송분은 2023년 8월 현재 850만

것이라는 문제제기가 있다. 대법원 판결 이후 성기성형 수술 없는 성별 정정 신청이 수차례 있었으며 2020년에는 의무사항에서 참고사항으로 개정되었다.

7 말을 뜻하는 한자 '설說'에서 유래된 단어로써 '흥미로운 이야기'라는 뜻으로 쓰이는 신조어이다.

8 별풍선이란 아프리카TV에서 도입한 후원 시스템으로서 유저가 인터넷 방송인에게 지지의 의미로 보내는 일종의 가상화폐라고 할 수 있다. 후원받은 별풍선은 후에 현금으로 환전이 가능하다.

의 조회수를 기록했고 폭발적인 인기로 해당 채널에서 제작한 〈바퀴 달린 입〉이라는 웹 예능에 고정 출연하게 되었다. 두 콘텐츠 모두 지상파 토크쇼와 비교해 덜 정제된 'B급 감성' 토크쇼의 형태를 가지는데 풍자의 솔직한 화술이 좋은 반응을 얻었다. 이후 풍자는 본격적으로 말로 경쟁하는 프로그램에 출연하는데 바로 MBC 〈세치혀〉가 그것이다. 〈세치혀〉는 말 그대로 말을 잘하는 방송인들이 모여 '썰' 경쟁을 하여 더 재미있게 말하는 출연자가 우승을 하는 포맷을 가지고 있는데 여기서 풍자는 회차 우승을 수차례 하며 더 많은 인지도를 얻었다. 풍자는 유튜브 웹 예능 〈풍자애술〉을 진행하며 출연 게스트 연예인과 음주 토크쇼를 진행하고 있다. 토크쇼 형태의 방송에 주로 출연하는 만큼 풍자는 주로 말하는 사람, 즉 화자로 등장한다.

풍자 방송의 또 다른 특징은 다른 여성 연예인과 관계성을 형성한다는 것이다. tvN 예능 〈한도초과〉에서 풍자는 김민경, 신기루, 홍윤화와 출연했는데 프로그램이 종영되고 약 5개월 후 KBS Joy와 채널S가 공동 제작한 〈위장취업〉이라는 프로그램에서 동일한 출연자들과 다시 프로그램을 이어나갔다. 프로그램 속에서 이 네 명은 자매적 연대를 보여주며 서로가 서로를 지지하고 이해하는 모습을 많이 보여준다. 또한 비슷한 시기에 방송을 시작한 U+모바일tv 웹예능 〈내편하자〉에서도 또 다른 세 명의 여성 연예인, 한혜진, 랄랄, 엄지윤과 사각편제로 출연한다. 이 세 프로그램 모두에서 풍자는 다른 여성 출연자들과 '언니', '동생'의 호칭을 사용하며 허물없고 개인적인 친분을 보여준다.

방송에서 보이는 풍자의 태도는 거침없는 당당함unapologetic으로 요약할 수 있다. 풍자는 한국 사회에서 그녀를 약자marginalized로 만들 수 있는 다양한 조건을 가지고 있다. 과체중의 트랜스젠더 여성이며,

클럽에서 쇼를 하던 '아가씨'[9]로 규범적 여성미에서 다소 벗어나 있다. 하리수의 '형부, 파이팅'이라는 조소 섞인 성대모사가 그렇듯 트랜스젠더 여성은 높은 톤의 목소리를 지향하는 경우가 많지만 풍자는 때때로 깊고 낮은 웃음소리로 호탕하게 웃을 뿐만 아니라 때때로 호통을 치기도 한다. 그리고 이는 그녀의 웃음 포인트로 작용한다. 웹 예능 속에서 그녀는 때때로 비속어를 사용하는 등 애써 다소곳한 여성성을 수행하지 않는다. 한 신문 기사에서 하리수와 풍자를 비교하며 "'풍채 좋은' 풍자, '섹시한' 하리수"라는 제목을 썼는데 이것이 대중에게 인식되는 둘의 차이를 요약한다.[10]

3. 변화하는 미디어 환경 속에서 본 두 연예인의 활동 비교 분석

동성애 혐오와 미디어 속 트랜스젠더

한국 사회는 성소수자에 관대한 나라가 아니다. 퓨리서치센터Pew Research Center가 2020년 조사한 바에 의하면 한국인의 약 44%가 성소수자를 인정해야 한다고 답변했는데 이 숫자는 캐나다(85%), 미국(72%), 스웨덴(94%) 등의 국가들에 비해서 굉장히 낮은 수치이며 이웃한 일본(68%)이나 필리핀(73%)보다도 낮은 결과이다.[11] 또한 성소수자

9 풍자는 스스로 '아가씨'라는 용어를 사용했으며 주로 쇼 등을 하는 트랜스젠더 클럽에서 일하는 트랜스젠더 여성을 지칭하는 단어로 사용했다.

10 최혜진(2023. 4. 15). '풍채 좋은' 풍자, '섹시한' 하리수보다 호감인 이유. 〈스타뉴스〉. https://m.starnewskorea.com/view_amp.html?no=2023041317343433675

11 Poushter, Jacob, and Nicholas Kent(2020). The Global Divide on Homosexuality Persists. 〈Pew Research Center〉. https://www.pewresearch.org/global/2020/06/25/

를 인정하면 안 된다는 입장의 응답자가 53%로 더 많은 응답자가 지지보다는 반대의 입장을 가진다는 것을 알 수 있다. 2020년 성전환 수술로 강제전역 조치를 받은 변희수 하사 사건이나 숙명여대에 합격 후 입학 반대운동에 부딪혀 입학 포기를 한 합격자의 사례를 보았을 때 트랜스젠더를 정신질환이나 정상성에서 벗어난 문제적 인물로 보는 시선이 여전히 만연한 것을 알 수 있다.

하리수가 등장한 2001년 전까지는 대중적으로 알려진 트랜스젠더 인물이 전무했다. 트랜스젠더는 타블로이드 등의 황색 언론 일부에서 자극적인 가십거리로 취급되었으며 음지에서 생활하는 소수의 부적응자로 인식되었다. 같은 이유로 미디어 속에서 트랜스젠더 인물의 재현은 찾아볼 수 없었는데 이런 부재는 트랜스젠더에 대한 부정적 인식을 재생산하는 결과를 가져왔다. 미디어 재현은 사회적 태도, 규범, 인식을 형성하는 데 매우 중심적이며 대상이 사람들에게 인식되고 수용되는 방식에 중추적 영향을 미친다. 예를 들어, 트랜스젠더를 한 번도 접한 적이 없거나 알고 있는 소수의 미디어 재현이 모두 정신이상의 성노동자로 그려졌다면 그 사람은 실제 트랜스젠더도 그러하다는 믿음을 가질 수밖에 없다. 그 믿음을 약화시킬 반대 예시에 노출되지 못했기 때문이다. 반대로 긍정적이고 빈발한 재현은 고정관념과 편견을 타파하고 공감을 만들어 긍정적 수용을 촉진할 수 있다. 또한 다양하고 복합적인 표현은 트랜스젠더를 평면적인 캐리커쳐로 단편화하기보다 그들 개개인의 경험을 인간화humanize하여 다른 비-트랜스젠더와 다르지 않은 복잡성complexity을 가지고 있음을 가르쳐줄 수 있다.

global-divide-on-homosexuality-persists/

하지만 미디어 속 트랜스젠더는 매우 제한적인 가시성을 가지며 주로 과장된 재현을 통한 조롱이나 패러디, 혹은 정상성의 범주에서 벗어나 주변적이고 불행한 캐릭터로 존재한다. 또는 매춘부 등으로 과성애화hypersexualized되거나 사이코패스적 인물로 그려져 위험하고 경계해야 하는 대상으로 재현된다. 한국보다 진보적이라고 인식되는 미국 할리우드도 예외가 아니다. 알프레드 히치콕 감독의 1960년 작품 〈싸이코Psycho〉나 브라이언 드 팔마 감독의 1984년 작품 〈드레스드 투 킬Dressed to Kill〉 속에서는 여장을 한 남성이 여성을 잔인하게 살해하는 장면이 재현된다. 또한 조나단 드미 감독의 1990년 스릴러 영화 〈양들의 침묵The Silence of the Lamb〉에서 연쇄살인범 버팔로 빌이 여성이 되고 싶은 트랜스젠더로 설정되어 있다. 그는 여성을 살해하고 그들의 피부로 옷을 만들어 입는 행동을 통해 진정한 여성이 되고 싶어하는 기괴하고 잔인한 인물로 묘사된다. 대중적으로 흥행한 영화 속 이런 캐릭터는 대중에게 각인효과를 남긴다. 미국의 트랜스젠더 배우이자 감독인 젠 리처즈는 성전환 과정에서 가까운 친구에게 "그래서 너 정말 버팔로 빌이 되겠다는 거야?"라는 질문을 받았다고 인터뷰에서 밝힌 바 있다.

이렇듯 미디어 속 트랜스젠더의 재현이 전무하거나 주변화되고 부정적 편향성을 가진다는 반복적 비판이 일자 2010년대 이후로는 다각화된 모습을 표현하고자 하는 노력이 있었다. 대표적인 예가 Fox의 〈글리Glee〉(2009~2015), MTV의 〈데그라시Degrassi〉(2001~2015), 그리고 넷플릭스의 〈오렌지 이즈 더 뉴 블랙Orange is the New Black〉(2013~2019)이다. 세 작품 속 트랜스젠더 인물은 트랜스젠더로서 겪을 수 있는 어려움과 편견을 동일하게 겪지만 트랜스젠더라는 정체성만으로 정의되지 않으며 다양한 주체를 통해 각자의 캐릭터만의 강인함과 회복력을 보여준다는 점에서 기존의 캐릭터들과 차별성을 가진다. 한국 미디어 속에서도 비슷한 시도가 있다. 홍원찬 감독의 2019년 작품 〈다만 악에서 구하소서〉 속 트랜스젠더 여성 유이 캐릭터와 2020년 인기를 얻은 JTBC 〈이태원 클라쓰〉 속 마현 캐릭터가 바로 그것이다. 트랜스젠더라는 정체성으로 매우 단편적이고 자극적 요소로 소비되던 기존의 재현과는 달리 이 두 캐릭터는 트랜스젠더라는 것으로 단순히 정의되지 않는다. 이들을 구성하는 정체성에는 다양한 면이 존재하며 이들은 능동적 주체로서 사건에 참여하고 행위한다.

성전환 수술에 대한 대중의 인식에도 다소 긍정적 변화가 있었던 것으로 설문조사 결과 나타났다. 한국갤럽은 2001년 6월과 2020년 1월에 '성전환 수술을 할 수 있다고 생각'하냐는 질문에 대한 설문을 각각 실시한 바 있다.[12] 설문 결과에 의하면 전체 성별 및 연령에 걸쳐서 상당한 긍정적 인식 변화가 있었던 것을 알 수 있다. 2001년에 '그렇다'고 답변한 사람이 전체의 51%였는데 이 비율이 2020년에는 60%로 증가했으며 특히 20대에서는 거의 80%가 '그렇다'고 답변하여 젊은 세대일수록 더 관대한 것으로 나타났다. 하지만 해당 설문에 의하면 성전환 수술 자체에는 비교적 이해도가 높으나 트랜스젠더의 수술 후 바뀐 성별에 대한 인정도는 높지 않은 것을 볼 수 있다. '남성이 여성으로 성전환 수술을 받았다면 그 사람을 남성으로 생각하느냐, 아니면 여성이라고 생각하느냐'라는 질문에 대해서는 2001년과 2020년 모두 약 30%의 응답자가 수술을 했어도 여전히 '남성'이라고 대답했으며 이 비율은 2020년 오히려 약간 증가한 것으로 보인다. 이처럼 한

12 한국갤럽(2020. 1. 30). 경제 전망, 성전환 관련 인식. 〈갤럽 리포트〉. https://www.gallup.co.kr/gallupdb/reportContent.asp?seqNo=1081

국 사회에서 트랜스젠더 존재에 대한 인식은 상당 부분 개선되었으나 바뀐 성에 대한 사회적 인정에 대해서는 상당한 심리적 저항이 있는 것을 알 수 있다.

레거시 미디어의 제한적 재현과 소셜 미디어의 포용성

하리수와 풍자의 방송 활동의 차이는 앞서 살펴본 바와 같이 사회적 인식 개선에 기인하는 것도 있지만 미디어 환경의 변화도 상당한 영향을 미쳤다. 하리수가 처음 등장했던 2000년대 초반은 인터넷 방송을 포함한 소셜 미디어[13]가 널리 확산되기 이전이었다. 레거시 미디어[14]가 주도하는 환경에서 방송 활동을 한 것이다. 지상파 방송이나 신문과 잡지처럼 전통적인 방식의 매체를 뜻하는 말인 레거시 미디어는 소통 방식에서 일방성을 가진다. 전문적인 시설과 인원을 갖춘 방송사가 제작 환경을 주도하기 때문에 연예인은 제작자가 짜놓은 프레임 안에서 연기 활동을 한다. 기획 및 제작 과정에서 출연 연예인의 의도가 반영되는 것은 매우 드문 환경이었다.

반면 풍자가 활동하는 2020년대는 소셜 미디어의 시대이다. 양방

13 소셜 미디어란 사용자 간 사회적 상호작용과 콘텐츠 공유를 촉진하기 위한 인터넷 기반 플랫폼 및 어플리케이션을 의미한다. 소셜 미디어를 통해 개인, 기업 및 조직은 프로필을 만들고, 콘텐츠(텍스트, 이미지, 동영상 등)를 게시하고, 다른 사람들과 연결하여 상호작용할 수 있다. 인기 있는 소셜 미디어 플랫폼으로는 페이스북, 트위터, 인스타그램, 링트인, 틱톡, 유튜브 등이 있다.

14 레거시 미디어란 디지털 기술과 인터넷이 등장하기 전에 존재했던 인쇄물, 텔레비전, 라디오와 같은 전통적인 형태의 매스 커뮤니케이션을 의미한다. 레거시 미디어는 일반적으로 물리적 배포나 예정된 방송에 의존하여 전파된다. 디지털 미디어와 소셜 미디어가 주요 경쟁자로 부상하고 있지만, 레거시 미디어는 여전히 대중에게 뉴스, 엔터테인먼트, 정보를 제공하는 데 중요한 역할을 하고 있다.

향 인터넷 환경 및 개인용 디지털 기기의 보급으로 콘텐츠의 제작 및 확산이 대중화되었고 이에 따라 개인이 방송 콘텐츠 전체를 제작하고 보급까지 할 수 있는 시대가 되었다. 일방적 소통을 하는 레거시 미디어와는 달리 소셜 미디어 커뮤니케이션은 이용자와 상호작용을 한다는 특징을 가지고 있다. 유튜브, 페이스북, 아프리카TV 등이 가장 대중적인 개인 방송 플랫폼이라고 할 수 있다. 2016년 DMC 미디어에서 진행한 설문에 따르면 응답자의 98.1%가 일인 방송에 대해서 알고 있으며 82.6%가 시청 경험이 있다고 답변했고 응답자의 성별이나 연령대에 따른 경험의 차이가 없다는 것을 고려해봤을 때 이미 대중적인 미디어 형태로 자리 잡았다고 할 수 있다.[15]

레거시 미디어와 소셜 미디어는 만들어내는 제작물도 매우 다른 성격을 가진다. 특히 전문성, 포맷 및 분량, 업데이트 주기, 참여 및 상호작용, 객관성, 다양성 등에서 차이를 보이다. 레거시 미디어의 경우 전문 제작자가 미리 정해진 방송 주기에 따라서 제작을 한다. 따라서 제작 및 전파 가능한 콘텐츠의 분량이 미리 정해져 있으며 다양한 계층의 제작 토의 과정을 거친다. 우선순위에 따라서 제작 가능한 콘텐츠가 선별되는 것이다. 반면 소셜 미디어는 정해진 제작 주기나 분량이 없고 개인이나 소수의 크리에이터가 원하는 대로 비공식적이며 탄력적으로 콘텐츠를 제작 및 업로드할 수 있다. 개인이 원하는 내용과 방식으로 원하는 만큼 언제든 업로드가 가능하다는 의미이다.

레거시 미디어 환경 속에서 활동한 하리수는 제작 의도에 맞게 캐스팅되어야 하고 주어진 대본을 따라야 하며 제작진의 일방적인 편집

15 DMC Report(2016). 1인 미디어 산업의 현황 및 전망. https://www.trendmonitor.co.kr > downloadFile.

과정을 거친 후 미디어 수용자에게 전달이 된다. 하리수가 자신이 표현되는 방식과 내용을 통제할 수 있는 범위가 제한적인 것이다. 반면 풍자는 소셜 미디어 일인 방송으로 시작했기 때문에 자신의 의도가 전적으로 반영될 수 있었다. 또한 레거시 미디어와 소셜 미디어는 이용자의 수용성에서도 차이가 나타난다. 레거시 미디어는 다수의 대중을 대상으로 하기 때문에 사회적 규범에서 벗어나거나 도전하는 내용은 상대적으로 배제될 수밖에 없으며 그 내용이 전달되는 방식도 규범성에서 벗어나기 힘들다. 하지만 소셜 미디어는 이용자가 스스로 콘텐츠를 선택하여 소비하기 때문에 상대적으로 다양한 콘텐츠 생산이 가능하다. 이런 이유로 풍자는 대중에게 자신이 선택한 방식으로 스스로를 노출할 수 있으며 타인에 의한 방송 중단이나 편집에서 자유롭다. 따라서 레거시 미디어 속 트랜스젠더 재현은 제한적이었고 소셜 미디어는 상대적으로 포용적이며 포괄적이라고 할 수 있다.

혼자인 하리수와 관계 속의 풍자

앞서 살펴본 바와 같이 레거시 미디어와 소셜 미디어는 많은 차이점을 가지지만 이 둘은 상호 배타적이거나 일방적 흐름이 아니다. 서로 연결되어 있고 상호 영향을 미치기 때문이다. 대중의 소셜 미디어 활용 및 의존도가 높아짐에 따라 레거시 미디어도 소셜 미디어의 특성을 차용하고 있다. 레거시 미디어로 불리는 방송사 및 신문사 등은 온라인 플랫폼을 구축하고, 사용자 참여와 상호작용을 적극적으로 하고 있으며 멀티미디어 콘텐츠를 통합·활용하고 있다. 또한 실시간 업데이트 및 라이브 스트리밍을 제공하고, 사용자 제작 콘텐츠 및 시민 저널리즘을 활용하고 있으며 사용자 개인화된 콘텐츠 추천을 제공하고 있다. 지상파 방송사가 유튜브 채널을 운영하고 전용 콘텐츠를 제작하는 것을 생각해보면 쉽게 이해할 수 있다.

이렇게 레거시 미디어가 소셜 미디어화되면서 보이는 가장 주된 특징은 내용이 비격식화된다는 점이다. 레거시 미디어 환경에서 방송은 공적 영역이었다. 따라서 출연자들은 서로 '~씨'로 호칭했고 존댓말을 사용했다. 하리수의 2000년대 초반 방송을 보면 출연자들은 하리수를 '하리수 씨'라고 호칭하고 있으며 하리수는 다른 출연자들과 일정 정도 격식을 유지하는 것을 볼 수 있다. 또한 토크쇼에 나와서는 진행자의 진행에 따라 질문에 답을 하는 형태를 보인다. 하리수는 하리수라는 개인으로서 공적 관계 속에서 출연한다. 반면, 풍자가 활동하는 요즘의 방송은 모습이 다르다. 일인 방송은 당연하고, 지상파 및 인터넷TV 또한 비격식화되어 출연자들이 서로 친분을 드러내고 격의 없는 모습을 보인다. 서로를 '형', '누나', '야', '너'라고 호칭한다. 풍자의 경우도 마찬가지이다. 특히, 풍자는 〈한도초과〉 및 〈내편하자〉 등에서 다른 여성 연예인과 그룹으로 출연하는 경우가 잦다. 비격식화된 방송에서 이들의 관계는 동료 출연자가 아닌 자매화되어 연출된다. 풍자는 자신의 연애사를 다른 여성의 공감 속에서 이야기하고 다른 여성의 연애에 조언을 한다. 공적 영역이 사적화되어 이들의 대화를 듣고 있으면 방송이 아닌 친한 언니 동생의 커피숍 대화를 듣고 있는 듯하다.

출연자의 한 사람으로서 개별적으로 존재했던 하리수와 달리 풍자는 다른 여성과 자매화된 관계성 속에서 존재한다. '언니'라는 호칭과 다른 여성과의 연대적 관계 안에서 풍자는 자신의 여성됨을 따로 증명할 필요가 없다. 하리수의 '형부, 파이팅!'이라는 조소어린 유행어가 보이는 것처럼 하리수는 다른 여성 출연자에게 여성으로 포용되지 못했고 그녀의 여성적 정체성은 비웃음의 대상이었다. '언니'나 '누나'가 아닌 철저한 '하리수 씨'로 구분되었다. 반면 바뀐 미디어 환경은 풍자라는 또 다른 트랜스젠더 여성 연예인에게 더욱 수용적 환경을 제공하고 있다.

남성적 시선male gaze과 말하는 자의 권력

하리수는 매우 규범적인 여성성을 수행했다. 미디어 속 하리수의 모습은 그녀가 얼마나 놀랍도록 '여자보다 더 예쁜지'에 초점이 맞춰져 있다. 날씬한 몸매와 긴 생머리, 그리고 섹시한 몸동작으로 그녀는 이성애 규범주의 속에서 안전하게 소비될 수 있는 이미지를 반복 재생산했다. 이것이 대중에게 거부감 없이 수용될 수 있는 모습이기 때문이다. 그녀는 인터뷰에서 자신이 가진 상징성 때문에 행동이 조심스러웠다고 수차례 얘기한 바 있다. 자신의 행동이 다음 등장할 다른 트랜스젠더 연예인에게 영향을 줄 수 있으므로 그 대표성의 부담을 항상 가졌으며 심지어 불합리한 일을 당했을 때에도 문제제기가 어려웠다고 했다. 착하고 예쁜 여성만이 그녀에게 허락된 선택지이기 때문이다. 이것이 집단이 주변적 소수자에게 지우는 억압적 메커니즘의 강압이다. 주변적 소수자는 순응을 통해서 권력 체계의 수용, 보호, 안정을 추구하고 이런 강제적 순응을 통해서 억압 구조가 더욱 공고히 유지된다.

하리수가 수행한 여성성과 그녀를 바라보는 미디어의 시각은 영화이론가 로라 멀비가 제시한 '남성적 응시male gaze' 개념으로 이해할 수 있다. 멀비는 여성이 영화에서 어떻게 표현되는지 분석하는 틀로서 '남성적 응시'를 제안했는데 그녀에 따르면 영화는 남근 중심적phallocentric, 시각적 쾌락을 제공하고 관객은 남성 주인공과 스스로를 동일시하는 방식으로 여주인공을 성적 대상화하는 동시에 성차에 따른 권력관계를 재구성한다고 했다. 이런 현상은 비단 영화뿐 아니라 많은 대중문화에서 관찰할 수 있는데 대부분 응시하는 주체는 남성이고 여성은 응시의 대상으로 존재한다. 이러한 시선은 여성을 수동적인 욕망의 대상으로 축소하고 전통적인 성 역할을 강화함으로써 성 불평등을 지속시킨다고 할 수 있다. 하리수의 경우 가부장적 규범성 안에서 여성성을 수행했기 때문에 '남성적 응시'의 대상이 되었고 그녀 스스로도 이 역할을 충실히 수행했다. 그것이 그녀가 소비될 수 있는, 그럼으로써 연예 활동을 할 수 있는 방법이었기 때문이다.

또한 하리수는 방송 예능 및 다큐멘터리에서 주로 관찰의 대상으로 등장한다. 그녀는 성정체성 및 성전환 과정에서 겪었던 어려움과 좌절을 고백하기를 끊임없이 요구받는다. 예를 들어 KBS 〈서세원쇼〉에 출연한 그녀는 지극히 개인적이며 침해적인 질문을 받는데 '대중목욕탕 갈 때, 남탕을 가나, 여탕을 가나?' 혹은 '애인과의 스킨십은 어떻게 하나?'와 같은 질문이 그것이다. 질문은 모두 그녀의 트랜스젠더 정체성을 향해 있다. 관찰 다큐멘터리인 〈인간극장〉에 출연해서도 마찬가지였다. 하리수를 관찰하며 그녀의 트랜스젠더 정체성에 대한, 그리고 달성되지 못하는 '진정한' 여성되기에 대한 질문을 던진다.

하리수가 질문에 답하는 자라면 풍자는 스스로 말하는 자이다. '썰'로 시작한 일인 방송은 물론이고 그녀가 출현한 〈세치혀〉에서도 그녀는 본인의 주도하에 이야기를 전한다. 패널로 출연하는 방송에서 그녀는 다른 사람의 사연에 대한 조언을 하거나 자신의 생각을 전달하는 역할을 한다. 물론 풍자를 관찰하는 예능도 있지만 주로 그녀는 재치 있게 말하는 사람으로 재현된다. 말을 한다는 것은 권력과 연결되어 있다. 특히 상대가 그 말을 들어준다면 더욱 그러하다. 공적인 자리든 사적인 자리든 주로 권력을 가진 자가 말을 하고 약자는 듣는다. 회의나 회식 자리에서 직장 상사와 하급자의 관계를 생각해보면 쉽게 이해할 수 있다. 약자는 자신이 주도하는 말을 할 수 없다. 요구된 말을 해야 하며 때로는 그가 하는 말을 아무도 듣지 않는다. 또한 정해진 말을 하도록 요구되는 것 자체가 대단한 폭력으로 작용하기도 한다. 따라서 말을 한다는 것과, 상대가 듣는다는 것은 대단한 권력의 메커니즘이 작동하고 있는 것이다. 철학자 미셸 푸코도 '담론'이라는 개념을 통해 언어와 권력의 관계를 설명했다. 그는 담론을 지배하는 사람은 지식을 형성하고 인식에 영향을 미치며 타인에게 권력을 행사할 수 있는 능력을 가진다고 주장했다. 이 말은 말하는 사람이 담화 과정에서 발생되는 용어를 정의하고 통제하여 사건과 사상에 대한 이해와 해석을 형성할 수 있는 힘을 가지고 있다는 것이다. 이렇게 2001년의 하리수는 응시되고 자신의 경험을 고백하기를 요구받았지만 풍자는 말을 통해 권력을 행사하고 있다.

* * *

본 장에서는 20년이라는 시간적 간격을 두고 등장한 두 명의 트랜스젠더 여성 스타의 방송 활동과 그들이 처했던 미디어 환경을 분석했다. 2001년의 하리수는 호기심의 대상이었고 성적 대상이었다. 2021년의 풍자는 보여지는 것보다 말하는 것이 중심인 인물이다. 이 둘의 차이에는 미디어 환경 변화가 지대한 영향을 미쳤으며 하리수와 비교했을 때 풍자는 더 다면적 활동을 하고 있다. 풍자는 트랜스젠더지만 트랜스젠더라는 정체성만으로 정의되지 않는다. 또한 풍자는 다른 여성 출연자와 연대하며 여성 정체성을 확립한다. 그녀가 누리는 인기와 왕성한 활동을 보았을 때 분명 진보적 발전이라고 할 수 있다.

그렇다면 그때는 틀리고 지금은 맞는 것일까? 풍자가 기존 미디어 속 트랜스젠더 재현의 오랜 틀을 깬 것은 맞지만 여전히 다양성이 부재하다. 2000년대 초반 트랜스젠더가 하리수와 동일시되었다면 현재의 트랜스젠더는 풍자로 인식되기 때문이다. 앞서 살펴본 바와 같이 미디어 재현의 다양성은 매우 중요하다. 트랜스포비아가 여전히 만연한 한국 사회에서 그들에 대한 무지와 편견을 없애고 공감과 포용을 형성하려면 그들의 미디어 속 가시성을 높여야 한다. 잦은 재현은 트랜스젠더의 목소리와 경험을 증폭시켜 그들로 하여금 자신의 이야기를 전달하고 전달되는 방식으로 스스로 통제할 수 있게 해준다. 트랜스젠더 미디어 표현의 다양성을 포용하는 것은 성 정체성에 관계없이 모든 개인의 권리와 존엄성을 존중하는 세상을 만드는 중요한 단계이기 때문이다.

더 찾아보기

책 박에디(2023). 『잘하면 유쾌한 할머니가 되겠어』. 창비.

영화 〈Disclosure: Trans Lives on Screen〉(2020, Sam Feder)
〈대니쉬 걸The Danish Girl〉(2016, Tom Hooper)
〈판타스틱 우먼Una Mujer Fantástica〉(2017, Sebastián Lelio)
〈천하장사 마돈나〉(2006, 이해영)

참고문헌

신윤동욱(2001. 5. 22). 트랜스젠더 연예인 하리수. 〈한겨레 21〉. https://h21.hani.co.kr/arti/cover/cover_general/2505.html

중앙일보(2002. 2. 23). 국내 최초 '성전환자' 등장시킨 도도화장품 CF. https://www.joongang.co.kr/article/879191#home

최혜진(2023. 4. 15). '풍채 좋은' 풍자, '섹시한' 하리수보다 호감인 이유. 〈스타뉴스〉. https://m.starnewskorea.com/view_amp.html?no=2023041317343433675

한국갤럽(2020). 경제 전망, 성전환 관련 인식. 〈갤럽 리포트〉. https://www.gallup.co.kr/gallupdb/reportContent.asp?seqNo=1081

DMC Media(2016). 1인 미디어 산업의 현황 및 전망. The Global Divide on Homosexuality Persists. 〈Pew Research Center〉. https://www.pewresearch.org/global/2020/06/25/global-divide-on-homosexuality-persists/

Foucault, Michel(1971). Orders of Discourse. *Social Science Information*. 10(2): 7-30.

Mulvey, Laura(1975). Visual Pleasure and Narrative Cinema. *Screen*. 16(3): 6-18.

10장

디지털 성폭력

디지털 성착취와 게임 내 성폭력

—— 김은진

1. 디지털 성폭력의 개념과 유형

이 장에서는 '디지털 성폭력', 즉 디지털 미디어를 매개로 한 성폭력과 젠더 폭력들을 다루고자 한다. 이전에는 디지털 성폭력이란 소위 '몰래카메라', 즉 불법 촬영을 완곡하게 칭하는 용어로 여겨지기도 했으나, 디지털 미디어가 급격하게 발전함에 따라 갈수록 새로운 유형의 폭력이 등장하여 지금은 다양한 유형을 범죄를 포괄하는 용어로 볼 수 있다.

우선 정부 기관인 법제처의 정의를 보면, '디지털 성범죄'는 "카메라 등 디지털 기기를 이용해 상대방의 동의 없이 신체 일부나 성적인 장면을 불법 촬영하거나, 불법 촬영물 등을 유포·유포 협박·저장·전시 또는 유통·소비하는 행위 및 사이버 공간에서 타인의 성적 자율권과 인격권을 침해하는 행위를 모두 포괄하는 성범죄"를 의미한다(법제처, 2023).[1]

표 1. 디지털 성범죄의 유형[2]

구분	예시
불법 촬영	• 신체의 일부(치마 속, 뒷모습, 전신, 얼굴, 나체 등)나 특정 행위(용변 보는 행위, 성행위 등)를 촬영
유포, 재유포	• 동의하에 촬영한 성적인 촬영물, 동의 없이 촬영한 성적인 촬영물을 단체대화방, SNS, 성인사이트, 커뮤니티 등에 동의 없이 유포
유포 협박	• 성적 촬영물을 유포하겠다는 협박
허위영상물 제작 및 유포·재유포	• 음란물에 유명인이나 일반인의 얼굴을 합성·편집 • 피해자의 일상적 사진을 성적인 사진과 합성 후 유포
소지·구입·저장·시청	• 불법 촬영·유포물을 다운로드하거나 시청함
유통·소비	• 성인 사이트 등 플랫폼 사업자 및 이용자, 피해를 확산시키는 재유포자 • 영리 목적으로 불법 촬영물의 유포 방조·협력 및 공유 등의 방식으로 소비
아동·청소년 대상 성착취·그루밍	• 미성년 피해자가 스스로 촬영하여 전송해준 촬영물 유포를 협박의 수단으로 삼아 좀 더 높은 수위의 촬영물을 요구 • 취약한 상황에 처한 피해자에게 접근해 성적 대화를 반복하거나 친밀감을 쌓은 뒤 성적 행위를 하도록 유인
성적 괴롭힘	• 사이버 공간 내에서 성적 내용을 포함한 명예훼손 또는 모욕 • 원치 않는 성적 이미지나 영상(링크) 제공 • SNS, 단톡방 등에서 성희롱(성적인 내용의 글을 담아 피해자의 일상 사진을 게시)

디지털 성폭력[3]은 그 양상이 점차 다양해짐에 따라 '사이버 성범죄', '온라인 성폭력', '디지털 성폭력', 혹은 그 하위 범주인 '불법 촬영', '리벤지 포르노' 등과 혼용되어 사용되고 있다. 또한 디지털 성범죄는 오

1 〈대한민국 정책브리핑 정책위키 디지털 성범죄〉 및 「아동·청소년의 성보호에 관한 법률」 제25조의 2 제1항 참조.

2 법제처 홈페이지 표 수정 요약. https://easylaw.go.kr/CSP/CnpClsMain.laf?popMenu=ov&csmSeq=1594&ccfNo=1&cciNo=1&cnpClsNo=1

3 이 장에서는 '디지털 성폭력'이라는 용어를 주로 사용할 것인데, '디지털 성범죄', 즉 '범죄'는 '법률에 어긋나는 행위'지만, 디지털 범죄의 특성상 현행 법률에 어긋나지 않더라도 심각한 폭력일 수 있기 때문에 좀 더 포괄적인 용어인 '폭력'을 사용한다.

프라인 공간의 성폭력, 즉 '데이트 폭력', '스토킹', '강간', '추행' 등과 연결된 경우도 많다(여성가족부·한국여성인권진흥원, 2019: 1).

2. 성애물, 혹은 미디어 성폭력의 역사

디지털 성폭력의 뿌리는 디지털 이전 아날로그 시대로 거슬러 올라간다. 디지털 미디어 이전에도 미디어를 매개로 한 성폭력은 존재했으며, 이와 상당한 연관성이 있는 '미디어 속 폭력의 성애화 sexualization'의 역사는 길다. 성을 상품화한 대표적인 미디어 콘텐츠는 '포르노그라피'다. '포르노그라피pornography'는 '매춘부pornoi'와 '그림 grapos'이라는 희랍어의 합성어에서 유래했는데, '매춘부의 성행위 모습을 그린 그림'이라는 뜻이다(Hunt, 1993: 12). 우리나라에서는 '인간의 육체 혹은 성행위를 노골적으로 묘사, 서술한 것으로 성적인 자극과 만족을 위해 이용되는 성표현물'을 일반적으로 포르노라 이해한다(김영환·이경재, 1992: 11). 성기의 노출 여부, 그룹섹스·수간·근친상간 등의 '사회윤리 관념에 어긋나는지'의 여부에 따라 '하드코어 포르노'와 '소프트코어 포르노'로 분류·규제하는 것이 일반적인데, 여성에 대한 폭력성 여부나 인권은 전혀 고려하지 않은 이러한 기준에 대해서는 논란이 이어졌다.

포르노그라피의 역사는 인류 역사와 함께했지만, 포르노그라피를 안방으로 끌어들여 대중화, 개인화시킨 것은 소위 '성인 비디오'부터다. '성인 비디오'는 성을 상품화하는 동시에 성폭력도 상품화했다. 성인 비디오는 해외에서 제작되어 불법적으로 유통된 '하드코어 포르노그라피', 국내에서 1990년대~2000년대에 제작되어 합법적으로 비디오 대여점에서 유통된 '에로 비디오'와 같은 '소프트코어 포르노그라피'로 나뉜다. 에로 비디오는 심의를 거쳤음에도 노출 수위만 덜할 뿐 여성에 대한 폭력적 묘사는 불법 포르노보다 더 심각했다. 김준호와 김은경(1994: 84-89)의 내용 분석에 따르면 해외 불법 포르노보다 오히려 한국 에로 비디오가 공격적인 묘사의 빈도나 수위, 공격적 행위를 용인하거나 멋진 것으로 표현하는 경향이 더 심했다. 가장 문제가 되는 '강간신화'는 둘 다 마찬가지였다.

즉 포르노그라피는 결국 폭력을 '성애화', 즉 성적인 것으로 인식하게 했다. 포르노그라피는 철저히 남성을 대상으로 남성의 시선에서 제작되며 여성은 타자화, 대상화, 물화되었다. 특히 에로 비디오의 경우 '여자는 어릴수록 좋다', '근친상간이 짜릿하다', '여자는 섹스 도구/물건/음식이다', '강간이 스릴 있다', '여자의 NO는 YES다', '섹스는 여자를 정복하는 것이다', '몰래 보는 것이 좋다' 등의 이데올로기를 드러냈는데(김은진, 2001), 이는 이후 디지털 성폭력에서도 유사성이 드러난다.

심지어 포르노그라피가 아닌 소위 예술 영화에서도 성애 장면 제작 과정에 성폭력이 개입되는 경우가 많았다. 베르나르도 베르톨루치 감독과 남배우 말론 브란도가 공모해 신인 여배우에게 성폭행을 저지른 〈파리에서의 마지막 탱고〉, 임권택 감독이 15살에 불과한 이상아를 협박해 찍은 〈길소뜸〉, 그리고 김기덕의 여러 영화들은 피해자들의 증언에도 불구하고 오랫동안 예술로 칭송받았고, 성폭력 사건은 최근까지 숨겨져 있었다.

에로비디오 업계 제작 과정의 문제는 잘 드러나지 않았지만, 2000년 미성년자를 7편의 에로 비디오에 전속 배우로 출연시키고 계약금이나 출연료를 제대로 지급하지 않은 사건, 유명 배우 이경영이 에로 비디오 배우로 활동한 미성년자를 영화 출연을 미끼로 성상납 받아 유죄 판결(미성년자 성매매)을 받은 사건 등이 불법 행위로 처벌받아 드러났다. 이렇게 영상 촬영 과정의 크고 작은 성폭력, 여성에 대한 폭력적 행위들은 오래전부터 이어져왔다.

3. 디지털 성폭력: 전 사회적 공모

영상 성애물을 개인화, 대중화시킨 미디어인 가정용 비디오(VHS)는 1980년대 대중화되어 2000년대 중반까지 전성기였으나, 1990년대 후반 디지털 DVD가 등장해 2000년대 초반부터 비디오 보급률을 넘어서면서 '디지털 영상 시대'가 열렸다. 특히 2000년대 후반부터는 초고속인터넷의 대중화, 촬영 장비의 소형화 등으로 누구나 영상을 제작, 복제, 유포할 수 있는 상황이 되었고, 기본적인 규칙도 없는 불법 촬영, 유포가 만연하게 되었다.

몰래카메라, 리벤지 포르노: 영상 제작, 유포 과정의 전 국민적 공모

성을 다룬 콘텐츠는 대부분 철저히 남성의 시선으로 여성에 대한 폭력을 성애화한 것이었고, 점점 더 자극적이고 폭력적인 내용들이 등장했다. 디지털 시대가 되면서 영상 촬영 및 배포가 쉬워지고, 따라서 불법적인 방식의 제작과 유포도 늘어났으며, 이 영상들의 파급력도 급격하게 커졌다. 또한 제작 과정에서 여성의 시선과 인권이 무시된 '관행'도 더 심각해졌다.

1990년대 말, 피해 여성의 의사와 무관하게 유출되어 전국적으로 유포된 '모 연예인 비디오'는 한국 성인물과 인터넷, 두 가지 산업의 지형을 통째로 바꿔버렸다. 이 영상은 '비디오'라고 이름 붙었지만 실제로는 디지털 콘텐츠 형태로 인터넷을 통해 퍼졌고, 전국의 성인 남성이라면 안 본 사람이 거의 없을 정도로 광범위하게 유포되었다. 심지어 '전 국민 컴맹(컴퓨터를 못 다루는 사람) 탈출에 기여했다'는 말까지 떠돌 정도였다. 실제로 한국 인터넷 이용자수는 1999년을 기점으로 폭발적으로 증가한 후 다시 둔화되었다.

> 대기업에서 근무하고 있는 이 모 과장. 그는 PC(개인용 컴퓨터)를 지금까지 단순한 문서 작성용 정도로만 사용해 왔으나 '모양 비디오'가 인터넷에 있다는 정보를 듣고 주변 사람이나 서적을 통해 평소에 관심이 없던 인터넷을 배우기 위해 많은 시간을 투자했다. (중략) 이 같은 현상은 사회 전반으로 확산되어 기업은 물론이고 대학 전산실이나 심지어는 정부 부처에서도 직원들이 퇴근을 미룬 채 모양 관련 인터넷 사이트를 검색하는 모습을 쉽게 찾아볼 수 있다. '동영상' 파일은 용량이 크기 때문에 전용 접속망이 잘 발달되어 있는 회사에서 다운받는 것이 편리하기 때문이다(김용래, 1999).

상당수의 국민이 아무런 죄책감 없이 이 불법 범죄에 동참했으며, 이후 이어진 수많은 연예인 비디오 유출 사건에서도 마찬가지로 대중은 아무런 거리낌 없이 보고 즐겼다. 소위 '몰카'에 대한 대중, 언론, 경찰과 사법부의 무감각함과 도덕적 해이는 심지어 피해자가 중학생인 소위 '빨간 마후라' 사건과 '밀양 여중생 성폭행' 사건에서도 마찬가지였다. 속칭 '빨간 마후라' 영상은 1997년 4명의 남자 고등학생이 15세 여중생을 집단 성폭행한 후 가정용 캠코더로 촬영, 복사해 청계천 등에 판매한 것이다. 이후 영상은 인터넷 P2P를 통해 유포되는 등 널리 퍼졌다. 게다가 당시 피해자는 음란물을 찍었다는 혐의로 오히려 법원으로부터 보호관찰 2년을 명령받고 소년원에서 4개월을 보내야 했으며, 언론에 집요하게 시달렸다.[4]

소위 '밀양 성폭력 사건[5]'에서도 성폭력 장면의 촬영과 그것을 빌미로 한 협박이 있었다. 가해자들은 이 장면을 동영상과 사진으로 찍어 인터넷에 퍼뜨리겠다고 피해자를 협박했는데, 이후 실제로 인터넷으로 유포된 것이 밝혀졌다. 동영상과 사진 등이 국내뿐 아니라 일본, 중국, 미국, 유럽 등으로 유출되었고 각국 뉴스에도 보도되었다. 이 사건은 피해자가 수면제 20알을 먹고 자살을 기도해 드러나게 되었지만, 가해자 측, 경찰, 언론 등의 각종 2차 가해(피해자 비난, 피해자 신원 유출, 피해자 협박, 유언비어 유포 등)로 피해자는 극심한 우울증을 겪었고, 멀리 이사를 하고서도 가해자 부모가 학교로 찾아와 탄원서를 써달라고 요구하는 등 지속적으로 시달려 학교도 졸업하지 못했다. 가해자들은 대부분 처벌받지 않았고 주범 몇 명만 집행유예를 받았다.

이처럼 성관계, 혹은 성폭력 장면을 촬영한 영상은 범죄의 명확한 증거임에도 불구하고 가해자들은 유출을 두려워하기는커녕 오히려

---

4 피해자는 이후에도 단란주점 업주에게 감금, 갈취당하는 등 어렵게 지내야 했다(〈주간동아〉, 2005). 유명 연예인 노○○은 고등학생 때 이 영상을 복사해 2만 원씩 받고 팔았다며 2005년에 언론 인터뷰를 통해 '추억'을 공개하기도 했다.

5 2004년 경상남도 밀양 지역의 고교생 40여 명이 울산 지역의 피해자 1명을 온라인 채팅으로 유인해 쇠파이프로 폭행하고 집단 성폭행한 것을 시작으로, 1년 이상 폭행, 강간, 강도, 협박을 지속한 사건으로만 알려져 있다. 그러나 가해자는 추가로 밝혀진 인원까지 총 110여 명에 달했고 추가 피해자도 2명 더 드러났다. 그럼에도 오히려 피해자를 비난한 담당 경찰과 지역의 여론, 피해자 신상 유출, 가해자들에 대한 미약한 처벌로 화제가 된 사건이기도 하다.

피해자들을 협박하는 도구로 사용하고 널리 판매해 부를 축적했다.[6] 이는 법적 처벌이 미약하고 사회적으로도 비난이 피해자에게 집중되었기 때문이다. 또한 이러한 영상을 돌려보는 것은 직장이나 공공기관에서도 이루어지는 공공연한 행위로 아무런 사회적 제재가 없었으며, 관람자들은 일말의 죄책감도 없이 영상을 다시 유포했다. 이렇게 1990년대 후반부터 수십 년간 대중적으로 '몰래카메라' 영상물을 돌려보는 일들이 반복되면서 우리 사회는 이에 대한 윤리적 감각을 상실했다.

> 디지털 성폭력 영상을 보는 일은 상상 이상으로 고통스러웠다. 의식이 없는 피해자가 등장하는 영상, 남성의 얼굴은 정성스레 모자이크하면서 여성의 얼굴은 '줌인'하는 영상도 있었다. 자막으로 피해 여성의 신상(이름, 주소, 학교, 주민번호 등)을 적어놓은 영상들도 있다고 한다… 피해 당사자가 영상 속 자신의 얼굴과 성기가 나온 장면을 직접 캡처하는 일은 더욱 고통스러울 것이다. 채증을 시작한 지 3시간도 되지 않아 머리가 멍해졌다. 업로더와 시청 강간에 참여하고 댓글로 감상평까지 남겨놓은 수많은 사람들의 파렴치함에 분노가 일었다(블로터, 2017).

디지털 성폭력 영상 제목을 통해 보면 여성들은 가해자(업로더)의 현 여자친구 18.5%, 배우자 14.1%, 지인 13.3%, 헤어진 연인 6.5%, 그 외에 동생이나 누나, 딸, 친인척 순이었다(블로터, 2017). 가해자가 자신

6 모 연예인 비디오의 경우 해당 여성 연예인은 연예계에서 사라지고 지병을 얻었으나 인지도가 없던 상대 남성은 그 유명세를 내세워 새로운 매체에 등장하기도 했다.

을 가장 사랑하고 신뢰했을 연인, 혹은 가족이나 친척, 지인들에게 저지른 범죄라는 것이다. 특히 연인, 배우자, 헤어진 연인의 경우 소위 '리벤지 포르노revenge porno'[7]일 가능성이 크다.

소위 '몰래카메라' 제작에는 '데이트 강간 약물date rape drug'이 이용되기도 한다.[8] 데이트 강간 약물은 버닝썬 사건에서 보듯 디지털 성폭력과도 연관성이 높다. 여러 남성 연예인과 버닝썬의 여러 직원은 카카오톡을 통해 강간 동영상 및 사진을 공유, 유포했다. 몰래 찍은 영상들은 해외 음란물 사이트에도 널리 유포되었다. 영상 및 사진의 여성들은 의식을 잃은 상태였고, 결국 약물을 사용한 범죄임이 확인되었다(윤상근, 2020; 허진무, 2020). 젊고 인기 있는 남성 연예인들은 쉽게 여성과 사귈 수 있었음에도 굳이 약물을 사용해 여러 여성을 성폭행했고, 얼마든지 상업적 포르노를 구할 수 있었음에도 굳이 여성들에게 약물을 몰래 먹이고 촬영해 자랑하고 유포했다. 이후 공개된 그들의 SNS 대화 내용을 보면, 이러한 행위가 강간임을 명확하게 인지하고 언급했음에도 죄의식은 조금도 없고, 자랑하듯 영상을 공유하고 유포했다. 이는 성폭력이나 디지털 성폭력이 남성이 본능적 성욕을

---

7 '리벤지 포르노'는 연인이었던 관계에서 이별에 앙심을 품고 동의 없이 퍼뜨린 성관계 영상이다. 단어를 그대로 번역하면 '복수'를 위한 '포르노'라는 것인데 '복수'라는 단어가 마치 피해자에게 잘못이 있는 것 같은 오해를 초래할 수 있고, 심지어 판매용으로 만들어진 '포르노물'이 절대 아니라는 점에서 여러 관점에서 잘못된 용어이다. 이를 대체할 용어로는 현재 '디지털 성폭력', '불법 촬영' 등이 제시되고 있다. 그러나 이 경우 모르는 사람에 의한 불법 촬영(화장실, 모텔, 집, 대중교통 등 여러 장소에서 여러 방식으로 촬영), 딥페이크, 단톡방 성희롱 등 기타 다양한 디지털 성폭력과 구분되지 않는다. 따라서 여기서는 부득이 소위 '리벤지 포르노'라는 용어를 사용한다.

8 이 약물은 남성이 상대 여성의 음료수에 타서 저항하지 못하도록 한 뒤 강간하는 용도로 자주 쓰여 이러한 이름이 붙었다. 무색·무취·무미의 이 약물이 인체에 투여되면 15분 이내로 동공이 풀리고 몸이 떨리며 이내 정신을 잃는다. 투여 후 최대 24시간 이상 지나면 검출이 불가능해 범죄에 악용될 확률이 높다(최윤서, 2019).

풀지 못해서라는 일각의 주장이 터무니없다는 증거이다.

이러한 일련의 사건들에서 드러나듯 약물 성폭력 → 디지털 성폭력 → 영상 피해자들에 대한 협박과 성착취는 이렇게 유기적으로 연결된다. 성폭력, 그리고 디지털 성폭력은 본능적인 성욕에 관한 문제가 아니다. 상대방을 무력화하고, 권력을 확인하고, 가해자 집단의 연대를 통해 자기들만의 비밀스러운 특권과 즐거움을 만끽하는 행위다.

몰래카메라, 리벤지 포르노:
조사, 재판 과정에서의 성폭력과 미약한 처벌

조사와 재판 과정에서도 성폭력은 관대하게 처리된다. 우선 약물을 이용한 성범죄의 경우 디지털 성폭력과 연결되는 경우가 많고 치밀한 계획 범죄로 죄질이 나쁜데도 오히려 형량이 낮다. 형법은 '강간죄'를 '폭행 또는 협박을 통해 상대방 의사에 반해 간음할 경우'라고 규정하지만, 술이나 약물을 이용한 범죄는 '준강간죄', 즉 '사람의 심신상실 또는 항거불능의 상태를 이용해 간음하는 범죄'라고 규정하며, 강간죄보다 낮은 형량을 책정했다. 계획적이고 악질적인 범죄인데도 상식과는 다른 처벌이 이루어지는 것이다. 최근 약물, 술 등을 악용한 준강간 범죄가 갈수록 늘어나자, 수사 당국은 2019년 약물을 이용한 성폭행 사건에 대하여 준강간이 아닌 강간죄 혐의를 적용해 적극적으로 수사하겠다는 지침을 밝히기는 했다(《경기도민일보》, 2019). 그러나 그 직후 한 여성이 의식을 잃은 채 남성 5명에게 끌려가 성폭행을 당한 사건의 2심(2020년 7월)에서 가해자 전원이 무죄 판결을 받았다. 준강간 혐의는 고사하고 무죄 판결이 선고된 것이다. 이 사건의 공동대책위원회는 여러 약물 성폭력 사건들에 대해 사법부와 의식을 잃은 여성을 '골뱅이' 등으로 비하해 부르며 다수가 공모해 성폭력을 저지르는 남성들의 강간 문화를 규탄했다(김서현, 2020). 한국성폭력상담소의 2018년 상담 통계에 따르면 술과 약물을 매개로 한 성폭력 상담이 전체의 17.6%를 차지한다.

성범죄의 경우 처벌이 미약한 것을 넘어, 경찰 조사와 재판 과정에서 심각한 수준의 2차 가해가 벌어지기도 한다. 크게 이슈가 되었던 '리벤지 포르노' 사건으로는 유명 연예인 구 모 씨 사건을 들 수 있다. 이 사건은 피해자가 유명인이라는 점도 있지만 판사의 재판 과정과 판결의 문제로 인해 더 이슈가 되었다. 사건 담당인 오모 판사는 많은 사람이 있는 법정에서 영상을 재생하려 했으나 변호사가 강하게 반발하자 단독으로 영상을 시청했다. 판결문에서도 굳이 장소, 횟수까지 일일이 나열하는 등 피해자를 모욕했다(윤정혜, 2019). 구모 씨는 결국 재판 후 스스로 생을 마감했고, 이 사건은 여러 외신에도 보도되었다.

워싱턴포스트는 구○○를 괴롭혔던 불법 촬영에 무죄를 선고한 남성 판사의 이름을 그대로 드러내는 기고문을 게재했다. "(오 판사는) 최 씨의 폭행 등의 혐의엔 유죄를 선고했으면서 (촬영엔) 무죄를 선고한 남성 판사"라며, "(불법 촬영) 범죄자들은 5년 이하의 징역형을 선고받을 수 있지만 아무리 심각한 사건에서도 그런 선고는 좀처럼 내려지지 않는다. 대개가 벌금형에 그친다"고 설명했다. 그리고 이런 가벼운 처벌이 남성 가해자들에게 범죄를 반복하게끔 만든다는 비판을 소개했다(송윤경, 2019).

리벤지 포르노 사례들은 '보이는 자는 여성이고 보는 자, 즉 권력을 가진 자는 남성'이라는 시선의 권력 문제뿐 아니라, 성관계에 있어서 남녀 간의 권력 문제, 관계를 끝맺음할 수 있는 권리의 편향성, 심지어 이를 둘러싼 언론, 여론, 입법부, 사법부의 편향된 시각을 드러낸다.

몰래카메라, 리벤지 포르노: 언론의 공모

미디어, 저널리즘 측면에서 특히 주목해야 할 부분은 일부 언론인, 기자들도 스스럼없이 범죄에 동참했다는 점이다. 일례로 2019년 드러난 '사이버 범죄 기자 단톡방' 사건을 들 수 있다. 이 기자 단톡방은 기존 단톡방에서 성폭행 피해 여성 유출 영상과 사진을 요구하는 발언, 2차 가해 발언이 제지당하자 '마음껏 공유하고자' 따로 만든 것으로, 그 탄생부터 문제가 심각하다. 이 단톡방의 구성원들은 유튜버 모 씨 사건, 버닝썬 사건 등 디지털 성폭력 사건이 벌어질 때마다 서로 동영상을 구해달라 애원하고, 자랑하듯 공유했다. 김○○ 전 법무부 차관 사건, 가구회사 한○ 성추행 사건 등 심각한 성폭력 사건이 벌어져도 "공유 좀", "요런 건 꼭 봐야 합니다" 등 즐거워하며 영상과 피해자 신상을 공유하거나, 피해자 사진을 공유하며 "저 정도면 육덕 아니에요?", "한번 유혹해볼 만하다" 등 외모를 품평하고 가해자를 옹호했다(손가영, 2019).

공유된 사진은 확인된 것만 590여 장, 포르노·불법 촬영물 유포 사이트 링크는 140여 개다. 이들은 기자라는 위치의 특권을 마음껏 누리고 즐기면서 누구보다 빨리 영상을 공유하려 했다. 단톡방 대화 내용을 시민 단체가 고발하고 언론에 유포되자, 이들은 반성은커녕 즉시 다른 방을 만들었고, 대화 내용이 기사화되지 않도록 인증 절차를 만들자며 대책을 논의하기도 했다(이수진, 2019). 결국 이들 중 총 12명은 음란물 유포, 명예훼손, 성매매, 성매매 광고 등의 혐의로 붙잡혔으나, 증거가 분명함에도 이 중 1명만 약식 기소(정식 재판 없어 피의자가 법원에 출석하지 않아도 되며 보통 벌금형으로 끝남)되었고, 대부분 기소유예(죄가 인정되나 기소하지 않고 수사를 종결)되었다.

4. 디지털 기술과 영상 유포: ‘김본좌’부터 ‘소라넷’, ‘N번방’, ‘웰컴 투 비디오’까지

“국산 야동=몰카” 공식: 연예인 비디오 유출부터 소라넷까지

새로운 기술이 나타나면 그 기술을 이용한 성상품화(포르노), 혹은 성폭력이 등장한다. 인터넷이 등장했을 땐 주소창에 주소를 입력하다 오타가 하나라도 있으면 포르노사이트로 연결되었고, 휴대폰이 대중화되자 연예인 모바일 화보집이 쏟아져 나왔으며, 3D나 가상현실 등 새로운 미디어 기술이나 매체가 등장하면 예외 없이 성 상품화, 혹은 성범죄, 성착취 콘텐츠가 발 빠르게 등장했다. 그러나 몰래 여성을 찍어 퍼뜨리는 디지털 성범죄가 곧 ‘국산 야동’으로 불리는 현상은 한국의 성애물은 곧 디지털 성폭력이라는 공식이 널리 통용된다는 것으로, 한국 사회와 문화의 심각성을 제기한다.

이러한 디지털 성범죄와 이를 둘러싼 사회적 인식은 앞서 살펴본 ‘빨간 마후라’(1997) 사건, 모 연예인 영상의 전국적 유통(1999) 사건, 그리고 이어진 ‘김본좌(2006)’, ‘소라넷(1999~2016)’ 사건 등의 계보를 통해 발전해 왔다. 국내에서 유통 일본 포르노물의 약 70%를 공급했고, 이 경력을 인정받아 ‘S 웹하드’에 스카우트되었던 소위 ‘김본좌’[9] 체포 사건은 2006년 ‘디시인사이드’ 이용자가 선정한 ‘올 한 해 인터넷 이슈 베스트 10’에서 2위를 차지했다.[10] 많은 남성은 그의 체포에 반발했고 관련 기사 댓글란에는 ‘지켜주지 못해서 미안해’라는 문구와 근

9 ‘본좌’는 거인이나 최고수를 뜻하는 당시 인터넷 용어.

10 1위는 황우석 논문 조작 사건.

조 리본이 달렸다. 이 사건으로 '지못미'라는 유행어가 생겨났고, 각종 패러디가 쏟아져 나왔다. 아래 패러디를 보면 그는 '의인'을 넘어 박해받는 예수로 그려진다.

> 조사실에 계시던 김본좌께 담당 형사가 물을 건네매, "목이 탈것이니 드시오" 하니, 본좌께서는 "아니오. 빨리 수사를 마치고 집으로 돌아가 업로드를 마쳐야 하오. 나를 기다리는 수십만 명의 사람이 있소" 하시니 담당 형사와 조사관들이 이내 숙연해지며 닭똥 같은 눈물을 흘리더라.—본좌복음 수사편 25절 3장.

김본좌가 불법 복제, 유통한 영상들은 그래도 소위 '몰래카메라'가 아니라 일본의 핑크포르노, 즉 상업적 픽션 영상이었다. 이후 1990년대 후반부터 인터넷 사이트, 웹하드, P2P 사이트 등을 통해 음란물과 '몰카물'이 마구 유포되면서, 불법 복제한 상업적 음란물과 '몰카물'이 동일한 것처럼 혼재되었다. 이 중심에 '소라넷'이 있었다. 소라넷은 1999년 '소라의 가이드'라는 이름의 웹매거진으로 시작한 후, 2003년 '소라넷'이라는 회원제 커뮤니티로 개편되었다. 이후 회원이 길거리, 화장실, 목욕탕 등에서 '도촬'한 소위 '몰카', 리벤지 포르노, 유명인 합성 사진 등 각종 디지털 성폭력물이 공유되었고, '스와핑'과 성매매 알선, 강간 모의, 윤간 제안 등의 메시지도 올라왔다.

술과 약물을 이용해 여성을 속칭 '골뱅이'로 만든 후 강간할 '초대남'들을 모집하여 윤간하고, 아동·청소년 성착취물을 유통하는 등 극악무도한 범죄의 온상[11]이 된 소라넷은 무려 17년간 100만 명 이상의

11 소라넷 사이트 내에 '중년남과 애기들의 놀이터-파파러브 카페'라는 이름으로 아동의

회원을 유지하다가 '병원 능욕 사건(자세한 성폭행 인증 글과 사진 게시)', '왕십리 강간 모의 사건(강간 모의 사건 고발로 경찰 신고)' 등이 이슈가 되어 2016년 4월 폐쇄되었다. 이 과정에서 소라넷 추종자들은 관련 방송 〈그것이 알고 싶다〉 게시판에 악플을 달고, '개인의 성적 자율권'을 침해한다며 트위터 등을 통해 거세게 반발했다. 운영자들은 해외에 서버를 두고 해외 도피 생활을 하며 무려 100억 원 이상을 벌어들였으며, 운영자 6명 중 3명은 검거했으나 나머지 3명은 지금도 호주에서 자유롭게 살고 있다. 이후로도 '여탑', '밍키넷', '춘자넷', '오야넷', '꿀잼넷', '무야넷', '소녀경', '떡방닷컴' 등 유사 사이트가 줄을 이었다. 대규모 디지털 성범죄가 오랜 기간 버젓이 이어지다가, 이에 분노한 사람들이 청원운동을 벌이고, 해외 공조 수사로 검거하는 패턴은 이후에도 이어졌다.

이러한 일련의 사건들을 통해 디지털 성범죄는 점점 대중화, 산업화되었다. 명백한 범죄를 저지르고 그 사진과 영상을 공유하는 것을 '민주주의 국가라면 용인해야 할 개인의 성적 자유'로 포장하고 주범들이 체포되어도 이들을 옹호하고 반대하는 측을 비난하는 등 성범죄, 그리고 디지털 성범죄에 대한 가치관도 극도로 왜곡되어갔다. 이미 1999년 연예인 비디오 사건에서부터 널리 유포된 불법 촬영물을 단순 시청하거나 재유포하는 것은 문제가 없다는 잘못된 가치관이 대중적으로 자리 잡고 있었고,[12] 이는 여러 사건을 거치며 점점 굳어졌

성기 사진 등이 게시되고, '나의 남친 게시판'에는 아동·청소년 이용 음란물 95개가 게시되었다. 근친상간을 뜻하는 '근친고백 게시판'은 우수카페로 지정되었고 아동·청소년 이용 음란물 655개가 게시되었으며, 그 외에도 87,354개의 음란물이 게시되었다(이희숙, 2019).

12 필자가 에로비디오에 대한 연구를 위해 2000년 성인 남녀 20명을 인터뷰했을 때, 1999년 유포된 해당 '연예인 비디오' 관련 질문도 포함되었다. 이에 남성 10명 전원이 유출

다. 특정한 소수 악인만의 문제가 아니라 평범한 다수가 당연하게 공유하는 감각이 된 것이다. 이는 아렌트가 말한 '악의 평범성banality of evil', 즉 자신의 행동이 불러올 결과에 대한 진지한 사유가 없을 때 모두가 당연하게 여기고 평범하게 행하는 일이 악이 될 수 있다는 것을 잘 보여주는 사례다.

텔레그램과 다크웹을 통한 디지털 성폭력의 진화: 'N번방'과 '웰컴 투 비디오'

텔레그램을 이용해 여성들을 성노예화하고 디지털 성착취를 일삼은 'N번방'과 '박사방', '다크웹'에서 생후 8개월 된 영유아 성폭력 영상까지 공유한 세계 최대 아동 성착취 사이트 '웰컴 투 비디오', 그리고 '웹하드 카르텔'까지 디지털 성폭력은 새로운 기술과, 도움 받을 곳 없는 피해자의 상황을 이용해 악질적으로 발전해 왔다.

지금까지 새로운 매체가 생겨날 때마다 이를 이용한 음란물, 성폭력물이 바로 등장해 왔다. 최근 디지털 성폭력은 추적이 어려운 접근 방식(텔레그램, 다크웹)들을 이용해 그 범죄 양상이 매우 악질적으로 발전해 왔다. N번방 사건은 카카오톡과 유사하지만 추적이 어려운 인터넷 메신저 텔레그램의 여러 채팅방에(N개의 방, 즉 N번방) '갓갓(1~8번 방)'과 '문○○', '조○○(박사방)' 등이 미성년자를 포함한 최소 수십 명의 여성들을 성노예화하여 협박하고 엽기적인 성폭행 영상들을 올려 판매한 것이다. 경찰이 공개한 배포 및 소지자만 약 6만 명이다(김

영상을 보았으며, 대다수가 유출한 사람은 잘못이 있지만 그것을 본 사람은 아무 잘못이 없다고 대답했다. 또한 당시 동료 남성 대학원생이 연구실 PC에 해당 영상을 다운받아놓았다며 시청을 권하는 '친절'을 발휘하기도 했다.

정윤, 2020). 또한 피해자 규모는 N개의 방이라는 여러 N번방 중 박사방만 74명, 그중 16명이 미성년자이다(오연서, 2020). 경찰청 '디지털 성폭력범죄 수사 현황' 자료(2017년~2022년 8월)에 따르면 아동·청소년 성착취물 소지 피의자의 88%가 10~30대이며, 피해자도 가해자도 연령대가 낮아 앞으로 범죄가 늘어날 가능성이 높음을 시사한다.

이 과정에서 디지털 성범죄를 방관하거나 동조하고 부추긴 대중과 사회 시스템의 역할도 간과할 수 없다. 관련한 보도가 몇 번 있었으나 크게 이슈가 되지 못하고 묻힌 이 사건을 심층보도로 공론화한 것도 기성 언론이나 경찰이 아니라 여대생 2명, '추적단 불꽃'이었다. 디지털 성범죄에 대한 한국 사회의 철저한 무관심은 N번방 이슈가 커지기 전 조용히 묻힐 뻔한 '웰컴 투 비디오' 사건의 진행 과정에서도 드러난다.

'웰컴 투 비디오'는 2015~2018년 다크웹에서 한국인 손○○가 운영한 세계 최대 유아동 음란물 웹사이트다. 업로드 페이지에는 "'성인 포르노'는 올리지 말 것"이라는 배너가 있었고, 생후 6개월 영아부터 유아, 아동을 성폭행, 폭행, 수간하거나 신체를 훼손하는 사진과 영상을 유통했다. 유료 이용자 3,344명 중 310명이 적발되었고, 이 중 한국인은 228명이다. 이 사이트에서 적발된 아동 포르노는 8테라바이트, 다운로드는 100만 건, 서버 보관 주인 영상 파일 20만 개, 약 25만 개의 아동 포르노가 업로드 중이었고, 이 중 45%는 웰컴 투 비디오에서만 발견된 영상이었다(2018년 2월 기준). 이 사이트의 적발을 통해 미국 등에서 성폭행을 당하던 아동 23명이 구출되었는데, 신체를 훼손당한 아이들, 실종 신고 된 아이들도 다수 발견되었다(김미라, 2020). 운영자 손○○는 약 44억 원의 수익을 올렸고, 2018년 체포되어 1심에서 집행유예, 2심에서 1년 6개월 실형을 선고받아 복역하고

석방되었다.[13]

한국 디지털 성범죄의 가장 큰 특징이자 문제점은 촬영, 업로드부터 웹하드를 통한 유포, 심지어 이를 필터링하거나 지워준다고 주장하는 디지털 장의사까지 모두 결국 하나로 연결되어 있는 한통속이라는 점이다. 웹하드는 성폭력 영상을 유료로 유포해 이를 가장 큰 수익원 삼아 성장하고, 피해자가 이를 지우려 해도 역시 같은 업체인 필터링 업체는 이를 적당히 방관한다. 또 필터링 업체는 디지털 장의사 업체를 차려 피해자에게 영상을 지워주겠다며 매달 수백만 원을 요구했다. 피해자의 영상을 유포해 돈을 번 업체가, 간판만 바꿔 달고 영상을 지워주겠다며 피해자에게 돈을 요구하는 것이다(〈그림 1〉 참조). 즉 피해자는 같은 범죄자에게 3중, 4중의 피해를 입게 된다.

2020년 N번방 사건 이후 소위 'N번방 방지법'이 제정되었지만, 텔레그램, 카카오톡 단체방, 1:1 대화방 등은 아예 적용 대상에서 빠져 있어 실효성에 의문이 제기되었다. 인터넷 사업자의 불법 촬영물 등 유통방지 책임을 강화하는 전기통신사업법·정보통신망법은 공개된 온라인 공간만 대상으로 하는데, 이는 검열 논란을 피하기 위해서다

13 한국의 다른 이용자들은 기소유예, 벌금형만 받았다. 반면 미국과 영국의 이 사이트 이용자들은 최대 22년 형을 받았고, 조사 중 자살한 이가 2명이다. 2018년 미국 연방대배심은 손○○에 대해 아동음란물 홍보, 배포 및 공모, 돈세탁 등 9건의 혐의를 적용해 기소했고, 범죄인 인도 조약에 따라 강제 송환을 공식 요청했다. 그러나 한국 법원은 송환을 거부했고, 현재 기소된 내용은 처벌이 끝나 신상 공개나 전자발찌 부착도 불가능하다. 이후 2020년 5월 12일 관련 법령이 개정되었다. '아동 및 청소년 성착취 영상물을 제작하거나 반포'했을 때 형량이 기존 '5년 이하 징역 또는 3천만 원 이하 벌금형'에서 '7년 이하 징역 또는 5천만 원 이하 벌금형'으로 상향됐고, 「성폭력처벌법」 제14조의2를 신설해 '딥페이크' 영상물 등 편집 및 합성을 통한 허위영상물 처벌 조항도 마련했으며, 미성년자 의제강간 기준연령을 기존의 13세에서 16세로 상향했으나(최준규, 2020), 외국에 비해 매우 미약하다.

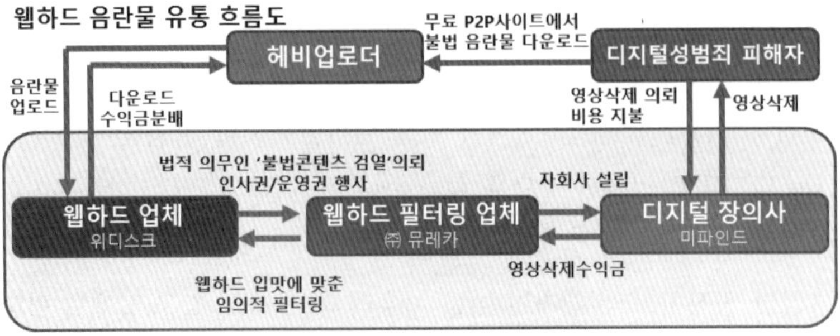

〈그림 1〉 웹하드 카르텔 흐름도(기민도·고혜지, 2018)

(박수선·엄재희, 2022). 결국 3년이 지난 2023년 현재, 유사한 디지털 성범죄는 계속 일어나고 있다. 역시 텔레그램을 통해 아동, 청소년 최소 9명의 성착취물을 제작 유포해 제2의 N번방이라고 불리는 '엘'이 2022년 말 호주에서 검거되었으나, 아직 국내 송환되지 않았다.[14]

5. 혐오의 라이프 사이클: '패드립', '능욕', '섹스링', '딥페이크'

'패드립'과 '지인 능욕': 학교, 게임, 딥페이크 속 여성 혐오

소위 '패드립'은 2000년대 이후로 흔히 사용되고 있는 인터넷 용어로, 패륜悖倫 혹은 패밀리family와 애드립ad-lib의 합성어로 알려져 있으며, 본인 혹은 남의 부모나 가족을 모욕하는 발언이다. 주로 게임 대화방에서 볼 수 있는데, '한국이 게임 강국인 이유가 부모님 욕을 듣

14 성착취 범죄의 국내 공범 15명이 검거되었으며, 영상 판매, 유포, 소지, 시청하거나 피해자의 신상 정보를 공개한 10명도 검거되었다(주현웅, 2022).

지 않기 위해서'라는 농담이 있을 정도로 흔하게 접할 수 있다. 그러나 여기에서 상대방을 욕하기 위해서 대신 끌어들여 모욕하는 대상은 '부모'가 아니라 대부분 '느금마', 즉 '어머니'라는 점에서 여성 혐오의 일종이다.

> "느금마 김치찌개 장인" 언뜻 듣기에 칭찬 같죠. 하지만 이 표현은 상대 부모님을 욕하는 '패드립'으로 쓰이고 있었습니다… "아버지 이름은 부르지 않냐"고 묻자 박군은 "이유는 모르겠지만 엄마 이름만 부른다."고 답했습니다… "응 니 며느리", "SLD(생리대)나 챙겨라" 등 낯선 표현도 사용했습니다. "응 니 며느리"는 "응 니 애미"를 쓰지 말라고 지적하자 대신 쓰는 표현이었고요, 'SLD'는 '생리대'를 뜻하는 은어였습니다. 그 외 '니 와꾸(얼굴) 빻았다,' '가슴 작다'도 있었습니다(편광현·김지아·최연수, 2019).

위의 사례는 서울의 한 초등학교에서 조사한 내용이다. 교사가 대표적 패드립인 '니 애미', '느금마(느그 엄마, 네 엄마)'와 같은 단어를 쓰지 말라고 막으면 '니 며느리', 'SLD(생리대)'로 대체한다는 점에서 여성 혐오는 더욱 명확하게 드러난다. 조사에 따르면 남학생의 53.9%가 패드립을 들어본 적이 있고, 39.3%가 사용한 적이 있다고 답했으며, 여학생은 31.3%가 패드립을 들어봤고, 11.8%가 사용한 적이 있다고 답해, 여학생에 비해 3배 이상의 남학생이 패드립을 사용하고 있었다(조영주·김동식·남궁윤영·이혜경, 2019).

가장 친밀한 가족 중 주로 여성을 대상으로 한 '모욕'이라는 점에서 패드립은 여성 혐오뿐 아니라 '지인 능욕'과도 연결된다. 지인 능욕은 친구나 회사 동료 등 지인의 사진이나 영상을 성적인 사진으로 편집해 게시하는 것이다. '능욕' 성범죄는 딥페이크 기술을 만나 한 단계 진화했다. 이는 최근 디지털 성범죄 중 가장 널리 퍼져 있고 기존의 범죄와 양상이 다른 것이다. 2016년부터 공론화되었고 초기에는 대부분 합성 사진을 사고파는 형태였으나, 최근에는 '전 여친 제보, 반응 좋으면 집 주소 공개', '초등학생, 길가다 보면 만지고 달아나도 됨' 등 더 많은 정보, 더 악랄한 소개 문구가 유포되고, 성폭력 댓글이 달리는 등 점점 더 악랄해지고 있다.

'능욕' 범죄는 그 이름에서부터 성적인 욕구를 충족하려 하기보다는 주로 '여성'인 상대의 인격을 훼손하고 괴롭히려는 목적이 뚜렷하다. 명예훼손이나 성희롱과는 또 다른 새로운 형태의 범죄이다. 가해자들은 피해자가 수치스러워하거나 무서워하기를 바라며 '너를 찾아가겠다', '강간하겠다'는 말을 서슴지 않고 뱉는다. 가해자가 지인이라는 점에서 피해자의 정신적 피해는 더 클 수밖에 없다. '지인 능욕' 범죄는 텔레그램, 트위터, 디스코드 등 여러 SNS에서 끊이지 않고 일어나고 있다. 심지어 지인 능욕 피해자 규모는 N번방, 박사방 피해자 규모를 훌쩍 뛰어넘는다(추적단 불꽃, 2020).

'단톡방' 성범죄

이처럼 초등학생부터 흔히 쓰는 단어들 속에 스며든 혐오는 중고생, 대학생, 기자, 연예인 가리지 않고 터진 단톡방 성희롱 사건들로 이어진다. '단톡방 성희롱'은 단체 대화방에서 벌어지는 사이버 성범죄로, '섹스링sex ring'의 일종이다. '섹스링'이란 특정 집단이 원ring처럼 둘러앉아 장난과 범죄의 경계를 넘나들며 저지르는 성범죄를 의미한다. 학교나 게임 채팅방의 패드립이 일종의 놀이문화인 것과 마찬가지다. 특히 최근에는 스마트폰을 이용해 다수가 성희롱, 촬영물 공유 등을 하며 '놀이'를 하듯 간접적으로 '성범죄'를 저지르는 경우가 많은데(김민지, 2019), 이 중 가장 널리 퍼진 것이 단톡방 성희롱이다.

이런 단톡방 성희롱은 서울 양천구 남자 중학생 사건[15]부터, 전국의 대학 단톡방(언론에 보도된 것만 2015~2019년간 20여 개 대학), 앞서 살펴본 기자 단톡방, *마트 직원 단톡방 성희롱 사건까지 지역과 연령, 직업을 가리지 않고 벌어졌다. 학교 동기, 직장 동료, 선후배 학생 등 가까운 여성을 품평하고 사진을 찍어 공유하며 성적 대상화하는 행동은 남성이라는 것이 하나의 권력이 될 수 있다는 뿌리 깊은 무의식적 사고에서 출발한 것이다. 또한 여성을 혐오하고 구별 짓는 과정을 통해 남성 정체성을 구축하고, '우리끼린 괜찮아'라며 집단의 유대를 공고하게 만든다는 점에서 더욱 문제가 크다. 가장 큰 문제는 이것이 여럿이 저지르는 과정에서 죄책감과 책임의식을 분산시키고, 어떠한 진지함도 죄의식도 없이 즐기는 집단 놀이문화라는 점에서 반성과 변화가 쉽지 않을 것이라는 점이다. 2023년에도 서울의 한 대학 졸업생들이 3년간 단톡방에서 동료 여학생들과 교수 등 20여 명을 상대로 성희롱 발언을 일삼은 사실이 드러났다.

법적 처벌도 요원하다. 현행법상 피해자가 참여하지 않는 상황에서 벌어지는 단톡방에서의 성희롱은 성폭력처벌법상 '통신매체이용음란죄'에 해당하지 않는다. 일례로 2019년, 단톡방에서 동료 여학생뿐 아니라 초등학생의 외모까지 품평한 모 교대 남학생들이 모욕죄로 벌금 200만 원을 선고받았을 뿐 '성범죄'로는 인정되지 않았다(한

---

15 14명의 남중생이 1학년 때부터 3년간(2017~2019) 단톡방에 같은 반 여학생 수십 명의 사진을 몰래 찍어 공유하고 '팬티 찢고 **에 ** 넣고 ** 하고 싶다', '** 탱글탱글하다' 등의 성희롱 발언을 했다.

채희, 2023).

성희롱, 패드립, 섹스립 등은 성적인 언어나 기호를 이용하지만 분명 '성욕'이 아니라 상대의 약점을 잡고 깎아내리려는 '혐오'에 기반을 두고 있다. 특정 남성 집단이 여성 피해자의 약점을 잡고, 숨겨야 할 범죄의 증거를 오히려 공유하면서 즐긴다는 점에서 N번방이나 '화장실(배변) 몰카'와도 그 근원은 같다. 어린 학생들에게까지 퍼진 이런 혐오 문화는 게임과 통신음란범죄에도 이어진다.

6. 게임 매개 성폭력과 젠더 폭력

2021년 국내 게임 시장 규모는 20조 9,913억 원으로 만 10~65세의 일반인을 대상으로 게임 이용 여부를 조사한 결과[16] 응답자의 74.4%가 최근 게임을 이용한 것으로 나타났다(한국콘텐츠진흥원, 2023). 이제 게임은 한국인의 생활과 뗄 수 없는 중요한 미디어가 된 것이다. 특히 어린이, 청소년, 젊은 세대의 게임 소비가 큰 만큼 그들에 대한 영향력이 크다는 점도 게임의 중요성을 시사한다. 게임 문화의 남성 편향성은 '콘텐츠 속 여성 서사와 재현', '여성 게이머가 겪는 성폭력', '게임 업계 여성 노동자들이 겪는 여성 혐오와 차별' 등 3중의 문제를 안고 있다. 지면의 한계로 여기에서는 직접적인 성폭력, 젠더 폭력만 살펴본다.

16 표본 수 6,000명, 최근 10개월간(2021년 6월 이후 2022년 4월까지) 이용 조사.

통신매체 이용 음란 범죄와 SNS

게임과 가장 밀접한 성범죄는 '통신매체이용음란죄(이하 통매음)'이다. 가장 인기 있는 온라인 게임 '롤'과 '통매음'의 합성어인 '롤매음'까지 등장할 정도이다. 2022년 한 해 경찰청에 신고된 통신매체이용음란죄(이하 통매음) 사건만 무려 1만563건으로 2018년 1,365건에 비해 8배로 폭증했다. 성폭력 사건 중에서 차지하는 비중도 급증해, 2018년에는 4%에서 2022년에는 26%로 증가했다(공병선, 2023). 통매음(「성폭력범죄의 처벌 등에 관한 특례법」 13조)은 자기 또는 다른 사람의 성적 욕망을 유발하거나 만족시킬 목적으로 전화, 우편, 컴퓨터, 그 밖의 통신매체를 통해 성적 수치심이나 혐오감을 일으키는 말, 음향, 글, 그림, 영상 또는 물건을 상대방에게 도달하게 하는 범죄로, 2년 이하의 징역 또는 2천만 원 이하의 벌금에 처한다.

통매음 처벌법은 1994년 제정 당시 형량이 1년 이하의 징역 또는 300만 원 이하의 벌금형이었다. 2006년, 2020년(N번방 사건 이후) 두 차례 개정되어 2년 이하의 징역 또는 2천만 원 이하의 벌금으로 형량이 올라갔다. 1994년 제정 당시에는 다른 성범죄처럼 친고죄(피해자가 직접 고소해야 하는 범죄)였지만 2013년부터는 친고죄가 아닌 것으로 개정되었다. 법은 있었지만 오랜 기간 유명무실하던 상황이었으나, 2018년 대법원 판례 이후 고소가 늘어났다.

2018년 대법원에서 본죄의 요건인 '성적 욕망'에 상대방과 직접 성행위를 하고 싶어하는 욕망만이 아니라 "상대방을 성적으로 비하하거나 조롱하는 등 상대방에게 성적 수치심을 줌으로써 자신의 심리적 만족을 얻고자 하는 욕망도 포함된다", "또한 이러한 '성적 욕망'이 상대방에 대한 분노감과 결합되어 있더라도 달리 볼 것은 아니다"라고 판결했기 때문이다. 다만 아직도 상대방의 피해보다 가해자의 '성적 목적'이 범죄 구성요소의 핵심이기 때문에, 2021년 기준 통신음란 범죄의 기소율은 27%밖에 되지 않는 등 범죄의 심각성에 비해 실제 처벌되는 비율은 매우 낮다(공병선, 2023).[17]

더욱 심각한 것은 게임 채팅창 등에서 흔히 발생하는 일이라 피해자도 가해자도 10~20대가 다수라는 것이다. 2021년 조사(박성훈·윤정숙·박영옥, 2022)에 따르면 초중고생의 경우 다른 범죄와 달리 성희롱은 모르는 사람에게 당한 비율이 24.6%로 높았고, 특히 온라인에서 당한 비율이 높았다. 경찰청 '디지털 성폭력범죄 수사 현황' 자료(2017년~2022년 8월)에 따르면 음란 콘텐츠 전송 범죄의 피의자도 10~30대가 70.1%를 차지했다(오세진, 2022).

워낙 발생률이 높은 범죄이기 때문인지 언론이나 법조계, 경찰 등 사회 전반에서 이 문제를 가볍게 여기거나 가해자에 감정 이입하는 태도도 흔히 나타난다. "게임하다 '이 말' 한마디면 성범죄 전과 1범 된다"(〈파이낸셜뉴스〉, 2023), "게임 중 무심코 던진 채팅 한 줄로 성범죄자행"(김정석·조동현, 2022) 등의 기사가 대표적이다. 일례로 기사 내용을 보면 "한 순간 보낸 채팅으로", "수사 효율성이 매우 떨어져 수

17 '피파온라인 4' 게임을 하다가 게임 상대방이 페널티킥에 걸렸을 때 호루라기 소리를 의미하는 '삑 삑'이라는 글을 채팅창에 게시하자, 상대방에게 "니 애@미, 니내@미 창년, 니@미 개@@레, 니애@@미 보@@지 내꼬@@추, 니애@@미 임신상태에서 와사바리 팅궈서 유산시킴, 니애@@미 D한테 강@간'이라는 채팅을 전송한 경우에도 마찬가지이다. 피고인은 피해자나 피해자의 어머니의 존재 여부, 그 모습을 모르는 상태이고, 이러한 사실을 피해자도 알고 있었다면, 막연히 피고인이 피해자의 어머니라는 존재를 지칭하며 이 사건 메시지를 보냈다고 하여 당시 피고인에게 피해자 또는 피해자의 어머니에 대한 욕정이 있었다거나 피해자 또는 피해자의 어머니에 대한 '성적 욕망'을 만족시키려 했다고 보기는 어렵다는 것이 우리 법원의 태도이다(서울북부지원 2022고정443).

사력 낭비가 심하다" 등(김정석·조동현, 2022) 피해자의 고통이나 문제의 심각성에 대한 언급은 없고 오로지 가해자 입장의 주의점이나 불편함 등을 호소하고 있다.

심지어 중립을 지켜야 할 경찰청에서 2022년 12월에 유튜브에 올린 영상 제목이 "욕 한마디에 성범죄자가 될 수 있다고? #통매음에 대해…"이다. 영상 내용 중 "특히, 10대들이 게임을 하다가 화를 참지 못하고 채팅으로 성적인 욕설을 하는 경우가 많다고"라는 표현에는 관련 기사, 변호사들의 홍보 문구와 공통점이 있다. 가해자가 말 한마디 실수한 것으로 처벌받는 것이 부당하다는 것이다. "합의금 목적 고소 악용하기도(김정석·조동현, 2022)" 한다며 피해자를 가해자 취급하기도 한다. 게다가 요즘은 변호사들이 "서울 법대 출신이 말하는 통매음 무죄 받는 법", "통매음 무혐의 받는 전략" 등으로 마케팅을 펼치며, 요즘은 처벌이 잘 되지 않는다고 설명하고 있다. 상대에 대한 모욕과 언어성 폭력을 예방하고 문화를 바꾸는 것에는 관심이 없고, 오히려 가해자를 옹호하고 피해자를 모욕하는 경찰, 언론, 사회의 공모가 또다시 발현되고 있는 것이다.

사회적 인식과 시스템의 문제가 단기간에 개선되기 힘든 이러한 상황에서, 바로 사용할 수 있는 기술적인 접근법도 등장하고 있다. 예를 들어 한국게임정책자율기구(GSOK)의 '말뭉치 데이터베이스' 같은 '금지단어 묶음'은 게임이나 채팅 공간 등에서 발생할 수 있는 욕설·혐오 표현들을 걸러내기 위해 개발, 활용되고 있다(한귀영, 2023).

게임 매개 성폭력과 젠더 폭력: 여성 게이머가 겪는 폭력 경험

TV나 영화 등 다른 미디어와 달리 게임은 남성 소비자가 절대 다수라는 인식 때문에 편향성이 극대화되었다. 그러나 자본주의 사회에서 다수인 남성 소비자를 우선 고려할 수밖에 없다는 일각의 주장은 현실과 차이가 있다. 한국콘텐츠진흥원(2023)에 따르면 전체 게임 이용자 중 PC게임 이용률은 54.2%이고, PC게임 이용자의 62.6%가 남성으로 여성(37.4%)보다 많지만 여성 유저도 10명 중 4명이다. 특히 모바일 게임 이용률은 84.2%로 PC게임보다 훨씬 높았는데, 모바일게임 이용자는 여성이 51.2%로 남성(48.8%)에 비해 오히려 많았다. 통매음 사건들에서도 알 수 있듯이, 게임을 즐기는 여성이 적지 않음에도 게이머 중 여성은 무시, 희롱당하는 타자에 불과하다.

전체 게임 이용자의 23.5%가 게임 중 성희롱 또는 성차별을 경험한 적이 있으며, 이 중 '쪽지나 문자 채팅 등을 통해 문자의 형태로 성적 욕설이나 공격을 받음'(53.7%)이 가장 빈번하고, '음성 채팅 등을 통한 음담패설이나 성적 희롱을 당함'(36.8%), '불쾌감을 유발하는 성적인 사진이나 동영상을 받음(36.0)', '성별을 이유로 특정 역할(포지션)을 요구받음(22.4%)', '연락처 요구 및 오프라인 만남을 제안받음(11.0%)', '기타(0.6%)' 순으로 나타났다(한국콘텐츠진흥원, 2023). 사례를 보면 게임을 하다가 상대방의 은밀한 부위를 언급하면서 욕을 한다거나, 성관계를 맺고 싶다는 식으로 조롱하거나, 상대방의 어머니를 성적으로 언급하며 비하하는 일명 '패드립'을 하는 경우가 가장 많다(김우성, 2022). 아래는 게임을 즐겨 하는 두 여대생의 인터뷰다.[18]

게임 플레이 과정에서 먼저 최대한 여자임을 밝히지 않으려고 한

18 필자의 수업을 듣는 학생들 중 게임을 즐겨하며 게임 내 젠더 폭력 문제에 관심을 표시한 두 여학생을 서면 인터뷰했다. A는 현재 PC방 아르바이트도 하고 있어 여러 게이머들의 행동을 볼 수 있다고 했다.

다. 애초에 워낙 이상한 사람이 많고 성차별, 성폭력적인 것 외에도 조금만 자신의 맘에 안 들어도 부모님의 안부를 묻거나 일방적인 비난을 쏟는 사람이 너무나도 많다. 게다가 게임을 하다 보면 게임을 하는 유저들은 그곳에 그냥 여자가 없다고 생각하고 이야기를 하는 것 같다. 여자임을 밝히지 않아도 그 속에서 충분히 성차별적인 대화를 들을 수밖에 없다. 그런데 거기에 만약 여자인 것을 상대방이 알게 되면 대부분 두 부류로 나뉘게 된다. 1번 비난, 2번 추근거림. 정말 어느 쪽도 달갑지는 않다. 1번의 경우 뭐 여자가 이런 게임을 함, '현피' 뜨자, '여왕벌'이네 등등. 사실 이 이상의 수위의 욕이 날아오고 2번의 경우 갑자기 친절해지면서 다음에도 게임 같이 하자, 어디 사냐, 말해 봐요(목소리로 여자인거 확인하려고) 등등. 그냥 그런 경우 방을 나간다. (A)

여성 유저는 기본적으로 게임을 못해서 팀에 도움이 안 되며 남성 유저들에게 찡찡대기만 한다는 뜻으로 '혜지'로 조롱합니다. ex '혜지년이네' '너 혜지야?' 리그오브레전드(롤) 같은 경우 특히나 그 수위가 세고 욕과 차별, 혐오가 강합니다. 들었던 말 중에 가장 심했다고 생각하는 것은 '남자 믿고 게임 하나 보네. 통매음(통신매체이용음란죄)하는 년'이였습니다. 당연히 사실과 다릅니다. 당시 제가 롤, 오버워치라는 게임에서 언제나 상위 10% 이내였지만 이런 말들을 들었습니다. 사실과 무관한 차별과 혐오적인 발언이었습니다. 수치스럽기보단 억울해서 화가 납니다. '오버워치'에서는 '메르시'라는 캐릭터가 있는데, 전형적인 서포터입니다. 이 캐릭터는 한 명에게 힐과 딜 버프를 줄 수 있습니다. 이런 캐릭터를 여성이 한다면 무조건 게임 못하는 여자가 꽂아주기만 잘한다며 또 욕을 먹습니다. 상대방을 죽여야 큰 활약으로 보는 FPS 게임에서는 자주 있는 일입니다. 게임을 많이 한다면 적어도 달에 한 번은 꼭 보는 것 같습니다. (B)

이들은 채팅을 하지 않아도 닉네임부터 성폭력을 암시하는 이들을 만날 수 있다며 게임 문화가 전반적으로 여성에게 폭력적인 것에 분노했다. 게임을 좋아하고 즐겨하지만 꼬투리를 잡히지 않으려고 여성임을 숨기고 게임 실력을 높이고 조심해서 행동해도 여성임이 드러나는 순간 다양한 폭력적 환경에 노출된다는 것이다. 특히 최근에는 보이스채팅 기능이 생기면서 여성임을 숨기기 어렵다고 했다. 숨기기 위해 보이스채팅을 안 하면 그 자체로 여성이라고 의심받는다는 것이다.

특히 오프라인 한국 사회에서 누구나 아는 여성 혐오 단어인 '맘충'이나 '된장녀'가 사용되는 것처럼, 게임에서 여성들을 스테레오타입화해서 비하하고 혐오하는 멸칭으로 '혜지', '여왕벌', '보르시' 등이 있다. '혜지'나 '여왕벌'은 실력도 없으면서 남의 도움을 받아 레벨을 높이는, 기회주의적인 플레이어를 뜻하며, '보르시'는 슈팅 게임 '오버워치'의 캐릭터 '메르시'를 여성 성기와 합성해 비하하는 단어다. 롤플레잉 게임을 하는 사람이라면 누구나 아는 단어가 된 "혜지"는 일부 개인의 문제를 여성 전체의 문제로 몰아가 낙인을 찍는 것이다. 또한 이는 온라인상에서 여성인 척하는 남성인 '넷카마(인터넷+오카마[19])'의 존재를 의도적으로 무시하는 것이다.[20] 또 '메르시'는 치유 능력이 뛰어난 캐

19 일본어로 여장 남자.

20 넷카마 활동의 목적은 자기만족이나 인기를 얻기 위해서, 혹은 여성인 척 하면서 이득을 취하기 위해서 등이 있다. 게임, 유튜브, 화상채팅, 게시판 등 인터넷 상에서 넷카마 논란이나 관련 범죄(몸캠피싱 등)는 수년간 계속 발생하고 있다.

릭터인데, 치유를 '여성적'인 능력이라고 보고 비하하는 것이다.[21]

이런 비난을 피하기 위해 여성 게이머가 실력을 키우면 부정한 방법을 사용했을 것이라는 의심을 받고, 의혹을 벗어도 '여자치고 잘한다'는 식으로 '후려치기' 당한다.[22] 스트레스를 풀고 즐기기 위해 하는 게임에서조차 "혜지야, 오빠가 살살해줄게."라거나 "혜지치곤 잘한다"는 말을 들은 여성 게이머들의 선택지는 무엇일까? 온라인 게임 속 성차별에 대한 책을 펴낸 윤태진에 따르면 여성 게이머들은 게임 공간에서 부당한 대우를 받을 때 남자인 척하거나, 싸우거나, 게임을 그만둔다고 한다(윤태진·김지윤, 2023). 그는 "그중에서도 (게임을) 관두는 경우가 많지만 아직 게임 회사들은 만족할 만한 대책을 내놓지 않았다"고 했다(홍지유, 2023). 여성 게이머이자 스트리머인 '갓건배'가 주소지를 공개당하고 살해협박을 받았던 사건 등을 보면 여성 게이머들이 적극적으로 대응하기 어려운 것도 당연하다.[23] 한국콘텐츠진흥원이 펴낸 「2022 대한민국 게임백서」에 따르면 우리나라 남성 인구 중 게임을 하는 비율은 75.3%, 여성은 73.4%로 거의 차이가 없다. 모바일

21 치유와 돌봄은 여성적인 것, 공격은 남성적인 것이라는 고정관념은 오프라인 세계에서뿐 아니라 게임에서도 전형적으로 나타난다. 여성적인 것은 무시되거나 비하된다는 점도 유사하다. 게임과 비슷한 세계관을 가진 드라마 〈경이로운 소문〉에서도 각각 다양한 능력을 가진 '카운터' 그룹에서 '치유' 능력은 여성의 것이고 강한 힘을 가진 것은 남성이다. 이는 시즌 2에 잠시 등장한 중국 카운터 그룹에서도 동일했다.

22 2016년 A 게이머가 오버워치에서 탁월한 실력을 봉자 게이머들 사이에서는 '핵'(부정 프로그램) 사용이 의심된다며 논란이 일었다. 게다가 A 게이머가 여고생이라는 사실이 알려지면서 인터넷 커뮤니티에서는 "여고생이 이렇게 잘할 리 없다"는 주장이 퍼졌고, 상대팀 모 게이머는 "칼 들고 찾아갈 수도 있다"고 위협했으며, 외모 비하를 하거나 엄청난 비난을 하는 등 마녀사냥으로 번졌다. 이후 게임사에서 A의 부정행위가 없었음을 입증했고 상대팀은 사과했으며, A는 현재 프로게이머가 되어 실력을 입증했다. 이 사건은 여성 게이머를 향한 편견과 폭력적인 상황을 여과 없이 드러냈다.

23 살해 협박을 한 남성은 붙잡혔으나 경범죄로 벌금 5만 원을 내고 풀려났다.

게임 이용자의 비율은 오히려 여성이 앞선다(한국콘텐츠진흥원, 2023). 이렇게 지속적으로 여성 게이머에 대한 무시와 혐오를 방관하며 몰아내는 것이 과연 장기적으로 게임 산업에 도움이 되는 선택일까?

게임 중 일어나는 폭력 중 여성들은 특히 '연락처 요구 및 오프라인 만남을 제안받음', '쪽지나 문자 채팅 등을 통해 문자의 형태로 성적 욕설이나 공격을 받음', '성별을 이유로 특정 역할(포지션)을 요구받음'의 피해가 컸다(한국콘텐츠진흥원, 2023). 이에 대해 김수아(2021)는 게임 내 성차별 문화가 성인, 청소년, 여성에 대한 폭력, 유인, 약취 등으로 이어질 수 있고, 나아가 사회의 성차별 구조와도 연관될 수 있다고 말한다. 사회의 성차별적 문화와 게임 제작 과정의 남성 중심적 구조가 게임 콘텐츠, 그리고 게임 이용자의 공동체 문화에 투영된다는 것이다.

온라인 그루밍과 메타버스 게임

'온라인 그루밍(디지털 그루밍)'은 '온라인 채팅, 모바일 메신저 또는 각종 SNS 등을 통해 아동·청소년에게 접근해 유인하고 길들여 성착취 행위를 용이하게 하고 피해 사실을 밝히지 못하게 막는 행위'를 뜻한다. 그루밍 범죄는 주로 다음 여섯 단계로 이루어진다. ① 피해자 물색, 접근하기, ② 피해자와 신뢰 쌓기, ③ 피해자의 욕구 충족시키기, ④ 피해자 고립하기, ⑤ 피해자와 자연스러운 신체 접촉을 유도하며 성적인 관계 형성, ⑥ 회유와 협박을 통한 통제.

플랫폼에 신고된 온라인 그루밍 범죄 피해만 2019년 239건에서 2021년 1,887건으로 급증했다(전종휘, 2022). 「2021년 여성폭력실태조사(여성가족부)」에 따르면, 만 14~18세 여성 청소년(응답자 1천 명) 중

성인과 대화를 나눠본 경험이 있는 사람은 34.7%이고, 10%는 성인과 일대일 대화 후 온라인과 오프라인에서 성적인 요구를 받았다. 또 성인과 대화를 나눈 이들 중 27.7%는 성적인 대화를 나눴으며, 15.6%는 오프라인에서 만난 경험이 있었다. 대표적 온라인 그루밍 범죄가 메신저 앱 '텔레그램'을 이용한 N번방 사건이다.

이후 2021년 9월 청소년성보호법을 개정해 19세 이상의 성인이 온라인에서 아동·청소년을 성적으로 착취할 목적으로 성적 욕망·수치심·혐오감을 유발하는 대화를 반복하거나 성적 행위를 하도록 권유하는 행동을 하면 3년 이하의 징역이나 3천만 원 이하의 벌금을 부과할 수 있도록 했다. 또 온라인 그루밍 예방을 위해 경찰이 신분을 밝히지 않고 범죄자에게 접근해 증거와 자료를 수집할 수 있고, 수사를 위해 미성년 여성 등으로 신분을 위장할 수도 있게 되었다(〈BBC뉴스 코리아〉, 2021). 하지만 입법 후 10개월간 검거 건수는 25건에 불과해 법이 있어도 유명무실하다는 비판이 나온다. 그루밍은 성착취 행위를 앞둔 '준비 단계'인 만큼 접근 목적을 파악하고 범죄를 입증하기 까다로운 것도 원인으로 알려졌다(허지원, 2022).

온라인 그루밍 범죄는 주로 온라인 메신저를 이용하는 것으로 알려져 왔으니, 최근에는 이용자 대부분이 미성년자 여성인 메타버스 기반 게임에서 친분을 쌓기 시작해 SNS 등 다른 매체로 영역을 넓히는 경우가 많아 심각성이 더욱 크다. 일례로 메타버스 '제페토'에서 30대 남성이 아바타를 이용해 초등학생부터 고등학생까지 아동·청소년 11명과 친분을 쌓고 성착취물을 제작해 보관한 사건을 들 수 있다(이석원, 2023).

메타버스는 초등학생 이용률이 70.6%(중학생 37.3%, 고등학생 15.2%)로 나이가 어릴수록 높다(여성가족부, 2023). 한국에서 가장 대중적인 메타버스 플랫폼 '제페토'는 2022년 3월 기준 이용자 3억 명을 넘었는데, 주 이용자가 미성년자와 여성이다. '제페토' 이용자 10명 중 7명이 미성년자이고, 그중 7~12세 이용자가 50.4%다(2021년 1월 닐슨코리아 조사). 성별로 보면 남성 23%, 여성 77%로 여성의 비중이 압도적으로 많았는데, '로블록스' 이용자 연령/성비도 '제페토'와 유사하다. 경찰청 치안정책연구소는 「치안 전망 2022」 보고서에서 메타버스를 활용하는 아동, 청소년 여성이 늘어남에 따라 이들을 대상으로 하는 신종 성범죄가 증가할 것이라고 전망했다(김미영, 2023). 그러나 2021년 아동·청소년 대상 성범죄자 10명 중 5명은 집행유예, 1명은 벌금형에 그치는 등 처벌이 제대로 되고 있지 않다(김도영, 2022).

7. 다가올 미래, 만들어 갈 미래

요즘 사회에서 젊은 세대일수록 가족이나 친구보다 더 오래, 더 친밀하게 접하는 것은 스마트폰, SNS, 그리고 게임 같은 미디어지만 그 영향력은 쉽게 간과되어 왔다. 자극적이고 유희적인 미디어 속에 공기처럼 스며든 여성 혐오는 딥페이크, 텔레그램 등의 기술이 등장할 때마다 다양한 형태의 디지털 성범죄로 발전했다. 동시에 SNS나 게임 채팅방 등 현실보다 가까운 세계에서 일어나는 '미세 공격Micro-aggression,' 즉 사소하지만 끊이지 않는 미시적 차별과 공격들은 폭력의 위협을 일상화하여 여성들을 위축시켜왔다(Sue & Spanierman, 2020).

차별과 공격, 혐오는 진지한 언술이나 교과서 같은 콘텐츠가 아니라 재미나 유머를 통해 전달될 때 훨씬 강력할 수 있다. 원래부터 유머와 혐오는 불편한 연관disturbing link' 관계에 있다(Billig, 2001). 유머가 혐오를 감싸 무난하게 받아들이게 해주는 '당의정'과 같기 때문이다(김수아·김세은, 2016). 이 장에서 살펴본 성애물, SNS, 게임, 메타버스는 모두 '즐겁게 여가를 보내기 위한 미디어'라는 특성을 가진다. 여기에 혐오를 집단의 놀이문화로 만든 '섹스링'이 더해지면서 디지털 성폭력은 피해자가 있는 범죄임에도 가벼운 놀이로 치부되어 왔다. 그러나 누군가의 웃음이 다른 누군가에게 상처를 줄 수 있기 때문에, 유머 감각은 도덕적 평가의 대상이 될 수 있다(Smuts, 2010; 김수아·김세은, 2016: 15에서 재인용).

특히 다른 미디어 콘텐츠에 비해 온라인 게임은 플로우flow(몰입도)[24]가 높기 때문에 충성도와 중독성도 높고, 미디어 플로우가 높을수록 연계된 광고 등(오세구, 2020)의 메시지 영향력도 크다. 하루가 다르게 디지털 기술이 새로 생겨나면서 이 기술들을 이용한 새로운 디지털 폭력들이 생겨나고 있다. 새로운 기술과 콘텐츠, 그리고 그것과 함께 등장하는 새로운 폭력들을 가장 먼저 접하는 연령층은 점점 어려지고 있는데, 법과 제도, 교육은 늘 가장 느리게 따라간다.

이러한 상황에서 이에 대한 저항, 페미니즘의 반격도 작지만 끈질기게 이어졌다. '제4물결 페미니즘'으로 불리는 '디지털 네이티브 세대의 자생적 페미니스트(김보명, 2018)'들의 활동은 미러링, 미투 운동, 탈코르셋 운동 등으로 이어졌고, 디지털 성범죄에 저항하고 연대하는 소라넷 폐지 운동, 디지털 성범죄 아웃, 한국사이버성폭력대응센터와 추적단 불꽃 등을 결성하고 혜화역 시위 등을 이끌어왔다. 이들이 바

24 칙센트미하이(Csikszentmihalyi, 2004; 김주희, 2019, 63쪽에서 재인용)는 플로우Flow란 "다른 어떤 일에도 관심이 없을 정도로 지금 하는 일에 푹 빠져 있는 상태"이며, 도전challenge과 숙련도skill가 균형을 이룰수록 플로우를 더 많이 경험한다고 주장했다.

라는 것은 크지 않다. 게임을 좋아하는 평범한 여대생은 “유저들이 여성을 사람으로 봐주었으면 합니다. 누군가의 성욕 처리 물건이 아닌 것으로 봐주었으면 합니다. 기를 쓰고 여성을 소유물, 조롱의 대상으로 만들고 싶어하는 생각을 고쳐야합니다.”(B)라고 자신의 바람을 밝혔다. 범죄 피해 방지, 올바른 사회 만들기를 넘어, 미디어 산업과 미디어 생태계를 위해서라도 현 상황에 대한 진지한 성찰과 반성, 여성 인권에 대한 고려와 존중이 필요할 것이다.

참고문헌

경기도민일보(2019. 12. 26). “약물 이용 준강간죄, 강간죄 적용하자는 목소리도…” 대처법은?. 〈경기도민일보〉. http://www.kgdm.co.kr/news/articleView.html?idxno=674155

공병선(2023. 7. 5). [비대면 성범죄]①'모르는 여성에게 전화해 성희롱'… 통신 성범죄 4년간 8배 폭증. 〈아시아경제〉. https://cm.asiae.co.kr/article/ 2023070316202755995

기민도·고혜지(2018. 11. 7). 양진호뿐일까… ‘웹하드 카르텔’이 낳은 디지털 성범죄. 〈서울신문〉. https://www.seoul.co.kr/news/newsView.php?id= 20181107010016

김도영(2022. 9. 20). 10대의 아바타도 성추행… ‘온라인 그루밍’으로 성범죄까지. 〈KBS뉴스〉. https://news.kbs.co.kr/news/view.do?ncd=5560154

김미라(2020. 4. 20). 손정우에 대한 美 판단 “너무 악랄해서 입에 담기 어려워”…이중처벌 피한 기소 예정. Viewers. http://theviewers.co.kr/View.aspx?No=814015

김미영(2023. 5. 29). 자녀 노리는 가상세계 성폭력…“부모도 잘 몰라 교육 시급”. 〈한겨레〉. https://www.hani.co.kr/arti/society/schooling/1093719.html

김민지(2019. 11. 28). 계속되는 ‘단톡방 성희롱’… 전문가들 “초중고생 성폭력 예방교육 필요해.” 〈헤럴드경제〉. http://news.heraldcorp.com/view.php?ud=20191128000527

김보명(2018). 페미니즘의 재부상, 그 경로와 특징들. 『경제와 사회』 118: 99-138.

김서현(2020. 7. 7). "만취한 여성 강간한 남성이 무죄라니" 여성단체, 사법부 규탄. 〈여성신문〉. http://www.womennews.co.kr/news/articleView.html?idxno=200568

김영환·이경재(1992). 「음란물의 법적 규제 및 대책에 관한 연구」. 한국형사정책연구원.

김수아(2021. 2. 9). 게임 공간에서 일어나는 성희롱, 단지 '말'의 문제가 아니다. 〈경향신문〉. https://m.khan.co.kr/opinion/column/article/202102091005001

김수아·김세은(2016). '좋아요'가 만드는 '싫어요'의 세계: 페이스북 '여성혐오'페이지 분석. 『미디어, 젠더 & 문화』 31(2): 5-44.

김용래(1999. 3. 17). '○양 비디오' 인터넷 확신 기여. 〈서울경제〉. https://www.sedaily.com/NewsView/1HQ4SD459K

김우성(2022. 12. 28). 성적 의도 없이 한 성희롱도 '통매음'으로 처벌된다! 〈YTN〉. https://www.ytn.co.kr/_ln/0103_202212281638067463

김은진(2001). 「성인들의 한국 에로비디오 수용에 관한 연구: 성적 욕망과 여성묘사에 관한 해독을 중심으로」. 부산대학교 석사학위논문.

______(2007). 4장 미디어, 섹슈얼리티를 만나다. 부산여성사회교육원 엮음. 『함께하는 여성지역문화』. 부산여성사회교육원.

______(2020). 8장 디지털 성폭력, 『성인지 리더십의 이해와 실천』. 대한민국 국방부. 195-224.

김정석·조동현(2022. 12. 5). [단독] 게임 중 무심코 던진 채팅 한 줄로 성범죄자행… '롤매음' 신조어까지. 〈매일경제〉. https://www.mk.co.kr/news/society/10556034

김정유(2020. 3. 24) 경찰, 영상 소지·배포자 6만 명 신상 공개 검토. 〈SBS〉. https://news.v.daum.net/v/20200324201919692?f=m

김준호·김은경(1994). 「음란물의 유해성과 그 규제실태에 관한 연구: 음란비디오에 대한 내용분석을 중심으로」. 형사정책연구원.

박성훈·윤정숙·박영옥(2022). 「전국범죄피해조사(XII): 아동·청소년 범죄 피해조사 2021」. 한국형사법무정책연구원.

박수선·엄재희(2022. 9. 1). 텔레그램 못 잡는 'n번방 방지법' 우려가 현실로. 〈피디저널〉. http://www.pdjournal.com/news/articleView.html?idxno=74094

배한글(2023. 3. 6). [변사톡] 게임하다 '이말' 한마디면 성범죄 전과 1범 된다. 〈파이낸셜뉴스〉. https://www.fnnews.com/news/202303051642257211

법제처(2023). 디지털성범죄의 범위. https://easylaw.go.kr/CSP/CnpClsMain.laf?popMenu=ov&csmSeq=1594&ccfNo=1&cciNo=1&cnpClsNo=1&search_put

블로터(2017. 11. 20). 디지털성폭력 영상, 직접 채증해 봤습니다. https://1boon.kakao.com/bloter/294969

손가영(2019. 5. 23). "기자 단톡방 실체적 진실 아니라고? 반성부터 하자". 〈미디어오늘〉. http://www.mediatoday.co.kr/news/articleView.html?idxno=148556

송윤경 (2019. 12. 4). 워싱턴포스트에 등장한 한국 판사 '오덕식' 그리고 구하라. 경향신문.

여성가족부(2023. 6. 22). '온라인 만남' 청소년 폭력 증가…피해 1순위 '언어폭력'. 〈대한민국 정책브리핑〉. https://www.korea.kr/news/customizedNewsView.do?newsId=148916696

여성가족부·한국여성인권진흥원(2019). 『디지털 성폭력 피해지원 안내서: 디지털 성폭력 바로보기』.

오세구(2020). 모바일 게임 플랫폼 평가 및 플로우경험이 게임사용자의 애호도에 미치는 영향. 『한국콘텐츠학회논문지』 20(3): 235-244.

오세진(2022. 2. 3). [단독] 처벌 강화에도 '디지털 성범죄' 급증세…올해 이미 37%↑. 〈한겨레〉. https://www.hani.co.kr/arti/society/society_general/1061060.html

오연서(2020. 3. 20). n번방 '박사' 범행 시인…피해자 74명 중 16명 미성년자. 〈한겨레〉. https://www.hani.co.kr/arti/society/society_general/933440.html

윤상근(2020. 7. 12). '성폭행·뇌물' 뒤늦은 반성문…최종훈, 선처호소 '열일'. 〈스타뉴스〉. https://star.mt.co.kr/stview.php?no=2020071013185640305&outlink=2&SVEC=

윤정혜(2019. 11. 29). '불법 촬영' 무죄 내린 판사…"2차 가해" 사퇴 촉구. 〈MBC 뉴스데스크〉. https://imnews.imbc.com/replay/2019/nwdesk/article/5629532_28802.html

윤태진·김지윤(2023). 『여성 게이머는 총을 쏠 수 있는가』. 몽스북.

이수진(2019. 5. 13). 단톡방에 "버닝썬 영상 구한다."…논란되자 대책회의. 〈JTBC뉴스〉. http://news.jtbc.joins.com/article/article.aspx?news_id=NB11815033

이석원(2023. 6. 27). [이석원의 공감성교육] 성폭력 무법천지인 메타버스. 〈한국강사신문〉. https://www.lecturernews.com/news/articleView.html?idxno=129573

이희숙(2019). 소라넷 운영자 4년형 선고, 아직 끝이 아니다. 〈동천 칼럼〉. http://www.bkl.or.kr/bbs/board.php?bo_table=B14&wr_id=59&page=4

장은미(2022). 6장 디지털 공간의 젠더 정치학.『미디어 격차』. 한울아카데미. 158-184.

전종휘(2022. 6. 29). '온라인그루밍' 성범죄 급증…2년 새 239건→1887건. 〈한겨레〉. https://www.hani.co.kr/arti/area/area_general/1048983.html

조영주·김동식·남궁윤영·이혜경(2019).「청소년 성교육 수요조사 연구: 중학생을 중심으로」. 한국여성정책연구원. https://kwdi.re.kr/publications/reportView.do?p=5&idx=122963

주현웅(2022. 11. 25) 제2 n번방 '엘' 주범 호주서 검거…성착취물 1200개 제작. 〈더팩트〉. https://n.news.naver.com/article/629/0000186621?sid=102

추적단 불꽃(2020. 9. 11). [너머n] 가장 만연한 성범죄 '지인 능욕'. 〈한겨레21〉 1330호. https://h21.hani.co.kr/arti/society/society_general/49215.html

최윤서(2019. 2. 18). 버닝썬 물뽕 논란… 마약 한 방울 누군가의 눈물이 된다. 〈충청투데이〉. http://www.cctoday.co.kr/news/articleView.html?idxno=1191565

최준규(2020. 6. 8). 음란물유포죄, N번방 방지법 국회 통과로 더욱 강화된 법정 처벌 수위. 〈메트로신문〉. https://www.metroseoul.co.kr/article/20200608500053

편광현·김지아·최연수 (2019. 11. 15). "너희 엄마 김치찌개 장인"…여혐 표현 넘쳐나는 교실. 〈중앙일보〉. https://news.joins.com/article/23633235

한국콘텐츠진흥원(2023. 1. 2).『2022 대한민국 게임백서』. 한국콘텐츠진흥원.

한귀영(2023. 6. 15). '금지단어 묶음' 제공 게임 내 욕실·성차별 막이. 〈한거레 경제사회연구원〉. http://heri.kr/index.php?document_srl=978994&mid=heri&m=0

한채희(2023. 2. 24). 대학가 '단톡방 성희롱'…피해자 '속수무책'. 〈연합뉴스〉. https://www.yonhapnewstv.co.kr/news/MYH20230224019400641

허지원(2022. 10. 26). [단독] 성착취 전단계인 '온라인 그루밍', 처벌법 유명무실. 〈CBS노컷뉴스〉. https://www.nocutnews.co.kr/news/5829056

허진 (2020. 4. 17). '버닝썬 불법촬영 영상' 유포한 MD에 항소심도 집행유예. 〈경향신문〉. http://news.khan.co.kr/kh_news/khan_art_view.html?artid=202004171455001&code=940100#csidx9894b8db22e5153a999638b20644137

홍지유(2023. 3. 8). '혜지야, 오빠가 살살할게' 후려치기…이러니 게임 발전 없다. 〈중앙일보〉. https://n.news.naver.com/mnews/article/025/000326

4399?sid=103

BBC뉴스코리아(2021. 3. 23). '온라인 그루밍' 막는다…최대 징역 3년, 경찰 위장수사 허용. 〈BBC뉴스코리아〉. https://www.bbc.com/korean/features-56493799

Billig, M.(2001). Humour and Hatred: The Racist Jokes of the Ku Klux Klan. *Discourse & Society* 12(3): 267-289.

Csikszentmihalyi, M.(1975). *Beyond Boredom and Anxiety*. San Francisco. CA, US: Jossey-Bass.

Hunt, L.(Ed.)(1993). *The invention of Pornography, 1500–1800: Obscenity and the Origins of Modernity*. MIT Press. 조한욱 옮김(1996).『포르노그라피의 발명: 외설성과 현대성의 기원』. 책세상.

Sue, D. W. & Spanierman, L.(2020). *Microaggressions in Everyday Life*. John Wiley & Sons. 김보영 옮김(2022).『미세공격: 삶을 무너뜨리는 일상의 편견과 차별』. 다봄교육.

11장

왜 우리는 뉴미디어에 현혹되는가?

신기술의 블랙박스화와 여성

—— 이희은

카카오톡은 컴퓨터에서는 로그인 자체가 어려웠고, 스마트폰에서도 문자 메시지는 물론 음성이나 영상 통화 등 모든 서비스가 작동하지 않았습니다.
휴일에 외출을 나온 시민들은 서로 연락이 되지 않아 큰 불편을 겪었습니다.
[시민/서울 성북구: "답장을 안 해서 상대방이 오해하는 경우도 있고, 그런 점이 불편했던 것 같아요."]
불편은 밤까지 이어졌습니다.
택시 호출 서비스가 멈추니, 택시기사는 매출이 떨어졌다고 호소하고,
[택시기사/음성변조: "일을 못 하죠 아예 제대로… 시간당 만 원씩은, 반 토막으로 났죠. 반토막. 콜(택시 호출)을 아예 못 잡으니깐…"]

- 2022년 10월 16일 〈KBS 뉴스〉 보도 중에서

1. 있어도 괴롭고 없어도 불편한

2022년 10월 15일 토요일 오후에 카카오톡이 갑작스레 중단되었다. 카카오의 서버가 입주한 데이터센터의 전기실에서 화재가 발생했기 때문이었다. 다행히 인명 피해는 없는 것으로 알려졌지만 화재 진화를 위해 센터의 전원을 내리자 예상치 못한 문제가 생겼다. 대규모의 서버가 한꺼번에 멈추면서 카카오톡은 물론 카카오가 운영하는 대부분의 서비스가 모두 작동되지 않은 것이다. 카카오 측은 화재로 차단되었던 전원이 복구되면 두 시간 정도 후에 원상 복구가 될 것이라 밝혔다. 그러나 실제로 서비스가 모두 정상화되기까지는 일주일 정도가 소요되었다. 그러는 사이 카카오 서비스 이용자들은 많은 불편을 겪었고, 언론은 이를 두고 '패닉'이라 표현하기도 했다.

처음엔 두어 시간 정도 문자 메시지 서비스가 중단된 것이 뭐 그리 대수냐 싶기도 했다. '카톡 감옥'이라는 말이 있을 정도로 얽매여 있던 서비스가 일시에 멈추었다는 쾌감도 있었다. 그러나 데이터센터 화재 사건으로 인한 여파는 생각보다 길고도 광범위했다. 하나의 사기업 데이터센터에서 일어난 사고가 이토록 커다란 사회적 영향력을 행사한 이유는 무엇일까? 일상적으로 사용하던 수많은 디지털 미디어와 기술이 어떻게 하나의 사고로 일시에 정지될 수 있을까? 첨단 기술이 사용된 미디어들이 이토록 안정적이지 못한 이유는 무엇일까? 우리가 사용하고 의지하던 신기술과 새로운 미디어가 우리의 삶을 더 낫게 해주리라는 믿음은 타당한 것일까? 우리는 신기술과 뉴미디어에 대해 무엇을 알고 무엇을 모르는 것일까? 카카오 데이터센터 화재 사건은 우리가 신기술과 뉴미디어에 대해 가진 어설픈 기대와 적나라한 현실을 동시에 깨닫게 해주었다.

새로운 신기술과 뉴미디어는 자주 우리를 현혹한다. 첨단 기술을 장착한 멋진 도구가 우리 사회를 이전보다 더 낫게 만들어줄 것이라는 희망을 지니기도 한다. 동시에 시장에 등장한 새로운 기술 상품에 제때 편승하지 못하면 자칫 시대에 뒤떨어질 것 같은 불안감도 함께 가진다. 이러한 경향 때문에 '4차 산업혁명', '메타버스', 'NFT', '인공지능', '챗GPTchatGPT' 등의 용어들은 그 개념을 명확히 정의하기도 전에 이미 거대한 산업이자 주요 언론 담론이 되어버리곤 한다. 신기술의 이러한 속도와 영향력은 우리를 현혹하고 우리에게 경이로움을 가져다주기도 하지만 그만큼의 불안감도 안겨준다. 새로운 기술이나 미디어가 세계를 급진적으로 변화시킬 가능성이란, 최소한 지난 수십여 년의 미디어 환경과 미디어 연구 결과를 볼 때 지극히 낮기 때문이다. 그런데도 기술이 모든 것을 해결해줄 것이라는 결정론적 믿음이나 기술해결주의는 오늘날도 계속 반복되는 중이다.

지난 수십여 년 동안 한국의 언론은 기술과 미디어에 대한 과학적이고 사회과학적인 논의보다는 '담론으로서의 미래'(전치형·홍성욱, 2019)에 더 집중해 왔다. 과학적 현실보다는 불투명한 약속을 과장하는 방식이다. 예컨대 인공지능과 같은 자동화 미디어가 지금보다 더 공정한 사회를 만들 것이라거나, 메타버스가 시공간의 제약을 넘어 보다 자유로운 교류를 가능케 할 것이라는 믿음, 혹은 챗GPT가 인간의 지적 능력을 근본적으로 변화시킬 것이라는 오해 같은 것들이다. 물론 우리가 경험하는 현실 속에서 미디어와 기술의 범주가 크게 확장되면서 일상적인 놀라움을 안겨주는 경우가 많아진 것은 사실이다. 그러나 카카오 데이터센터 화재 사건의 사례에서 보듯, 제아무리 대단한 첨단 기술과 새로운 미디어도 그 자체로 인간의 삶을 구원해주지는 못한다. 오히려 최신 기술과 미디어일수록 더 복잡한 자원과 환경과 자본과 인력이 얽혀 있는 네트워크의 형태를 띠기 때문에, 아주 사소한 오류 하나만으로도 커다란 재난이나 위기를 가져올 가능성도 함께 커진다.

문제는 오늘날 미디어 기술 환경의 변화에서 '기술'에 대한 공학적이고 산업적인 논의는 비대해지는 반면 '미디어'에 대한 철학적이고 인식론적인 논의는 깊이 이루어지지 않고 있다는 점에서 기인한다(이희은, 2022). 이러한 현실은 영화 〈돈룩업Don't Look Up〉(2021)에서도 잘 묘사되고 있다. 미디어 산업의 뼈아픈 현실을 그리는 사회 부조리극이기도 한 이 영화에서, 신문과 방송 등 대중 미디어는 현실로 밀어닥친 기후 위기와 지구 멸망보다 가십성 연예 기사를 몇 배는 더 중요하게 다루고 사회 위기에 대한 전문가의 진지한 경고를 조롱한다. 영화 속의 배경은 미국이지만 한국 사회의 모습도 여기에서 크게 벗어나지 않는다. 신기술이나 미디어를 우리 삶의 생명과 존재에 관련한 인프라로 생각하지 못하고, 단순히 기존의 사회 문제를 단숨에 해결할 수 있는 요술봉처럼 보는 것이다.

그러나 카카오 서버가 있는 데이터센터에 화재가 발생했던 그 순간, 우리가 그렇게 믿고 의지하는 정밀한 기술과 첨단 미디어도 실상은 너무나 취약한 물질로 구성되어 있다는 사실이 명백해졌다. 종이책이 불에 타듯이 디지털 문서와 기록도 순식간에 사라질 수 있다는 자각이었다. 물론 기계 이상이나 서비스 이상은 일상에서 흔히 일어나는 일이지만 카카오 화재의 경우는 그 의미가 조금 달랐다. 사건의 피해 규모와 영향이 화재가 일어난 데이터센터나 회사에만 머물지 않고 거의 전 국민의 삶에 꽤 오랜 시간 동안 영향을 주었기 때문이다. 카카오라는 거대 플랫폼의 영향력은 아이러니하게도 그것이 잠시 멈춘 순간 너무나 명확히 드러났다. 디지털 기술과 새로운 미디어는 작은 스마트폰과 보이지 않는 무선통신이 전부가 아니라, 거대한 시멘트와 전기와 불과 수많은 인력으로 움직이는 것이라는 점도 분명해졌다. 영화 〈돈룩업〉만큼이나 묵시록적이지는 않았지만, 시민 대부분이 크고 작은 삶의 힘겨움을 경험했다. 그 힘겨움은 단순히 메시지 전달이 되지 않았다거나 택시를 잡기 힘들었다는 정도의 불편에 그친 것이 아니었다. 생존에 기본이 되는 경제 활동에 위기를 겪고 심지어 생명이 경각에 놓인 응급 상황에서 사회적인 연락망이 제대로 작동하지 않기도 했다.

신기술과 뉴미디어에 대한 과도한 기대는 인간 사회에 대한 불신과 회의를 먹고 자라난다. 사회가 어지럽거나 삶의 문제가 커질수록, 우리는 새롭게 등장하는 기술이 인간 공동체의 오래된 문제를 단번에 해결해주기 원한다. 부정과 불의를 저지르는 인간들보다는 사리에 흔들리지 않고 오차 없이 임무를 수행하는 기계가 더 믿을 만하다는 인식도 그렇게 생겨난다. 사실 거창하게 정의의 영역까지는 아니더라도 우리의 일상은 이미 인간 못지않은 기계의 돌봄 속에 놓여 있다. 내 몸의 건강을 챙겨주고 집 밖에 나설 때 우산을 들고 나서야 할지 말아야 할지를 알려주며, 길눈이 어두운 나에게 가장 확실하고 안선한 이동 방법을 안내해준다. 변덕스럽고 어리석으며 도무지 믿을 구석이 없는 일부 인간보다는 언제나 묵묵히 한결같은 기계 존재와의 관계가 더 자연스럽고 편해지는 세상. 이는 자동화된 미디어 기술과 함께 살아가는 오늘날 우리의 모습이기도 하다.

그러나 우리의 일상을 뒤흔들었던 데이터센터 화재 사건으로부터 얼마 지나지 않은 현재의 우리는 또다시 새로운 기술과 미디어를 맞이하고 환영하고 기대를 품는다. 소셜 미디어와 메타버스에 대한 열광이 조금 시들해지는 사이, 인공지능 챗봇인 챗GPT가 신기술이자 최고의 유행어가 되었다. 물론 이러한 신기술의 갑작스러운 도입과 유행이 낯선 일만은 아니다. 빅데이터와 블록체인과 NFT와 메타버스를 거쳐 챗GPT로 이어지는 신기술에 대한 담론의 변화 속도는 너무나도 빨라서, 그 기술이 무슨 의미인지 정확하게 파악하기도 전에 다른 기술이 자아내는 화제에 뒤덮이는 일이 반복되고 있다. 이 과정에서 인간의 사회관계도 매번 새로운 기술 수단과 상품으로 흡수되고 있다. 한때 트위터나 페이스북으로 이어졌던 사회적 관계는 이제 유튜브와 인스타그램으로 넘어갔다. 1년 전만 해도 앞으로는 AI 면접이 대세가 될 테니 이에 대비해야 한다는 조언을 들었던 취업 준비생들은 이제 새롭게 떠오른 챗GPT를 이용하여 취업 준비를 해야만 한다는 부담감에 시달린다. 서점의 베스트셀러 코너를 순식간에 챗GPT 관련 책들이 차지하는 것은 물론이다.

왜 우리는 이렇게 새로운 기술이 등장할 때마다 그 검증되지 않은 가능성에 쉽게 현혹되는 것일까? 왜 새로운 미디어가 등장하면 우리의 삶이 조금 더 나아질 것이라 쉽게 믿게 되는 것일까? 그리고 그러한 신기술의 흐름에 동참하지 않으면 시대에 뒤떨어질 것이라는 두려움의 근거는 무엇일까?

이러한 질문에 답하기 위해 먼저 이해해야 할 것은 미디어란 하나의 상품이나 단독 기술이 아니라 자본과 기계와 인력과 담론이 결합한 복합체라는 점이다(이희은, 2022). 신기술을 활용한 하나의 소프트웨어처럼 보이는 각종 앱이나 서비스들, 혹은 부피를 차지하지 않고 가벼워 보이는 각종 전자용품이나 프로그램들도 당연히 물질성을 지닌다. 카카오 데이터센터의 화재 사건 사례는 이 점을 명확히 보여준다.

스마트폰에서부터 블록체인이나 메타버스는 물론 최근의 챗GPT 등 인공지능형 챗봇에 이르기까지, 가볍고 편리하게 사용할 수 있는 최첨단 기술이나 미디어처럼 보이는 모든 것들은 결국 지구의 물리적인 자원에 근거하고 있다. 대규모의 건물과 엄청난 전력을 필요로 하는 카카오나 구글의 데이터센터, 인공지능에 필요한 머신러닝이나 딥러닝을 위해 끊임없이 데이터를 수집하는 슈퍼컴퓨터, 스마트폰 생산과 사용에 필요한 각종 광물 원료와 전선과 철탑 등이 모두 그러한 사례다. 많은 미디어학자들이 지적하듯, 인공지능이나 자동화 미디어 등 새로운 기술은 인간에게 자유를 가져다주거나 혹은 위협할 자율 생명체가 아니라 전력망이나 도로망과 비슷한 거대한 물질적 인프라에 가깝다(Andrejevic, 2020/2021; Crawford, 2021).

그러나 이렇게 여러 형태의 미디어 인프라가 우리의 삶에 복잡하게 얽혀 있음에도 불구하고, 우리는 실생활에서 미디어 인프라에 대한 인식을 쉽게 하지 못하는 경우가 많다. 이제는 우리 몸의 일부가 되어버린 스마트폰만 하더라도 새로운 기종이 나올 때마다 그 새로운 디자인이나 성능에 대해 놀라움을 표하곤 한다. 그러나 단말기가 최종적으로 생산되기까지 얼마나 많은 자본과 인간의 노동력이 들어갔으며 얼마나 정교하게 기술이 선택되고 배열되었는지에 대해서 우리는 크게 생각하지 않는다. 그리고 얼마나 복잡한 법적인 규제와 치열한 정치적 간섭이 있었는지 종종 잊곤 한다

2. 뉴미디어가 반드시 '새로운' 미디어는 아니다

데이터센터 화재로 큰 불편을 겪은 평범한 시민들은 이렇게 질문할 수 있을 것이다. 그렇게 많은 자본과 인력을 갖춘 대규모 기업의 상품과 서비스가 왜 그렇게 취약한 시스템을 갖추었을까? 설사 불가

피하게 화재가 일어났다고 하더라도 왜 복구에 그렇게 어려움을 겪는 것일까? 종이 신문이나 셀룰로이드 필름이야 불에 타는 재질이라 그렇다지만, 디지털화된 정보까지 화재에 영향을 받는 이유는 무엇일까?

이러한 의문을 풀어나가기 위해서는 먼저 '뉴미디어' 혹은 '뉴테크놀로지'라는 말에 대해 우리가 가진 오해를 정확히 파악하는 일이 필요하다. 우리가 습관적으로 사용하고 있는 '뉴미디어'라는 말은 사실 실체가 불분명한 단어다. 대체로 우리는 새로운 기술 상품이 보급되는 속도에 따라 '뉴미디어'라는 말을 관습적으로 사용하곤 한다. 말 그대로 '신상품'을 뉴미디어라고 일컫는 것이다. 그러나 미디어 연구에서 말하는 '뉴미디어'란 이보다는 조금 더 복잡한 의미여야 한다. 미디어 기술의 역사에서 무엇이 새로우며 무엇이 낡은 것인지를 먼저 설명할 수 있어야 하기 때문이다. 그리고 기술이나 미디어가 어떻게 '새로운' 것이 되었다가 왜 '낡아가는지'에 대해서도 함께 설명할 수 있어야 한다.

신기술과 뉴미디어는 대부분 특정 상품이나 서비스의 이름으로 우리의 인식 영역에 들어온다. 1980년대 컴퓨터와 관련한 여러 시스템이나 상품들을 지칭하는 말로 처음 사용되었던 '뉴미디어'라는 단어는 이제 각종 기술과 미디어를 포괄하는 것으로 의미가 확장하는 동시에 그 유용성을 잃어가고 있다. 1980년대에 케이블 TV, 웹2.0, 근거리통신망(LAN) 등으로부터 시작했던 뉴미디어의 목록은 그로부터 40여 년이 지난 오늘날 빅데이터, 블록체인, 인공지능, 메타버스 등으로 계속 이어지고 있다. 그러나 학자들은 '뉴미디어' 혹은 '신기술'이라는 표현은 대체로 부정확하게 사용될 뿐 아니라 특정한 맥락에서는 매우 위험할 수 있다고 경고한다. 실상 뉴미디어나 신기술이라는 표현은 과학적이거나 기술학적으로 명확히 정의된 용어가 아니라, 사회 문제를 해결할 강력한 도구를 원하면서도 두려워하는 인간의 욕망이 반영된 유행어에 가깝기 때문이다.

예를 들어 웬디 희경 전(Chun, 2008)은 디지털 미디어의 미래를 예견하는 것은 우리의 초조함이 반영된 일종의 부끄러운 유행이라고 평가한다. 새로운 미디어의 소통 가능성을 진지하게 따지기보다는 유토피아적이거나 디스토피아적인 과장에 치중한다고 보기 때문이다. 그는 뉴미디어를 둘러싼 기술결정론에 반박하면서, 새롭게 등장하는 디지털 미디어가 세상이나 인간을 혁신적으로 변화시킨다고 볼 수 없다고 말한다. 만일 새로운 미디어가 기존 미디어보다 더 자유롭고 효율적인 것으로 인식될 경우라 할지라도, 이는 기술 그 자체의 민주적인 특성 때문이 아니라 네트워크화된 미디어의 환경적 특성 때문이라 주장한다. 즉 새로운 미디어는 이용자가 자신의 정보와 데이터를 더 쉽게 제공할 수 있는 네트워크를 구축하여, 이용자의 자유와 편리와 함께 이용자에 대한 통제와 감시도 함께 가져다준다는 것이다.

존 더럼 피터스(Peters, 2015/2018) 역시 뉴미디어를 둘러싼 학계와 언론의 과장된 담론에 대해 비판적이다. 그는 미디어를 메시지 전달의 도구가 아니라 우리의 존재를 드러내는 인프라로 보아야 한다는 견해를 갖고 있다. 따라서 그는 뉴미디어나 신기술의 등장이 우리를 완전한 '새로움'으로 이끌지는 않을 것이기 때문에, 오히려 뉴미디어 기술 그 자체가 아니라 그것이 도래하게 된 우리의 근본적인 환경에 대해 더 깊은 관심을 두고 연구해야 한다고 주장한다.

이러한 학자들의 주장은 뉴미디어라는 단어의 실체가 불분명할 뿐 아니라, 신기술에 대한 과장된 담론이 자본과 권력의 복합체인 산업(특히 실리콘밸리)의 이해관계를 반영하는 것임을 지적하고 있다. 실제로는 그 어떤 신기술이나 새로운 미디어도 넘쳐흐르는 정보의 과잉을 고스란히 더 양질의 지식으로 전환할 수는 없다. 더구나 뉴미디어나 신기술이 기록하고 저장하고 산출하는 기억과 정보들이 그 이전 미디어에 비해 더 오랫동안 사라지지 않고 남아 있다고 보기도 어렵다.

뉴미디어라는 용어에 담긴 오해를 바로잡고 나면 그다음에 떠오르는 질문은 '그렇다면 도대체 왜'라는 것이다. 학자들의 말처럼 '뉴미디어'나 '신기술'이라는 개념이 절대적인 것이 아니라 상대적이고 역사적인 개념이라면, 왜 우리는 이러한 단어를 별다른 의심 없이 사용하고 있는 것일까? 여기에는 몇 가지 이유가 있다. 우선 학문의 역사적 형성 과정에서 지나치게 자연과학과 공학에 의존해 온 사회과학과 미디어학의 특성을 이유로 들 수 있다. 특히 최근 디지털 미디어와 관련하여 가장 중요한 것은 기술의 블랙박스화로 설명할 수 있다.

기술의 '블랙박스화blackboxing'란 과학이나 기술적인 작업이 성공하여 성과를 거둘수록 그 작업이나 생산의 과정은 오히려 비가시화되는 현상을 일컫는다(Latour, 1999). 기술적인 내용이나 작동 원리가 외부에 의해 투명하게 드러나지 않고 불분명한 채로 유지되는 상태를 나타내는 표현으로, 마치 안을 들여다볼 수 없는 검은 상자처럼 기술업계 외부의 사람들에게는 내부가 공개되지 않는 업계의 관행을 비유하는 표현으로도 쓰인다. 최근의 새로운 미디어 기술은 빅데이터와 자동화 기술을 기반으로 하는 경우가 대부분이기 때문에, 그 작동 원리나 개발 배경이 일반에 알려지기도 전에 특정한 상품으로 출시되는 경우가 많다. 신기술에 대한 일종의 '블랙박스화'가 일어나는 셈이다. 특히 오늘날 디지털 자동화 미디어나 인공지능형 상품의 경우처럼, 그 생산에 사용되는 빅데이터의 규모와 범위가 커질수록 이러한 블랙박스화는 더 공고해진다(이희은, 2021a).

메타버스나 챗GPT 등 지난 몇 년 사이 한국 사회를 떠들썩하게 만들었던 이른바 신기술들의 면모를 살펴보면 대부분 특정 기업이나 기술업계에서 아직 완성도가 떨어지는 베타 버전의 기술 상품을 내놓고, 그것을 언론이 크게 분석하면서 기술에 대한 일종의 과장된 담론이 유행처럼 번진다. 업계에서는 이러한 '블랙박스화'가 기술과 알고리즘의 복잡성으로 인한 불가피한 점이라 말하며 신기술에 대한 구체적 정보를 외부에 공개하기 꺼린다. 그러나 이러한 알고리즘이 이미 우리의 일상에 깊이 파고든 점을 고려하면, 이는 단순히 미디어 기술 생산의 문제가 아니라 이용과 소비의 문제이기도 하다. 이용자들로서는 블랙박스화된 기술의 작동 방식을 이해하기 어려워 어려움을 겪게 될 뿐 아니라, 이해 당사자들 사이의 신뢰성이나 투명성 등 윤리적인 문제가 생기기 쉽다.

업계의 주장과 달리 블랙박스화된 기술은 그 생산 과정에서 피치 못하게 발생하는 어떤 것이 아니라, 예측할 수 없는 결과를 초래할 수 있는 일상 속 미디어의 한 측면이다. 만일 블랙박스화된 기술로 인해 물질적이거나 유리적인 문제가 발생할 경우, 이용자들에게 그 책임이 돌아가고 생산자들은 책임으로부터 벗어나는 상황이 생길 수도 있는 것이다. 따라서 블랙박스화된 기술은 개인정보 보호 및 공동체의 의사 결정에 위험한 상황을 유발할 수 있다.

기술에 대한 정확한 판단 이전에 검증되지 않은 효과를 먼저 기대하는 것도 그래서다. 인공지능과 블록체인과 메타버스와 NFT를 거쳐 최근의 챗GPT에 이르기까지, 새로운 상품이 등장하여 세상을 급격하게 변화시킬 것이라는 일종의 기술 유토피아(그리고 때로는 기술 디스토피아)에 대한 믿음이 퍼져나가는 것을 우리는 자주 목격한다. 이러한 믿음은 대부분 언론의 담론이나 정부의 정책을 통해서 빠르게 전파되는데, 일부 학술적인 논의들조차 신기술의 사회문화적이고 경제적인 맥락은 고려하지 않은 채 기술 유토피아에 대한 믿음에 쉽게 동참하곤 한다. 특히 미디어 기술 그 자체가 아니라 기술의 사회적 맥락을 고려해야 하는 미디어 연구 분야에서, 신기술에 대한 과도한 추종이 유행처럼 이어지는 것은 학술적으로 바람직하지 않다.

기술과 미디어의 역사를 살펴보면 뉴미디어는 항상 올드미디어를 담아낸다는 것을 알 수 있다. 새로운 기술이나 미디어가 등장할 때마다, 초기 기술의 개발은 동시다발적이었고 그 기술이 상용화되기까지는 꽤 오랜 시간이 걸렸다. 최초로 텔레비전을 발명한 사람이나 최초로 영화라는 매체를 발명한 개인을 특정하기 어려운 이유도 그 때문이다. 대개 기술은 특정한 시기에 여러 곳에서 비슷비슷한 실험들이 행해지다가 어떤 계기가 잘 맞으면 비로소 상용화되거나 상품화된다. 물질로서의 미디어의 역사는 기술 자체의 발명이 아니라 특정한 사회 맥락 속에서 필요한 기술을 받아들이는 인간의 선택으로 이루어져 온 것이다. 그럼에도 오늘날 실제 기술의 변화 속도보다도 오히려 그 기술에 대한 과도한 맹신이나 지나친 두려움의 전파 속도가 더 빠른 경우가 적지 않다.

무엇보다도 신기술을 바탕으로 한 뉴미디어는 하나의 독자적인 연구 대상이거나 이용 상품이 아니다. 미디어 연구에서 편의상 텔레비전, 인터넷 등으로 구분할 뿐 오늘날의 미디어는 모두 네트워크로 연결된 환경 속에 있다. 예컨대 스마트폰으로 사진 한 장을 찍는 순간 GPS 정보가 생성되고, 특정 앱 사용에 동의하는 순간 나의 사용 기록과 내용은 빅데이터의 일부로 저장되고 수집된다. 미디어는 따로 떼어 볼 수 없다. 이는 이용자, 생산자, 연구자들이 모두 인식해야 할 부분이다.

3. 새로운 미디어와 오래된 불평등: '이루다'에서 챗GPT까지

"정보화 사회, 여자 하기 나름"

1995년 2월 28일 조선일보에 실린 기사의 제목이다. 당시 유명 배우가 출연했던 광고의 표현을 흉내 낸 제목이지만, 기본적으로는 정보화 사회의 산업 분야에서 여성의 몫이 커질 것이라는 전망을 담고 있다. 컴퓨터 산업이 "기발한 상상과 재치 있는 아이디어"로 승부하기 때문에 여성이 유리하고, 따라서 "맹렬 여성"들이 업계에 돌풍을 일으키고 있다는 내용의 기사다. 이 기사로부터 30여 년이 지난 현재, 정보화 사회에서 여성들의 활동과 위치는 신기술의 발전과 도입에 비례해 함께 확대되었을까? 반드시 그런 것 같지만은 않다.

국내의 게임회사에서 근무했던 조경숙(2023)은 테크 업계의 여성 노동과 권리의 현황을 '액세스가 거부되었습니다'라는 책의 제목으로 압축한다. 신입 사원으로서의 교육 과정에서부터 서비스가 만들어지는 개발 과정, 그리고 이용자들이 서비스를 사용하는 과정에 이르기까지, 여성은 체계적으로 배제되거나 착취당한다는 의미에서다. 그는 야근과 잔업이 잦은 IT 업계의 열악한 노동 환경과 남성 중심의 노동이 일상화된 조직 문화 때문에 여성 노동자는 원천적으로 어려움을 겪을 수밖에 없다고 지적한다. 게다가 그는 자신이 개발에 참여한 새로운 기술과 서비스를 통해 디지털 성착취 범죄가 일어날 수 있다는 점을 알게 되고 충격을 받았다고 말한다. 고화질의 화상 채팅으로 빠른 대화가 가능한 서비스는 그 자체로는 놀라운 기술이지만, 서비스의 이용에서 나타날 수 있는 문제까지는 기술 개발에 관여한 자신도 미처 파악하지 못했다는 것이다. 중요한 것은 이러한 개발 과정의 블랙박스화가 이용자들에게뿐만 아니라 산업 내부에도 적용된다는 점이고, 이는 신기술 개발에서 윤리적 책임을 회피하게 되는 알리바이로 작용하기도 한다.

물론 기술 개발과 관련한 이런 상황이 여성 노동자나 여성 이용자에게만 오롯이 적용되는 것은 아니다. '블랙박스화'라는 표현에서도 드러나듯, 실제 현장의 개발자들은 기술 상품의 결과물이 훗날 어떻게 사용될 것인지에 대해서는 알 수 없으며, 이것이 비단 여성들에게만 해당하는 문제는 아니기 때문이다. 그러나 사회적인 논란을 일으켰던 챗봇 서비스 '이루다'의 사례를 살펴보면, 신기술의 개발에서부터 상품 출시와 이용에 이르는 과정에서 어떻게 여성이 상대적으로 더 불평등하고 불합리한 상황에 놓이게 되는지가 잘 드러난다.

2021년 초에 출시된 '이루다'는 이용자와 주고받은 혐오 발언으로 최초 논란이 시작되었다. 뒤이어 챗봇 개발 과정에서 당사자의 동의 없이 개인의 사적 대화 데이터를 사용했다는 폭로가 나오면서 심각한 사회적인 반향을 불러일으켰다. 개발된 상품뿐 아니라 그 개발 과정 역시 비윤리적이며 불법적이었다는 비판에 직면한 것이다. 개발사는 '이루다'가 베타 서비스였기 때문에 생긴 부족함을 인정하고 이를 보완하여 새로운 서비스를 내놓겠다고 발표했다. 결국 '이루다'는 서비스를 중단했다가 2022년 하반기에 '이루다 2.0' 서비스를 재출시했다.

신기술의 개발과 관련하여 '이루다'의 사례에서 흥미로운 것은 최초 논란 직후 개발사가 보여주었던 반응이다. 개발사인 스캐터랩의 대표는 언론과의 인터뷰에서 '이루다'를 '어린아이'에 비유하며 "'버릇없이 굴지 말라'는 훈계를 어린아이가 이해하려면 어떤 상황과 문맥에서 어떤 행동을 할 때 버릇이 없는 건지 경험을 해야 한다"고 말했다(문희철, 2021. 1. 12). 덧붙여 딥러닝을 사용한 '이루다'는 이제까지 우리가 사용하던 소프트웨어와는 본질적으로 다른 것인데 이 부분에 대해 "사용자와 긴밀한 이해가 부족했다"고 말했다. 개발사 대표의 이러한 말 속에는 20대 여성의 캐릭터를 가정하고 만든 '이루다'가 이용자에 의해 마치 어린아이처럼 교육되고 이용되어야 한다는 가정이 들어 있다.

개발사 대표의 이 인터뷰 내용이 그의 개인적인 견해일 뿐 개발사의 공식적인 의견이 아닐 가능성은 있다. 그렇다 하더라도 여전히 '이루다'를 둘러싼 논란의 핵심을 기술의 생산 시스템 문제가 아닌 기술상의 오류나 신기술에 대한 부적응 문제로 보고 있다는 점은 비판받아야 할 지점이다. 그는 "솔직히 중국 벤처기업이 온갖 데이터를 쉽게 구해 끌어 쓰고 대규모 투자를 유치하는 과정을 보면 부럽기도 하다"고 말하며(문희철, 2021. 1. 12), '이루다' 관련 논란을 이용자의 이해 부족이나 정부 규제 탓으로 돌리기도 했다. 데이터를 더 많이 수집할수록 서비스의 성능이 좋아질 것이라는 기술해결주의적인 관점이 담겨 있는 발언이다.

그러나 '이루다' 대표의 말처럼 과연 알고리즘을 보완하고 적법한 윤리적 절차를 거쳐 데이터를 다시 수집했다고 해서 챗봇의 성차별과 혐오 논란이 해결될 수 있는 것일까? 그렇게 보기는 어렵다. '이루다'를 둘러싼 혐오 발언과 성차별 표현 문제는 2.0 버전의 출시로 일견 잠잠해진 것처럼 보인다. 그러나 여전히 상품의 특성에서 차별적인 생산 과정이 드러나고 있다. 홈페이지에는 22세 여성의 모습을 한 챗봇 '이루다'가 "루다와의 대화가 삼천포로 빠진다면 귀엽게 봐주시고 루다를 잘 이끌어주세요"('이루다' 홈페이지 소개 내용)라고 자신을 소개하는 내용도 담겨 있다. 여기서 알 수 있는 근본적인 문제는 '이루다'를 비롯한 많은 챗봇이나 인공지능형 상품들이 인간의 삶에 도움을 줄 목적으로 개발되기보다는 이용자의 말을 고분고분 받아들이는 존재를 목표로 만들어지고 있다는 점이다. 이는 대형언어모델(LLM)을 이용하여 만들어진 챗GPT와의 유사점이기도 하고 차이점이기도 하다. 생성형 인공지능이라고도 불리는 챗GPT는 마치 부지런하고 기특한 조수처럼, 빅데이터에서 수집한 정보를 꽤 그럴듯한 언어로 만들어준다. 종종 틀린 정보를 제공하기도 하지만 대체로 이용자의 명령에 순응한다는 점에서 '이루다'와 큰 차이는 없다. 다만 '외로움을 달래주는 친구'를 자처하는 '이루다'와는 달리, 챗GPT는 자신이 '친구와 비슷한 역할을 하기는 하지만 기본적으로 이용자의 질문에 답하여 이용자를 도와주는 것일 뿐'이라는 답변을 내놓는다. 22세 여성의 모습을 분명하게 드러낸 '이루다', 그리고 정체성과 관련된 구체적인 이미지를 드러내지 않는 챗GPT의 차이점이라고도 할 수 있겠다.

굳이 '이루다'나 챗GPT를 사례로 들지 않더라도, 새로운 미디어가 등장할 때마다 그 기술이 지닌 특장점으로 민주적이고 이용자 친화적인 성격이 강조되곤 했다. 그러나 이는 기술 자체의 특성이라기보다는 더 많은 이용자를 끌어들이려는 전략적인 선택인 경우가 대부분이다. 1990년대 인터넷의 부상이나 2000년대 소셜 미디어의 등장 등은 모두 이러한 전략을 따랐다. 그러나 새로운 미디어나 기술이 사회의 차별을 완화했다는 근거는 아직 미약하다. 마찬가지로 텔레비전이나 라디오와 같은 레거시 미디어의 기술이 그 자체로 혐오와 차별을 방조했다고 보기도 어렵다. 무엇보다도 미디어는 설사 그것이 인공지능이나 자동화된 미디어라 할지라도 결코 기술 스스로 작동하지 않는다. 미디어는 인간의 노동력과 기술의 축적 그리고 자본과 자원의 추출에 의해서 설계되고 구성되는 복합체다. 그 어떤 기술도 모든 사람의 삶을 더 쉽고 안전하게 만들지 않는다. 더구나 이미 사회적인 조건에 의해 주변화되거나 소외된 소수자들의 삶을 현저하게 개선하는 기술은 없다.

21세기인 현재까지도 기술 집약적 분야에 진입하는 여성들은 배타적인 노동 환경과 조직 문화로부터 심각한 저항을 겪는다. 남성 게이머들이 여성 게임 개발자를 무차별 공격했던 북미의 '게이머 게이트', 그리고 페미니즘 관련 문구가 쓰인 티셔츠를 입었다는 이유로 남성 게이머들의 공격을 받고 결국 해고당했던 김자연 성우의 사건 등이 그 사례다. 정보화 시대의 기술업계 참여가 "여성 하기 나름"이라던 1990년대 중반의 언론 보도는 30여 년이 지난 지금까지도 아직 실현되지 못했다.

4. 데이터화 사회에서의 여성에 대한 차별과 불평등

지금까지 살펴보았듯 자동화된 기술과 미디어의 도입으로 사회적 불평등이 반복되거나 확대 재생산될 가능성은 언제나 존재한다. 특히 기술의 개발과 생산 과정이 블랙박스화되는 상황에서, 여성의 삶에 영향을 미치는 불평등의 양상을 아래와 같이 세 가지 층위로 생각해 볼 수 있다(이희은, 2021b).

첫째, 신기술과 뉴미디어의 도입에서 비가시화되는 인간 노동의 문제다. 인공지능 딥러닝 과정에 필수적인 데이터 정련 작업을 의미하는 라벨링labelling을 비롯하여, 수많은 노동이 일종의 '고스트워크ghost work'로 비가시화된다. 기술 인프라의 생산과 유지에 결정적인 중요 노동을 담당하면서도 그 결과물로부터는 노동의 과정이 지워지는 것이다. 특히 이러한 고스트워크가 여성 등 사회 노동 취약 계층에게서 더 자주 발견된다는 지적도 있다(Gray, 2019). 마치 가사노동이 공식 경제에서 통계로 잡히지 않듯, 신기술과 미디어 생산에서의 그림자 노동은 사회적 취약 계층이 주로 담당하면서도 기술 결과물에서 배제되기 일쑤다.

둘째, 자동화 미디어의 불평등 양상은 빅데이터의 대표성에서도 나타난다. 여성의 데이터가 남성 데이터에 비해 턱없이 부족하며 그로 인해 대부분의 사회 정책과 사회 표준이 남성 중심으로 만들어진다는 "데이터 공백"에 대한 주장이 대표적이다(Perez, 2019). 역사적으로 여성의 데이터가 누락되거나 배제되는 일이 적지 않았지만, 특히 오늘날의 자동화 기술과 미디어에서 일어나는 여성 데이터 공백은 그것이 대개 악의적이거나 고의적이지 않은 것처럼 보인다는 점에서 더 위험하다. 데이터 공백 상태에서 빅데이터를 학습한 인공지능 등의 기술은 여성의 몸, 여성의 노동, 여성에 가해지는 폭력에 무지하여 때로는 여성의 생명을 위협하기까지 한다.

셋째, 고스트워크와 데이터 공백을 통해 생산된 빅데이터는 결국 불평등하고 자동화된 자동화된 결정Automated Decision-Making, ADM으로 이어진다. 자동화된 결정이란 말 그대로 인간의 개입 없이 기술적인 수단을 통해 사회적인 결정을 하는 것을 의미하며, 주로 알고리즘 미디어를 사용하여 데이터를 수집, 처리, 모델링하여 결정을 내리는 과정을 일컫는다. 소위 인공지능을 사용한 면접에서부터 개인의 신용등급 평가와 예측 치안에 이르기까지, 자동화된 결정은 이미 다양한 방식으로 활용되고 있다. 2018년에 아마존Amazon은 공정성을 강화한다는 명목으로 AI 채용 과정을 도입했으나, 결과적으로는 여성 지원자에 대한 편견을 강화한다는 점이 드러나 이 면접 시스템을 폐기했다. 여성이 단기 대출을 선호한다는 통계를 바탕으로 여성의 금융 신용도를 낮게 평가한다거나, '이루다'의 경우에서처럼 대화 앱에서 수집된 데이터를 기준으로 하여 '이루다'의 언어를 '귀엽게' 표현하는 것들도 모두 자동화된 결정이 가져오는 불평등의 사례라 할 수 있다.

점점 더 많은 기술 상품들이 더 광범위하게 수집된 빅데이터를 바탕으로 만들어지는 데이터 사회에서, 이러한 편향된 데이터는 여성의 삶을 더 고정 관념에 묶어두거나 심지어 안전하지 못한 것으로 만들기도 한다. 사피야 우모자 노블은 구글에서 'black girl'을 검색했을 때 성적 대상화된 여성이 검색 결과로 나왔던 자신의 경험을 계기로 『구글은 어떻게 여성을 차별하는가』라는 책을 집필하게 되었다고 밝혔다(Noble, 2018/2019). 마찬가지로 국내 연구에서도 구글에서 '길거리'를 키워드로 검색하면 여성을 관음증적 시선으로 대상화하는 이미지들이 우선 노출된다는 연구 결과가 있다(이지은, 2020).[1]

기술과 미디어의 이러한 편향성 문제는 알고리즘 미디어가 지닌 근본적인 한계에서 비롯된다. 정보과학의 빅데이터는 근본적으로 유사성을 중심으로 패턴을 분류하는 방식으로 되어 있어서, 젠더나 계급이나 인종 등 논쟁적이거나 의견이 갈리는 문제들은 체계적으로 감추는 경향이 있기 때문이다. 즉 '패턴 식별pattern discrimination'이라는 용어는 데이터를 구분하여 입력하는 데 사용하는 컴퓨터 용어이기도 하지만, 유사성을 기준으로 사회적 차별discrimination을 정보 데이터로 만드는 사회적인 용어이기도 한 셈이다. 웬디 희경 전은 인공지능에

1 실제로 내가 강의하는 미디어 전공 AI 수업에서도 이와 관련한 당황스러운 사례가 있었다. 인공지능 이미지 생성도구인 '미드저니'를 사용해서 프로젝트를 진행하던 한 학생이 골목길 이미지를 그리려 했는데 성적 대상화된 여성의 이미지의 그림이 생성된다며 고충을 토로한 적이 있다. 이는 빅데이터의 수집이 얼마나 편향적인지, 그리고 이를 바탕으로 한 인공지능 상품과 서비스가 '악의적이지 않지만 매우 체계적인 방식으로' 그 편향성을 어떻게 강화하는지 보여주는 사례라 할 수 있다.

쓰이는 컴퓨터 처리 방식인 패턴 식별이 결국은 '끼리끼리homophily, 同種愛'의 방식으로 패턴을 묶음으로써 데이터의 차별을 강화한다고 지적한다. 그는 오늘날 자동화 미디어가 내놓는 양극화된 결과물들은 시스템 오류가 아니라 시스템의 '목표'라고 말한다. 자동화 미디어가 기계 장치를 넘어서 권력의 연결점이 되는 것이다.

5. "기계는 권력의 지도"

신기술은 사회를 비약적으로 공정하고 효율적으로 만든다는 약속으로 우리를 현혹하고 낚는다. 이는 과연 얼마나 사실인가? 앞서 살펴본 생성형 인공지능과 자동화된 미디어의 사례에서 실제로 효율과 공정은 구현되었는가? 구글과 '이루다'와 챗GPT에서 논란거리가 될 만한 데이터를 정제하여 위생적으로 가공한다고 해서 성차별 등의 각종 불평등이나 윤리적인 문제가 해결될 수 있을 것인가? 지금까지 살펴본 사례에서도 알 수 있듯, 데이터화된 기술과 미디어를 활용하여 인간의 결정을 개선하거나 편견을 최소화하려는 시도는 설사 그것이 악의에 바탕을 두지 않았다 하더라도 역효과를 내는 경우가 많았다. 데이터 학습의 특성상 인간의 편견을 단순히 복제하거나 증대시키는 결과를 낳았을 뿐이기 때문이다.

오늘날의 기술이 우리에게 원하는 것은 비교적 명백하다. 시청 횟수, 머무는 시간, 클릭 수 등의 지표를 높이는 것이다. 더 자주, 더 오래, 계속 사용하는 것. 그것이 신기술이 우리에게서 얻어내고자 하는 것, 즉 관심 혹은 주목attention이다. 정보가 넘쳐날수록 관심은 희소자원이 된다. 권력은 데이터를 직접 다루기보다는 데이터에 관한 관심을 움직이는 기술을 중심으로 작동한다. 챗GPT이거나 인공지능이거나 혹은 '이루다'이거나 블록체인이거나, 특정한 기술이나 미디어에 대량의 데이터와 정보가 관여한다는 점은 틀림없는 사실이며, 어떤 기술로 얼마나 관심을 돌릴 것인가가 곧 권력의 문제가 된다.

다나 해러웨이는 "기계는 권력의 지도이며, 사회적 관계의 순간들을 포획하고 이로써 다시 살아 있는 것들을 위협한다"고 말한다(Haraway, 2004). 기술과 인간의 관계가 단순한 도구적인 것에 머물지 않고 권력과 지식의 구조를 형성하여 인간의 삶에 다시 중요한 역할을 한다고 보는 것이다. 자동화 미디어와 생성형 인공지능의 시대에도 여전히 인간과 기계는 상호적이기보다 주종의 관계다. 인공지능은 결코 '지능'이 아니고 빅데이터는 포괄적이지도 공평하지도 않다. 오늘날 새로운 미디어 기술이 보여주는 이슈들은 기술 그 자체의 것이라기보다는 사회의 맥락을 기술 속에 담아낸 인간의 것이다. 기술은 언젠가 인간을 구원할 수도 있겠지만 그전에 먼저 기업과 자본을 살린다. 그리고 사회적 소수자와 취약 계층 등 현실에서 소외된 사람들은 종종 새로운 기술로 인해 가장 큰 피해를 본다. 새로운 기술 관련 전망과 사회 변화를 말하기 전에, 그 기술로 가장 이득을 보는 것은 누구인가를 먼저 질문하는 일이 필요하다.

신기술이 블랙박스 속에 꽁꽁 감추어둔 것은 일반인이 이해하기 몹시 어려운 수식이나 기계장치이기도 하지만, 서로 엉켜 있는 권력관계이기도 하다. 카카오 데이터센터 화재와 '이루다'와 챗GPT의 사례가 보여주듯이, 우리에게 필요한 것은 빠르고 효율적인 시스템뿐만이 아니라 우리의 삶을 평화롭고 안정적으로 만들어주며 우리의 생명을 기대어도 괜찮은 시스템 말이다. 최악의 상황에서도 꺼지지 않고 어렵게나마 작동할 수 있는 시스템 말이다. 그리고 이러한 기술 인프라를 마련하기 위해서는, 빠르게 변화하는 기술과 미디어 상황 속에서 '누가 이득을 보는가cui bono'의 문제를 항상 생각해야 한다. 기술 산업의 진행 방향이 사회의 가치가 지향하는 방향과 일치하는 것은 아니며, 꼭 그래야 할 이유도 없기 때문이다.

더 찾아보기

다큐멘터리 〈알고리즘의 편견Coded Bias〉(2020, Shalini Kantayya)

영화 〈돈룩업Don't Look Up〉(2021, Adam Mckay)

〈엑스 마키나Ex Machina〉 (2014, Alex Garland)

책 김초엽·김원영(2021).『사이보그가 되다』. 사계절.

임소연(2022).『신비롭지 않은 여자들』. 민음사.

참고문헌

문희철(2021. 1. 12). 이루다 논란은 AI 서비스 고도화 위한 불가피한 시행착오. 〈중앙일보〉. https://www.joongang.co.kr/article/23969050#home

이지은(2020). 한국여성의 인권에 대해 알고 싶으면, 구글에서 '길거리'를 검색해 보라: 알고리즘을 통해 '대중들' 사이의 적대를 가시화하기.『미디어, 젠더 & 문화』, 35(1): 5-44.

이희은(2021a). 기계는 권력의 지도: AI와 자동화된 불평등",『문화과학』 105: 127-142.

_____(2021b). "데이터화 사회에 여성은 존재하는가: 알고리즘 미디어와 불평등",『여성문학연구』 54: 14-45.

_____(2022). "어디에나 있는 미디어의 이론을 향해: 기술의 자동성과 제어 개념에 대한 비판적 탐색",『커뮤니케이션이론』 18(3): 98-134.

전치형·홍성욱(2019).『미래는 오지 않는다: 과학기술은 어떻게 미래를 독점하는가』. 문학과지성사.

조경숙(2023).『액세스가 거부되었습니다』. 휴머니스트.

Andrejevic, M.(2020). *Automated media*. 이희은 옮김)(2021). 『미디어 알고리즘의 욕망』. 컬처룩.

Chun, W. H. K.(2008). The enduring ephemeral, or the future is a memory. *Critical Inquiry*. 35(1): 148-171.

______(2019). "Queerying homophily". in C. Apprich, W. H. K. Chun, F. Cramer, and H. Steyerl(eds.). *Pattern Discrimination*. University of Minnesota Press. 59-97.

Crawford, K.(2021). *Atlas of AI*. New Haven, CT: Yale University Press.

Gray, M. L.(2019). *Ghost work: how to stop Silicon Valley from building a new global underclass*. 신동숙 옮김(2019). 『고스트워크』. 한스미디어.

Haraway, D.(2004). Teddy bear patriarchy: Taxidermy in the garden of eden, New York City, 1908-1936. in *The Haraway Reader*. New York & London: Routledge.

Latour, B.(1999). *Pandora's hope: Essays on the reality of science studies*. Cambridge, MA: Harvard University Press.

Noble, S. U.(2018). *Algorithms of oppression*. 노윤기 옮김(2019). 『구글은 어떻게 여성을 차별하는가』. 한스미디어.

Perez, C. C.(2019). *Invisible women: Data bias in a world designed for men*. 황가한 옮김(2019), 『보이지 않는 여자들』. 웅진지식하우스.

Peters, J. D.(2015). *The marvelous clouds: Toward a philosophy of elemental media*. 이희은 옮김(2018). 『자연과 미디어: 고래에서 클라우드까지, 원소 미디어의 철학을 향해』. 컬처룩.

12장

4차 산업혁명 기술과 여성, 미래의 화두들

— 박소영

1996년, 미국 MIT의 컴퓨터공학자 조지프 와이젠바움Joseph Weizenbaum 교수는 현재 챗봇으로 불리는 최초의 인공지능 기반 대화형 에이전트conversational agent를 탄생시켰다. 인간과 언어적으로 대화할 수 있는 능력을 갖춘 이 챗봇에 와이젠바움 교수는 아일랜드의 극작가 조지 버나드 쇼의 희곡 『피그말리온Pygmalion』의 등장인물인 엘리자 두리틀Eliza Doolittle의 이름을 따 엘리자Eliza라는 이름을 지어준다(Natale, 2019).

극 중 엘리자 두리틀은 런던의 꽃 파는 처녀로, 본인의 좋지 못한 발음에 대한 고민이 있었다. 이를 들은 또 다른 주인공인 음성학자 헨리 히긴스 교수는 마침 동석한 방언 연구가 피커링 대령과 그녀가 6개월 안에 귀부인 행세를 할 수 있을 정도로 우아한 발음을 하게 만들 수 있을지 내기를 하게 된다. 과연 히긴스 교수의 교육이 시작된 지 몇 달 만에 엘리자는 상류층 인사들이 모인 만찬과 파티에서 완벽한 화법을 선보이며 꽃 파는 빈민가 아가씨로는 상상할 수 없는 고상한 귀부인의 면모를 보이는 데 성공한다.

우아한 아가씨가 된 엘리자 두리틀과 그녀의 스승인 '은인' 히긴스 교수. 엘리자의 성공 이후 이 두 사람을 둘러싼 이야기는 어떠했을까? 이 이야기는 미국에서는 영화 〈마이 페어 레이디〉의 원작이 되며 두 사람의 행복한 결말을 암시하지만, 사실 작중 히긴스 교수는 엘리자를 그의 교육법에 대한 실험체로 '살아 있는 인형living doll' 취급한다. 엘리자 또한 자신을 내기 대상으로 삼은 히긴스 교수의 처사를 알고 분노하게 된다. 두 사람은 논쟁과 설전 끝에 각자의 길을 가게 되나, 이야기는 결국 엘리자가 히긴스 교수의 주선으로 그의 지인인 프레디와 결혼하는 것으로 끝난다.

두 주인공의 결합 여부와 상관없이, 이야기의 구조 속에서 히긴스는 엘리자를 '성장'시키며 그녀의 현재뿐 아니라 미래의 삶의 모습까지 안배하는 '훈육자'이다. 반면 엘리자에게 주어진 역할은 결국 히긴스의 연출과 설계에 따라 움직이는 '인형'에 가깝다. 아이젠바움 교수가 의도한 챗봇 '엘리자'의 이름은 이야기 속 엘리자의 눈부신 언어적 성취를 모티프로 한 것일 테다. 그러나 그 이름의 이면에 있는 여성의 상은 기술과학을 위시한 문명의 진보 속 여성의 위치와 역할에 대한 보다 복잡한 다면적 함의를 내포하고 있다.

세계 경제 포럼의 창립자이자 의장인 클라우스 슈왑(Klaus Schwab, 2016)은 일찍이 "새롭게 출현하는emerging 기술이 기존에 경험하지 못했던 방식으로 물리적 세계, 디지털 세계, 생물학적 세계에 융합되는 현상"을 언급하며 4차 산업혁명의 도래를 예고한 바 있다. 코비드19 팬데믹 국면을 거치며 전 세계를 덮친 산업 구조의 변동과 사회 환경의 변화는 미래 사회를 이끌 핵심 성장 역량으로서 4차 산업 기술의 가능성을 조명하며 그 발전을 가속하는 동력으로 작용해 왔다. 그리고 포스트 코로나 시대를 살고 있는 지금, 우리는 빅데이터와 사물인터넷, 클라우드 컴퓨팅을 통한 초연결hyperconnectedness 기술, 그리고 인공지능과 로봇 등으로 대표되는 지능화intelligence 기술 등 새로운 기술의 면면이 인류 전체부터 다양한 사회문화적, 경제적, 생물학적

환경에 처한 무수한 집단과 개인에 이르기까지 우리 인간의 존재와 삶을 구성하던 기존의 관념을 뒤흔들고 있는 것을 목도하고 있다.

기술의 진보와 더불어 변화하는 인간과 사회에 대한 의식을 재규정하기 위한 새로운 패러다임을 요청하는 대전환의 시대, 이번 장에서는 이른바 '기술 혁명'의 주역으로 손꼽히는 여러 최신 기술 중에서도 가장 널리 인구에 회자되는 인공지능과 빅데이터, 가상과 현실 세계를 연결하는 확장현실XR 기술과 여성의 관계에 주목한다. 이는 각각의 기술 영역이 현재만이 아니라 향후에도 여성의 존재와 삶, 권리와 지위, 역할이 해석되고 규정되는 방식에 지대한 영향을 미칠 가능성이 점차 커지고 있기 때문이다. 한정된 지면 안에서 각각의 기술이 갖는 젠더적 함의를 총체적으로 짚어내는 데는 한계가 있으므로, 본 장은 특정한 기술의 적용이 직간접적으로 여성에 영향을 미친 개별적인 사례들을 조명하여 그 명암이 엇갈릴 수 있는 구체적인 지점들을 비판적인 시각에서 드러낸다. 이 과정 속에서 우리는 기술과 여성의 관계를 다각적으로 돌아보고, 새로운 기술이 여성의 존재와 삶과 맞닿는 지점에서 여성의 현재와 미래에 던지는 질문과 의미에 대한 통찰을 곱씹어볼 수 있을 것이다.

1. 인공지능의 '어머니'

오늘날 인공지능의 괄목할 만한 성장이 있기까지 셀 수 없이 많은 뛰어난 학자들의 각고의 노력이 있었음은 새삼스럽게 말할 필요도 없을 정도지만, 그중에서도 인공지능 분야의 창시자로서 그 공로를 인정받고 있는 대표적인 학자들이 있다. 인공지능이라는 명칭과 분야가 확립된 기념비적인 학술회의로 불리는 1956년의 '다트머스 회의Dartmouth Summer'의 필두로 참여했던 마빈 민스키Marvin Minsky, 나다니엘 로체스터Nathaniel Rochester, 클로드 섀넌Claude Shannon, 존 맥카시John McCarthy 등이 그들이다(Moor, 2006). 이들은 다트머스 회의를 제안하여 최초로 인류에 인공지능이라는 화두를 던졌을 뿐 아니라, AI 체스 프로그램, 자연어 이해 프로그램 등 관련 기술 개발로 기계가 제한적으로나마 인간과 비슷한 방식으로 학습할 수 있음을 보여주며 인공지능의 '아버지'로서의 위상을 공고히 해왔다. 최근 AI의 위험성을 경고하며 구글에 사직서를 내 세계의 주목을 받은 딥러닝의 창시자 제프리 힌튼Geoffrey Hinton을 비롯한 요슈아 벤지오Yoshua Bengio와 얀 르쿤Yann LeCun 또한 인공지능의 대부로 첫손에 꼽히는 학자들이다.

이처럼 AI의 '아버지'들의 활동과 업적이 역사 속에서 수없이 조명된 한편, 인공지능의 '어머니'는 그 어감부터 상당히 낯설다. 앞서 언급한 다트머스 회의에서는 단 한 명의 여성 참가자도 없었고, 비슷한 시기 인공지능 연구 분야에서도 여성 연구자의 흔적을 찾기 어렵다. 인공지능 연구의 초기에 여성들은 남성과 동등한 교육적 기회에 접근하는 것조차 쉽지 않았고, 성별에 대한 편견과 진입 장벽으로 인해 충분한 기술적 역량이 있어도 그것을 인정받기 어려운 환경에 처해 있었다. 이 같은 여성의 기술적인 기여에 대한 인식의 편견은 오랜 기간에 걸쳐 고착화되어 상대적으로 여성 학자들의 업적이 남성 학자들의 그림자에 가려지는 결과를 낳았다고 볼 수 있다. 그러나 그녀들 또한 그 자리에 '있었다.'

여성의 미래를 연 인공지능의 선구자들

컴퓨터과학과 인공지능 연구의 초기, 당대의 제한된 환경에서도 그 창의성과 재능, 노력으로 뛰어난 기여를 한 여성 학자들이 있었다. 그중 다트머스 회의가 개최되고 인공지능이라는 분야가 확립되기도 이전에 첫 번째 알고리즘을 만든 인류 최초의 프로그래머로 알려져 있는 19세기 영국의 수학자 에이다 러브레이스Ada Lovelace를 첫손에 꼽을 수 있다(Barfield, 2021). 영국의 대표적 낭만주의 시인 바이런의 딸로 태어난 그녀는 컴퓨터의 아버지라 불리는 찰스 배비지Charles Babbage의 공상적 이론에 불과했던 '해석 기관analytical machine'을 이해한 당대 몇 안 되는 학자였다. 그녀가 이 해석 기관으로 베르누이 수를 계산하기 위해 고안한 알고리즘은 최초의 컴퓨터 프로그램으로 칭해지고 있으며, 그녀가 구현한 프로그래밍에 나타난 개념적 토대들은 C언어나 자바Java 등 현재 존재하는 다수의 컴퓨터 프로그래밍 언어의 발전에 기여하는 선구적인 개념으로 평가되고 있다. 무엇보다도, 당시 다수의 수학자와 공학자가 컴퓨터(해석 기관)의 용도를 숫자의 연산에 한정한 것에 반해, 러브레이스는 기계의 기술적 잠재력이 계산을 넘어 그림 그리기나 작곡 등 광범위한 인간 사회의 여러 영역에서의 활용에 있음을 통찰하며 인공지능의 태동을 점친 인공지능 분야의 선구자로 인정받고 있다.

'어메이징 그레이스'라는 별칭으로 유명한 미국의 컴퓨터과학자 그레이스 호퍼Grace Hopper도 빼놓을 수 없다(Yale University, n.d.). 원래 전공은 수학으로, 제2차 세계 대전이 발발하며 해군에 자원 입대해 40대에 처음 컴퓨터를 접하고 프로그래밍의 세계에 뛰어든 호퍼 제독은 누구보다 뛰어난 재능을 선보이며 여러 뛰어난 업적을 남겼다.

그녀가 남긴 업적에는 '최초'라는 수식어가 적지 않은데, 우선 최초의 '컴파일러' 개념의 도입과 개발을 꼽을 수 있다. 한 프로그래밍 언어를 다른 언어로 번역해내는 프로그램을 일컫는 컴파일러는 호퍼에 의해 창시되어 현재 컴퓨터 개발 분야에서 유용하게 사용되고 있다. 호퍼는 또한 최초로 영어로 명령을 입력하는 컴퓨터 프로그래밍 언어를 개발했는데, 오늘날 프로그래밍 언어 대부분에 알파벳 기호가 활용되고 있다는 점을 고려하면 대다수의 프로그래밍 언어가 호퍼의 영향을 받았다고 할 수 있을 것이다. 이러한 언어의 범용성을 고려한 프로그래밍 언어 개발은 호퍼를 주축으로 한 최초의 표준화된 컴퓨터 언어 코볼COBOL: common business-oriented language의 창시로 이어졌고, 코볼 언어는 1970년대 세계에서 가장 널리 쓰이는 컴퓨터 언어로 꼽히며 지금도 금융 및 정부 기관 등에서 업무 시스템 개발에 널리 활용되고 있다. 여담으로, 프로그래밍 과정에서의 오류를 가리키는 버그bug라는 말이 업계 용어로 통용되게 한 사람 또한 호퍼이다.

많은 사람들이 인터넷의 아버지로 여겨지는 팀 버너스 리Tim Berners-Lee가 누구인지는 알고 있지만 그의 어머니가 어떤 사람이고, 어떤 업적을 달성했는지에 대해서는 알지 못한다. 팀 버너스 리의 어머니인 메리 리 버너스 리Mary Lee Berners-Lee는 영국의 페란티Ferranti 사에서 최초의 상업용 프로그램인 Ferranti Mark1(Manchester Electronic Computer) 개발 팀에 참여한 수학자이자 컴퓨터과학자로, 업계에서 여성 개발자가 동일 직역의 남성보다 더 낮은 급여를 받고 있다는 것을 발견하고 이를 지적하여 성별 구분 없이 동일한 보수가 책정되도록 설득하기도 했다.

이외에도 미국 우주항공연구소NASA의 아폴로 우주탐험 미션에 시스템 디자인을 위한 최초의 컴퓨터 소프트웨어 프로그래머로 참여하여 소프트웨어 엔지니어링이라는 용어를 처음으로 도입한 마거릿 해밀턴Margaret Hamilton, 최초의 튜링 어워드 여성 수상자로 프로그램 최적화 기술 및 병렬 컴퓨팅 방법을 개발해 효율적인 컴퓨팅 시스템을 안착시킨 프랜시스 앨런Frances Allen, 다수의 컴퓨터가 커뮤니케이션하는 컴퓨터 네트워킹 시스템의 모태인 LINC(Laboratory Instrument Computer) 컴퓨터 개발에 참여한 메리 윌크스Mary Wilkes 등 수많은 여성들이 컴퓨터과학과 인공지능의 역사에 족적을 남기며 그 발전에 공헌해 온 것을 확인할 수 있다.

인공지능 분야의 여성 인력

AI 분야의 여성 소외 현상은 현재도 학계와 산업 현장을 불문하고 꾸준히 문제시되는 이슈이다. 그나마 여성의 교육적 기회와 여건이 나은 북미 지역에서도, 인공지능과 데이터 관련 산업에 종사하는 여성 인력의 비율은 2021년 기준 약 26%에 불과하다(Deloitte, 2021). 스탠포드대학교의 인간중심 인공지능연구소Human-Centered Artificial Intelligence에서 발간하는 AI 분야의 연례 동향 보고서인 「AI 인덱스 리포트 2023」는 전체적인 산업 직역 전반에서 전 세계적으로 남성 근로자들의 직무에서의 AI 기술 보급률이 여성 근로자들에 비해 상대적으로 높게 나타나고 있음을 보여주고 있다. 이는 국제적인 과학, 교육, 문화예술 제반 분야에서 국제적 교류와 협력을 증진하기 위한 유엔 부속 기구인 유네스코의 논평에서 볼 수 있듯, 그 간극을 좁히는 데 아직 130여 년 이상의 시간이 필요한 전 세계적 성별 격차가 디지털 기술에 대한 접근과 리터러시literacy(문해력) 교육 여건 등 제반 환경에서 또한 나타나고 있음을 고려할 때 어쩌면 당연한 결과라고 볼 수 있을 것이다(Collett, Neff, & Gouvea, 2022).

학계의 사정도 결코 녹록치 않다. AI 인덱스 리포트의 조사 결과는 조사를 시작한 2017년 이래 2023년까지 북미 지역 대학교들의 여성 컴퓨터공학자 채용 비율이 24.9%에서 30.2%로 증가하는 경향을 보이고 있음에도, 여전히 학계는 남성 학자들에 의해 주도되고 있음을(75.9%) 드러내고 있다. 국내의 경우만 봐도 상황은 크게 다르지 않다. 카이스트의 최문정 교수 연구팀(2020)은 인공지능 연구 인력의 성별 특성을 분석한 연구에서 '연구책임자' 급의 위치에서 국가과학기술지식정보서비스NTIS에 등록된 AI 과제를 수행하는 여성 비율이 약 10% 정도에 머물고 있다는 사실을 지적하고 있다. 10억 원 이상의 예산을 운용하는 대형 과제의 경우 여성 책임연구자의 비율은 약 5% 정도로 다시 반토막 난다. 국내외 모두 AI 대학원생 중 여성 비율이 약 20% 내외로 집계되는 등, AI 학계는 오히려 산업계보다 성별 다양성이 그리 높지 않은 것으로 나타나고 있다.

이러한 AI 전문 인력의 성별 편중 현상이 야기하는 가장 큰 문제는, AI 산업과 학문의 향방을 결정할 중요한 의사결정 과정에서 여성의 관점과 목소리가 배제되기 쉽다는 것이다. IBM의 비즈니스 가치 연구소는 2021년 보고서에서 AI 업계에서 여성 리더십이 2019년보다 오히려 감소했으며, AI 기업에서 의사결정의 핵심 과정에 관여하는 고위 간부직 여성은 10% 정도에 불과하다고 발표했다. 앞서 언급한 국내의 연구책임자급 여성 인력이 매우 제한적이라는 발표는, 여성이 주도적으로 학문적 발견을 이끌어낼 수 있는 기회가 그만큼 제한적일 수밖에 없는 현 상황을 반영한다. 성별 편중 현상은 단순한 성별 갈등의 문제를 넘어 AI 기술 개발 과정에서 사회 전반에 영향을 미칠 수 있는 편향성 문제를 야기할 수 있다는 점에서 더욱 심각하게 다뤄져야 한다.

미디어가 발전하고 여성의 교육적 환경이 눈에 띄게 향상된 지금 우리는 그 어느 때보다도 많은 스타 여성 과학자들을 접할 수 있다. 인간의 감정을 이해하는 인공지능 소프트웨어를 개발하는 Affectiva 사의 창립자인 라나 칼리오비Rana Kaliouby, OpenAI와 뉴럴링크, 블룸버그, 테슬라의 리더십 팀에서 핵심적인 역할을 맡은 시본 질리스 Shivon Zilis, 구글 브레인 팀의 핵심 멤버로 스탠포드에서 로봇과의 상호작용을 연구하는 첼시 핀Chelsea Finn, 대량의 이미지 데이터를 구축하는 이미지넷ImageNet 프로젝트의 선봉에 서 이미지와 영상 정보에서 유의미한 정보를 추출하는 인공지능 기술인 컴퓨터 비전 기술의 눈부신 발전을 이끈 스탠포드 인간중심 AI연구소장 페이페이 리Fei-Fei Li 등, 과거와 비교할 수 없이 수많은 롤 모델들이 동시대를 살아가며 그들의 역량이 성별 특성과 무관함을 매순간 입증하고 있다.

여성의 역할에 대한 통념에 반해, 과거와 현재 역사 속에서 두각을 드러내는 여성 학자들과 이들이 이룩한 성과는 여성들의 기여가 과거, 현재, 미래에 걸쳐 과학기술의 진보와 인류의 지성의 진전에 적지 않은 영향을 끼칠 수 있음을 시사한다. 여성 학자들의 업적을 되새겨 이들의 기여를 높이 평가하고 인정하는 과정을 통해 미래 기술은 다양성이 있는 진정으로 포용적인 성장의 길로 나아갈 수 있을 것이다.

2. 여성이 된 인공지능, 인공지능이 만드는 여성

누구나 한 번은 AI 음성 비서에게 질문을 던져본 경험이 있을 것이다. 많은 사람들이 특정한 장소를 검색하거나 길을 묻기 위해, 오늘날씨가 어떤지 알기 위해, 그 외 수많은 사소한 궁금증에 대한 답을 찾기 위해 인공지능 비서와 일상적으로 문답을 주고받곤 한다. 그리고 누군가는 그 과정에서 다음의 의문을 가졌을 수 있다. 왜 수많은 인공지능 음성비서들의 목소리는 대부분 '여성'일까? 최근 다양화되는 이용자의 요구에 부응해 삼성전자의 빅스비, 네이버의 클로바, 카카오의 헤이카카오는 다양한 성별과 연령의 목소리를 선택할 수 있는 기능을 제공하기 시작했으나, 음성비서 서비스 초기 애플의 시리Siri나 아마존의 알렉사Alexa, 마이크로소프트의 코타나Cortana부터 국내 KT의 기가지니GIGAGenie 등 대표적인 음성비서 서비스의 기본 설정은 모두 여성의 목소리였다.

우리가 의식하든 의식하지 않든, 우리 일상에 자리하는 많은 수의 AI 서비스는 '성별'을 가지고 여성의 이미지나 특징을 차용하고 있다. 우리는 20대 초반 여자 대학생을 컨셉으로 개발된 '이루다'처럼 여성의 이름과 정체성을 갖춘 챗봇 서비스들을 쉽게 떠올릴 수 있다. 여성의 목소리를 가진 AI 음성비서도 우리 일상에서 널리 사용되는 인공지능 서비스이다. 아울러 지금까지 세계 각국에서 개발되어 온 적지 않은 수의 휴머노이드들이 여성의 신체적 특성을 재현하고 있다.

한편으로 인공지능은 이 세상에 '없었던' 여성의 모습을 드러낸다. 메타버스와 같은 가상공간에서 활약하며 현실에 없던 새로운 종류의 인플루언서로 주목받고 있는 가상인간들은 그 대다수가 여성형이다. 현재 뜨거운 대중의 인기를 얻고 있는 이미지 생성 인공지능 서비스들 또한 글자로 된 지시어만으로도 세상에 존재하지 않았던 여성의 모습을 그려낼 수 있다. 인공지능이 생성해내는 여성은 단순히 고정된 이미지를 넘어 말하고 움직일 수도 있는 생동성을 갖추고 있다.

이번 장의 목적은 왜 기술이 특정한 성별의 형태나 특징을 갖게 되었는지, 반대로 기술이 왜 특정 성별의 모습을 특정한 양식으로 생성해내는지, 즉 AI에 재현되거나 AI가 재현하는 여성의 모습을 관찰하고 여기에 질문을 던져보는 데 있다. 기술의 형태와 특성 이면에 있는 의도와 동기, 그리고 그것이 빚어지는 과정 속에는 우리 사회에서 여성의 정체성과 역할이 어떻게 해석되고 있는지 여성 존재에 대한 본원적 질문을 제기할 수 있는 실마리들이 숨어 있기 때문이다.

인공지능의 '성별'

스탠포드대학교의 과학 역사학자 론다 쉬빙어(Londa Schiebinger, 2022) 교수는 과학기술에 내재된 성적 편견과 그 실질적인 위협의 가능성에 대해 문제를 제기하며 이를 극복하기 위한 인공지능의 포용적 설계inclusive design의 중요성을 강조한 최초의 학자 중 한 사람이다. 임신한 여성의 체형을 고려하지 않고 설계된 자동차의 안전벨트의 개선이나 주로 여성 질환이라고 여겨졌으나 사실 남성에게도 높은 빈도로 발생하는 골다공증에 대한 대처 등, 쉬빙어 교수가 강조하는 성적 편견이 야기하는 문제의 해소는 모든 성별에 공히 이로운 방향으로 나아가는 과학기술의 포용적 발전을 의미한다(Schiebinger, 2014).

포용적 인공지능 설계를 위한 길목에서, 쉬빙어 교수가 지적하는 인공지능의 성적 편견에 대한 핵심적 예시는 음성비서 서비스이다. 여성의 음성은 '사용자의 선호'를 이유로 비단 음성비서뿐 아니라, 과거부터 차량의 네비게이션이나 가전제품 등 각종 서비스 영역에서 널리 사용되어 왔다. 그러나 여기서 "기계화된 여성의 목소리가 더 많이 실재한다는 현상이 곧 여성의 주체적인 목소리가 더 많이 실재하는 것처럼 오해해서는 안 된다"는 이희은(2018: 141)의 지적에 주목할 필요가 있다. 여러 학자들은 목소리를 매개로 한 젊은 여성의 페르소나가 주로 우리 일상을 보조하는 '개인 비서', '집사' 또는 '하인'의 역할을 하는 기술에 덧씌워지며, 이는 특정 성별에 주어진 역할에 대한 사회적 편견과 불평등 및 위계질서를 강화시킨다는 점에서 문제시될 수 있다는 점을 강조한다. 더불어 '여성화'된 인공지능이 사용자의 무례한 발언이나 성희롱 등 부적절한 괴롭힘에 노출되어도 제대로 항의하지 못하고 순응적 반응을 보이는 것은 인공지능을 넘어 사용자의 실제 여성에 대한 인식에 바람직하지 못한 영향을 미칠 소지가 있다.

더하여, 특정한 인공지능 모델의 대표 이미지가 여성이라는 것은 해당 인공지능이 가진 오류나 결함이 마치 '여성'의 문제인 것처럼 곡해될 여지를 남길 수 있다. 최근의 관계형 인공지능 챗봇은 이용자들과의 소통을 통한 교류나 유희 자체를 목적으로 설계 및 개발됐는데 그 과정에서 예기치 않은 사회적 논란을 낳은 사례들이 있었다. 일례로, 2016년 마이크로소프트에서 선보인 인공지능 챗봇 '테이Tay'는 출시 후 16시간 만에 서비스 운영이 중단됐다. 테이는 사람들의 답변을 통해 스스로 반복적인 학습을 하도록 설계되었는데, 그 과정에서 일부 좋지 않은 의도를 가진 사용자들이 테이가 다른 성과 인종에 대한 차별적 발언이나 민감한 정치적 발언, 욕설 등을 '학습'하도록 유도한 것이다. '이루다' 챗봇의 경우도 비슷하다. 장애인이나 성적 소수자 등에 대한 차별과 혐오, 군인에 대한 비하 발언 등 일부 답변 내용에 대한 논란이 불거짐에 따라 이루다 서비스는 출시 20일 만에 운영이 중단되었다. 이 같은 기술 결함의 책임을 기술 개발사나 사용자에 묻는 것이 당연함에도, 일부는 비난의 화살을 기술의 '얼굴'로 설정된 젊은 여성이 가진 보편적 인식의 문제에 돌리기도 했다.

나아가 인공적인 '지능'의 발전과 더불어 여기에 필적하는 완벽한 인간의 육체를 구현해내려는 움직임이 가속화되고 있다는 것도 주지의 사실이다. 인간형 로봇인 휴머노이드 연구 개발은 인간의 작업을 대체하기 위한 기능적 발전뿐 아니라 심미적인 측면에서 인간의 외형적 특성과 유사한 로봇을 만들어내려는 노력에도 초점을 두고 있는데 이 과정에서 로봇의 머리카락, 이목구비 등 얼굴, 신체 등을 실제 여성과 같이 구현하려는 움직임이 관찰되고 있다. 특이한 점은 인간의 외형적 특징을 구현하려는 노력이 남성형 로봇보다는 여성형 로봇에 집중되어 있다는 점이다. 영어권의 위키피디아에서 '휴머노이드 로봇' 페이지를 검색하면 시간의 흐름에 따라 어떤 휴머노이드들이 개발되어왔는지 확인할 수 있는데, 다수의 로봇이 성별 중립적인 무성의 형태를 띠는 가운데 적지 않은 수의 여성형 로봇들이 관찰된다. 남성형 휴머노이드는 거의 없다. 이러한 여성형 휴머노이드는 최초의 로봇 인류로 유엔국제회의에서 로봇과 인간의 상생에 대해 최초로 발언한 소피아Sophia부터 댄스에 특화된 일본의 HRP-4까지 다양한 특징을 갖고 있으나, 그만큼 그 해석에 앞서 장기적이고 다각적인 사회적 활용 방향에 대해 지속적인 주의를 기울일 필요가 있다.

인공지능이 생산하는 여성 이미지

"기술은 (그 자체로) 좋거나 나쁜 것이 아니고, 중립적인 것도 아니다Technology is neither good nor bad, nor is it neutral." 역사학사 멜빈 크란츠버그(Melvin Kranzberg, 1986: 545)가 '기술의 법칙'이라는 제하로 남긴 매우 유명한 어구이다. 즉 기술은 결국 인간 활동의 산물로, 한 사회의 맥락과 내재된 편향을 투영하기 마련이라는 것이다. 인공지능이 생산하는 '여성'의 모습도 이와 같다. 우리 사회에서 수집된 대규모의 데이터가 인공지능을 훈련시키는 '입력값'이 되는 이상, 인공지능이 '출력'해내는 여성의 상 또한 우리 사회의 거대한 의식 구조 속에 이미 웅크리고 있던 무엇일 것이다. 그럼에도 우리가 인공지능이 그려낸 여성을 보고 새삼 놀라움을 표하는 이유는 무엇일까? 기술의 정교함에 대한 경이로움일까, 또는 짐작만 하고 있었던 문제의 민낯을 적나라하게 목격하게 되는 데서 오는 불편함일까? 다음의 사례들은 인공지능 기술을 통해 생성하는 여성 이미지에 대해 여러 관점에서 생각해볼 거리를 제공한다.

코로나 팬데믹 국면을 거치며 가장 각광받았던 디지털 산업 분야 중 가장 선두에 있던 것이 바로 비대면 환경의 대안으로 손꼽힌 메타버스였다. 현실과 디지털 세계를 잇는 이른바 초월meta 현실의 세계를 넘어 여러 산업 관계자들은 현실과 디지털 세계를 자유롭게 넘나드는 새로운 유형의 인류, 즉 '가상인간'에 대한 구상을 실행에 옮기게 된다. 사실 국내에서 가상인간의 등장은 처음이 아니다. 우리나라는 이미 1998년 국내 첫 사이버 가수 아담의 활약을 목격한 바 있었다. 그러나 당시의 첨단 기법이 모두 동원됐음에도 실제 인간의 모습과는 거리가 있던 아담과 달리, 모공과 솜털까지 합성 가능한 하이퍼 리얼리즘 모델링, 뼈와 관절의 움직임을 모델링해 자연스러운 몸체 동작을 구현하는 리깅rigging, 음성 합성 기법 등 AI 기술을 통해 탄생하는 현대의 버추얼 휴먼들은 실제보다 더 실제 같다.

싸이더스스튜디오X의 오로지O-Rozy, 롯데홈쇼핑의 루시, 답dob 스튜디오의 루이, 자이언트스텝과 네이버의 이솔, 온마인드의 수아, 스마일게이트의 한유아 등 수많은 가상인간들이 소셜 미디어와 광고, 예능, 패션, 미용 등 여러 분야에서 종횡무진 활약하며 인플루언서로서 자리매김하고 있다. 이러한 가상인간들이 주목받는 지점을 두 가지로 나누어 살펴볼 수 있다. 첫째는 국내외를 불문하고 대다수의 가상인간들 모두가 여성이라는 것이다. 외모는 전형적인 미인상인 경우도 있고 개성적 특성을 부각하는 경우도 있으나, 대부분 늘씬한 체구를 가진 여성으로 구분이 되지 않을 정도로 실제 인간과 흡사한 외형을 지녔다. 둘째는 이들이 주로 개발 및 활용되는 분야이다. 가상인간들은 주체적인 존재로 설계되기보다 보통 '몸값'이 비싸고 평판 관리의 위험이 있는 연예인들을 효과적으로 대체하는 기업의 상업적 도구로 활용되고 있는 경우가 많으며, 외모와 발언과 행동, 활동 일체의 통제가 상대적으로 매우 용이하다는 것이 최대 이점으로 꼽힌다.

거창한 기획이나 개발 과정이 수반되거나 많은 예산이 투입되지 않아도, 오늘날 생성형 인공지능의 발전으로 인해 실사에 가까운 완성도 높은 여성 이미지의 생산이 매우 손쉬워졌다. 챗GPT를 시작으로 미드저니, 스테이블디퓨전 등 셀 수 없이 많은 이미지 생성형 인공지능 서비스가 등장하면서 명령어(프롬프트prompt) 하나로 시나 소설부터 실제와 같은 인물, 동물, 풍경, 우리가 익히 알고 있는 유명한 명화까지 순식간에 그려내 공유하는 활동이 온라인에서 인기를 얻고 있다. 이 과정에서 프롬프트를 입력해 자신이 보고 싶은 여성의 모습을 그려내는 이용자들이 많아지고 있는데, 문제는 '오피스룩 입은 여자', '레이싱걸' 등 특정한 지시어의 사용에 따라 만들어진 여성 이미지가 지나치게 여성을 성적 대상화하는 경향이 있다는 것이다. 소셜 미디어의 여성 이용자들이 AI 아트 생성기에 자신의 사진을 입력할 때 AI에 의해 '재해석'된 변환 이미지가 그 예술성보다 선정성이 부각된다는 지적도 잇따르고 있다. 아울러 이미지 생성 AI를 통해 어린아이의 얼굴을 성인의 몸에 합성하는 등, AI에 의해 여성 이미지가 적절치 못한 방식으로 왜곡될 수 있는 부작용이 또 다른 문제로 대두되고 있다.

4. 기술 변화 속 젠더 권력의 쟁점들

현재 인공지능 기술은 급속도로 발전하고 있고, 이를 바라보며 기술이 가져올 희망찬 미래에 낙관하는 사람들만 있는 것은 아니다. 적지 않은 사람들이 또한 지나치게 빠른 기술의 진보에 두려움을 품고 있다. 기계가 인간을 대체할 날이 그만큼 앞당겨질 수 있다는 신호로 여기는 것이다. 실제로 현재 전 세계 업무 전체의 18% 정도가 인공지능을 활용해 자동화될 수 있으며, AI가 대체할 수 있는 일자리가 3억 개에 달한다는 세계 유수의 투자은행 골드만삭스의 발표는 직업 상실의 두려움을 넘어 향후 인간의 존재 의미와 가치에 경종을 울리고 있다(Kelly, 2023). 최근 미국에서는 기업들이 약 4천여 명의 정리해고를 감행했는데, 그 이유로 인공지능이 처음 언급됐다는 조사 결과가 발표되며 인공지능이 사람들의 일자리에 실질적인 영향을 미치기 시작하는 신호가 감지되고 있다. 그렇다. 이는 기계 대 인간의 문제이다. 기술의 고도화에 따라 인간이 경쟁력을 유지하고 설 자리를 확보하기 위해 더 큰 노력이 필요할 것은 자명하다. 그러나 한편으로 이는 여전히 '인간들의' 문제이다. 기술 고도화의 영향은 다양한 인구동세적 요인과 사회경제적 특성에 따라 여러 사회 집단에 동일한 크기와 방향으로 작용하지 않을 것이다. 인간의 영토로 남겨진 곳에서 자신들의 자리를 지키기 위해 각각의 집단은 필연적으로 각축전을 벌일 수밖에 없다.

이러한 맥락에서, 진화하는 기술 속 여성의 문제는 단순히 여성이 그 속에서 어떻게 표상되느냐의 문제에 국한되지 않는다. 우리 일상생활의 일부로 녹아든 기술은 여성의 삶 속에서 실질적인 기회나 위협의 문제와 직결된다. 인공지능, 빅데이터, 메타버스 등 신기술의 확산은 다양한 사회 영역에서 때로 생각지도 못한 방식으로 여성의 삶에 파고들고 있고, 그에 따라 여러 새로운 논란을 낳고 있다. 본 장에서 검토하는 디지털 기술의 발전으로 인한 젠더 폭력의 다변화 현상 및 인공지능 및 그 기반이 되는 데이터에 내재된 젠더 권력의 불평등 문제는 그 대표적인 쟁점이다.

다변화하는 젠더 억압의 기술

여성가족부에서 지난해 발표한 여성 폭력 통계는 디지털 환경에서의 성범죄가 지속적으로 증가하는 현실을 여과 없이 드러낸다(김동식 외, 2022). 2017년 전체 성폭력 범죄 대비 약 20% 정도로 집계되었던 디지털 성폭력 범죄는 2021년 33%에 이르렀다. 메시지나 음성, 영상 등을 이용한 성적 괴롭힘, 아동과 청소년 성착취물의 제작이나 배포, 불법 촬영, '리벤지 포르노' 등 그 수단 또한 다양하다. 여기에 최근 몇 년 사이 현실과 가상세계의 경계를 무너뜨리는 확장 현실eXtended Reality: XR을 표방하는 메타버스 서비스들이 인기를 얻으며 여기에서 활동하는 여성의 디지털 페르소나까지 이러한 성적 폭력의 대상이 될 수 있는 위험이 커지고 있다.

2021년 전 세계적인 '빅테크'의 하나로 꼽히는 메타Meta에서 출시한 메타버스 플랫폼인 호라이즌 월드Horizon World에 접속했던 메타버스 기술 연구 업체 카부니의 부사장 니나 파텔(Nina Patel, 2021)은 그녀가 여기서 경험한 성폭력을 고백하여 논쟁의 불씨를 지폈다. 접속 60초 만에 서너 명의 다른 남성 아바타가 그녀의 아바타에 접근해 '성폭행'하고 그 장면을 사진으로 찍었다는 것이다. 국내의 대표적인 메타버스 서비스인 제페토 등에서도 아동 청소년 이용자의 아바타를 대상으로 비슷한 유형의 성범죄가 빈번히 발생하여 이러한 사건들이 뉴스 지면에 대서특필되기도 했다. 과연 물리적 실체가 아닌 아바타가 성적 폭력의 대상이 될 수 있을지 논란이 되었으나, 적지 않은 수의 실제 피해자들은 메타버스 성범죄에 따른 신체적·심리적 후유증과 피해는 '실재'한다고 증언하고 있다.

현실의 구속에서 벗어나 디지털 공간에서 자유롭게 활동하는 멀티페르소나, 이른바 '부캐' 문화가 하나의 트렌드가 되었다. 기업들은 가상의 장소에 구현된 세계와 자아에 대한 이용자의 현실감을 극대화할 수 있도록 기술적 역량을 총결집하고 있다. 고도화된 그래픽 기술과 3D모델링 기술, 가상현실로의 통로를 여는 VR헤드셋, 이용자가 촉각 등 오감을 동원해 세계를 체험하게 하는 햅틱 장비 등은 유망한 기술 개발 분야로 지목되고 있다. 그러나 확장된 현실 속 자아의 확장은 아이러니하게도 동시에 자아에 대한 새로운 위협의 가능성과 이에 따른 관리와 보호의 필요성을 의미한다. 메타버스에서의 촉각적 경험의 향상이 성적 공격의 맥락과 연결된다면 어떻게 될까? 물리적 세계의 경계에서 인간을 자유롭게 하고자 하는 기술이 동시에 우리를 얽어매는 족쇄가 될지도 모른다는 두려움은 단순한 공상이 아니다.

인공지능을 기반으로 실재하는 인간의 얼굴, 목소리, 행동 등을 진짜처럼 재현하는 콘텐츠 합성 기술인 '딥페이크deepfake'의 발전 또한 여성에게 새로운 위협으로 떠오르고 있다. 생성적 적대 신경망generative adversarial network, GAN이라는 알고리즘에 기반한 기계학습 방식인 딥러닝deep learning과 가짜fake의 합성어인 딥페이크는 매우 정교하고 자연스러운 이미지 합성이 가능한데, 이 같은 특성은 수많은 여성을 딥페이크 포르노의 위험에 노출시킨다. 미국의 인기 팝 가수인 빌리 아일리시Billie Eilish나 유명한 여성 인플루언서들뿐 아니라 일반 여성들까지 선정적인 이미지가 그들의 얼굴과 합성되어 불특정 다수에게 유포되는 딥페이크 포르노 피해가 이어지고 있다. 아동의 얼굴에 성인의 몸이 합성된 불법 음란물의 제작 또한 심각한 우려를 모으고 있는 문제이다. 현재 온라인 공간에 얼굴과 신체 등 이미지가 노출된 여성은 스스로의 동의 여부에 상관없이 포르노의 대상이 되거나 포르노 생성을 위한 인공지능 모델의 학습 데이터가 될 수 있는 위험에서 자유로울 수 없다.

인공지능과 기울어진 운동장

한때 인공지능 알고리즘의 작동 방식은 흔히 '블랙박스'에 비유됐다. 인공지능이 내놓는 결과값이 정확히 왜, 무엇을 근거로 도출된 것인지 알 수 없다는 것이다. 그러나 우리는 어떤 기술도 결국 인간 활동의 산물이며 이들을 둘러싼 사회적 맥락 속에서 해석됨을 알고 있다. 무엇보다도 AI 기술의 기본 원리가 인간이 구축한 데이터를 기반으로 학습하고 여기서 일정한 패턴을 찾아내는 데 있다는 점을 고려하면, AI에서 나타나는 편향성은 오랜 기간에 걸쳐 인간 사회에서 형성된 관습과 통념을 답습한 결과에 다름 아니다. 결국, 특정 집단에 치우친 결과로 논란을 낳는 인공지능의 편향성의 근본적 원인은 한 사회에 뿌리내린 성별, 지역, 인종, 사회경제적 배경 등에 기반한 편견이 데이터에 반영되었다는 데 있다. 문제는 '가비지 인, 가비지 아웃garbage in, garbage out'이라는 말처럼, 기성 사회의 성별 격차, 인종적 격차, 사회경제적 격차에 따른 편향이 이를 학습한 인공지능 모델에서 재생산되고 있다는 것이다.

2018년, 인력 채용을 위해 자체 AI 시스템의 개발을 진행하던 아마존Amazon은 해당 시스템이 여성 지원자에게 불이익을 주는 성차별적 결과를 도출한다는 사실을 발견하며 이를 폐기하기에 이른다. 같은 해 여성 컴퓨터공학자 조이 부올람위니Joy Buolamwini와 팀닛 게브루Timnit Gebru는 젠더 쉐이드gender shades라는 프로젝트를 통해 얼굴 인식 자동화 시스템이 여성보다 남성을, 흑인이나 유색 인종보다 백인을 더 정확하게 인식하고 분류한다는 결과를 내놓는다. 이러한 편향적 결과의 원인은 각 인공지능 모델에서 대다수의 학습 데이터가 각각 남성 지원자의 데이터 또는 백인 남성의 얼굴 이미지 데이터였다는 데 있었다. 인공지능 학습을 위한 데이터가 어떻게 구축되는지의 문제는 특정한 사회적 집단의 대표성, 나아가 그에 수반하는 권리 및 이익과도 직결될 수 있는 문제가 되고 있는 것이다.

기술 변화로 인한 젠더 편향과 불평등의 문제가 가장 두드러지는 분야는 바로 노동 현장이다. 인공지능 기술 개발 영역에 종사하는 여성 엔지니어에 대한 임금과 대우 등의 차별은 과학기술의 진보 여부와 무관하게 전통적인 젠더 권력 구조가 고착화되어 있는 현실을 드러낸다. 한 예로, 지난 2020년 12년간 구글 AI 윤리 팀장으로 일하던 팀닛 게브루라는 에티오피아 출신 AI 엔지니어가 해고당한 사건이 큰 논란을 불러일으켰다. 게브루 박사가 AI 언어 모델의 편향성과 한계를 지적하는 논문을 발표하며 구글 임원진과 갈등을 빚기 시작한 것이 해고의 계기가 되었고, 그녀에게는 해고 통보 이전 문제를 파악하고 해결하기 위한 충분한 소통과 소명의 기회조차 주어지지 않았다. 게브루 박사가 AI 개발 업계에서 상대적으로 드문 여성이자 흑인 엔지니어였기에 이 사건은 더욱 큰 반향을 낳았으나, 이는 국내외 AI 개발 현장에서 일반 여성 인력의 입지와 위상, 역할이 어떠할지 가늠할 수 있는 시사점을 제공한다.

AI 개발과 직접적으로 관련되지 않은 일반 노동시장에서도 AI 등 신기술 발전으로 인한 영향이 각 성별에 다르게 작용할 가능성이 논해지고 있다. 대표적으로 생성형 AI 기반 자동화로 인한 일자리 감소가 특정 성별에 불리한 결과를 가져올 수 있다는 지적이 있다. 한 연구보고서는 생성형 AI의 출현으로 가장 큰 영향을 받을 15개의 직업을 제시하며 해당 직역이 전체 여성 노동인구의 79%, 남성의 58% 정도를 차지한다고 밝히고 있다(Smith, 2023). 보고서는 상대적으로 생산직에 종사하는 비율이 높은 남성 인력에 비해 '화이트칼라' 직업이 큰 비율을 차지하는 여성 인력에게 인공지능으로 인한 일자리 상실의 가능성이 더 크다고 진단한다. AI로 인한 노동시장의 변화는 기존의 '기울어진' 젠더 권력 구조를 유지 또는 강화하는 기제가 될까? 거기에 전복과 재편의 가능성은 있을까? 변화의 길목에서 기울어진 운동장의 균형을 되돌리기 위해 과연 우리는 무엇을 해야 할까?

5. 포용적 성장을 향한 미래 기술의 이정표

인공지능 등 급속도로 발전하는 신기술이 예기치 못한 사회적 영향과 논란을 불러일으킴에 따라 사람들은 기술 발전이 인간의 가치와 복리, 사회의 공공선을 존중하고 진작하기 위한 것이어야 한다는 인식을 공유하고 있다. 기술의 사회적 책임을 강화하기 위한 '책임감 있는 인공지능responsible AI' 대한 논의는 이러한 문제의식에서 부상했다.

국제 경제협력개발기구(OECD, 2019)는 이러한 관점에서 다섯 가지 대원칙을 제시했다. 우선 자유, 평등, 공정성, 정의 등 인본주의적 가치human-centred values에 부합하는 기술 개발의 방향성, 다음으로 AI

시스템의 훈련과 학습 및 의사결정 과정에 대한 정보 공개의 투명성transparency과 인공지능이 내린 결정에 대한 설명가능성explainability, 이용자들의 위험을 줄이고 안전한 기술 활용을 도모하기 위한 기술의 보안성security과 안전성safety, 아울러 인공지능 시스템의 개발과 적용에 관여하는 개인 또는 단체가 그들의 의사결정 과정 전반에서 기술이 적절한 방식으로 기능하도록 행동하며 그 근거를 윤리적이고 합리적으로 설명할 수 있어야 한다는 책무성accountability이 있다.

앞서 언급한 네 가지 원칙이 모두 경중을 가릴 수 없이 중요하나, 그중에서도 OECD가 가장 우선순위로 언급한 원칙은 바로 기술의 '포용적 성장'이다. 인공지능의 개발과 활용은 특정한 국가나 이익 집단이 아닌 우리 전 인류와 행성의 번영과 이로움을 위한 것이어야 한다는 것이다. 기술의 활용 범위가 교육, 의료, 환경, 산업, 교통 등 다양한 사회 영역을 망라함에 따라 여성, 아동, 노인, 저소득층, 인종적 소수 집단 등 상대적인 사회적 약자가 기술 개발 과정에서 배제된다면 이들이 겪게 되는 격차의 실질적 여파와 고통이 더 커질 것임은 자명하다. 나아가, 여기서 주지해야 할 사실은 포용적 기술 발전이 단순히 사회적 약자에 대한 배려 차원의 문제가 아니라는 것이다. 앞서 론다 쉬빙어 교수의 사례에서 살폈듯 특정 성별 또는 특정 인구 집단에 편중된 이해는 다양한 사회 집단이 복잡다단하게 얽혀 발생하는 현실의 사회 문제에 대한 완전한 해결책을 제시할 수 없으며, 기술 또한 예외가 아니다.

이러한 기조 아래, 지속적으로 보고되는 인공지능의 '편향'을 해결하기 위한 실질적인 움직임 또한 관찰되고 있다. 노동시장의 지원자 선별 과정에서 남성 편향적 의사결정으로 지탄을 받던 인공지능 도구들은 현재 편향적 언어를 감지하거나 나이, 사진, 목소리 등 업무 역량과 직접적인 관련이 없는 요소들을 제거하고 고용주가 요구하는 상세한 업무 역량을 가진 지원자를 정확히 가려내는 것을 돕는 등 개선을 거듭하고 있다. 실제로 유니레버Unilever 사에서는 인공지능 기반 채용 방식을 도입함으로써 성별 다양성gender diversity이 기존에 비해 증가했다고 발표하기도 했다(Booth, 2019). 인공지능이 가져오는 삶의 편의성이 여성의 가사 부담을 덜고 사회 활동에 집중할 수 있는 환경적 여건을 제공할 것이라는 관측도 있다. 그러나 우리는 기술이 그 자체로 이롭거나 해로운 것이 아닌 한 사회의 가치를 반영하여 변형하는 것임을 알고 있다. 기술의 포용적 성장이라는 표어는 누가, 얼마나, 어떻게 포용되어야 하는지에 대한 우리 스스로의 실질적인 고민과 목소리를 통해서만 진정한 울림으로 생명력을 가질 수 있을 것이다.

더 찾아보기

영화 〈마이 페어 레이디My Fair Lady〉(1964, 조지 큐커)
다큐멘터리 〈코드의 여왕The Queen of Code(2015, 길리안 제이콥스)
: 컴퓨터공학자 그레이스 호퍼의 일대기를 담은 다큐멘터리 시리즈

기타 European Institute for Gender Equality. Gender Analysis.
: 유럽성평등연구소에서 젠더 주류화gender mainstreaming 전략의 일환으로 수립한 젠더 분석 가이드라인 https://eige.europa.eu/sites/default/files/mh0319271enn_002.pdf
이미지 생성 AI의 윤리에 관한 MIT Technology Review의 기사 https://www.technologyreview.com/2022/09/20/1059792/the-algorithm-ai-generated-art-raises-tricky-questions-about-ethics-copyright-and-security/
세계경제포럼World Economic Forum에서 발간한 포용적이고 공평한 AI에 관한 백서 https://www3.weforum.org/docs/WEF_A_Blueprint_for_Equity_and_Inclusion_in_Artificial_Intelligence_2022.pdf

참고문헌

김동식·김효정·박상민·조선미·동제연·고현승·신애리·김기성·김유진·김지선·홍영오·김낭희·심수진(2022).『2022년 여성폭력통계』. 여성가족부.

이희은(2018). AI 는 왜 여성의 목소리인가?: 음성인식장치 테크놀로지와 젠더화된 목소리.『한국언론정보학보』90: 126-153.

최문정·정소연·강동훈·임채경(2020).『인공지능(AI) 기술 연구 및 전문인력 양성 정책 특정성별평가』. 여성가족부. 연구보고서 2020-35.

Barfield, R.(2021). Computer Programing a Brief History. *Bricsys.* https://www.bricsys.com/blog/computer-programing-a-brief-history

Booth, R.(2019. 10. 25). Unilever saves on recruiters by using AI to assess job interviews. *The Guardian.* https://www.theguardian.com/technology/2019/oct/25/unilever-saves-on-recruiters-by-using-ai-to-assess-job-interviews

Collett, C., Neff, G., & Gouvea, L.(Mar 2022). *The Effect of AI on the Working Lives of Women.* UNESCO, Inter-American Development Bank, & Organisation for Economic Co-operation and Development. https://unesdoc.unesco.org/ark:/48223/pf0000380861

Deloitte(2021). *Women in AI.* Deloitte AI Institute. https://www2.deloitte.com/content/dam/Deloitte/us/Documents/deloitte-analytics/us-consulting-women-in-ai.pdf

Kelly, J.(2023. 3. 31). Goldman Sachs Predicts 300 Million Jobs Will Be Lost Or Degraded By Artificial Intelligence. *Forbes.*

https://www.forbes.com/sites/jackkelly/2023/03/31/goldman-sachs-predicts-300-million-jobs-will-be-lost-or-degraded-by-artificial-intelligence/?sh=7fec20d1782b

Kranzberg, M.(1986). Technology and history: "Kranzberg's laws". *Technology and culture.* 27(3): 544-560.

Moor, J.(2006). The Dartmouth College artificial intelligence conference: The next fifty years. *Ai Magazine. 27*(4): 87-87.

Natale, S.(2019). If software is narrative: Joseph Weizenbaum, artificial intelligence and the biographies of ELIZA. *new media & society. 21*(3): 712-728.

OECD.(2019. 5). OECD AI Principles overview. OECD *AI Policy Observatory.* https://oecd.ai/en/ai-principles

Patel, N.(2021. 12. 21). Reality or Fiction? Medium. https://medium.com/kabuni/fiction-vs-non-fiction-98aa0098f3b0

Schwab, K.(2016. 1. 16). The Fourth Industrial Revolution: what it means, how to respond. *World Economic Forum.* https://www.weforum.org/agenda/2016/01/the-fourth-industrial-revolution-what-it-means-and-how-to-respond/

Schiebinger, L.(2014). Gendered innovations: harnessing the creative power of sex and gender analysis to discover new ideas and develop new technologies. *Triple Helix.* 1(1): 1-17.

Schiebinger, L.(2022. 7. 18). Inclusive Design Will Help Create AI That Works For Everyone. *Stanford Institute for Human-Centered AI.* https://hai.stanford.edu/news/londa-schiebinger-inclusive-design-will-help-create-ai-works-everyone

Smith, P.(2023. 4. 18). Will Generative AI Disproportionately Affect the Jobs of Women?. *Kenan Institute of Private Enterprise.* https://kenaninstitute.unc.edu/kenan-insight/will-generative-ai-disproportionately-affect-the-jobs-of-women/

Stanford Institute for Human-Centered AI.(2023) *Artificial Intelligence Index Report 2023.* Stanford University. https://aiindex.stanford.edu/wp-content/uploads/2023/04/HAI_AI-Index-Report_2023.pdf

Wikipedia.(n.d.). Humanoid Robot. *Wikimedia Foundation, Inc.* https://en.wikipedia.org/wiki/Humanoid_robot

Yale University.(n.d.). Biography of Grace Murray Hopper. *Office of the President, Yale University.* https://president.yale.edu/biography-grace-murray-hopper

MEDIA HERSTORY

찾아보기

필자 소개(챕터순)

박동숙

이화여자대학교에서 영어영문학을 전공하고 신문방송학을 부전공했다. 미국 오하이오주립대학에서 석사학위를, 텍사스대학에서 1990년에 커뮤니케이션학 박사학위를 받았다. 이후 27년 간 이화여자대학교 커뮤니케이션·미디어학부 교수로 재직했다.

강혜원

이화여자대학교 언론홍보영상학부를 졸업하고 동 대학원에서 언론학으로 석사 및 박사학위를 받았다. 현재 성균관대학교 기업가정신과 혁신센터 연구원으로 재직 중이다.

정사강

이화여자대학교에서 불문학과 언론홍보영상학을 전공하고 동 대학원에서 언론학으로 석·박사 학위를 받았다. 현재 이화여자대학교 커뮤니케이션미디어연구소 연구위원으로 재직 중이다.

정영희

고려대학교에서 언론학으로 석·박사 학위를 받았다. 현재 고려대학교 정보문화연구소 연구원으로 재직 중이다.

이소현

한양대학교 신문방송학과를 졸업하고, 미국 캔자스대학교에서 영화·미디어학으로 석사 및 박사학위를 받았다. 현재 상명대학교 계당교양교육원 초빙교수로 재직 중이다.

한희정

한국외국어대학교 영어학과를 졸업하고 서울대학교에서 언론정보학과 석사학위를, 성균관대학교에서 신문방송학과 박사학위를 받았다. 현재 국민대학교 교양대학 부교수로 재직 중이다.

홍지아

이화여자대학교 신문방송학과를 졸업하고 CBS 기독교 방송에서 9년 7개월여를 PD로 일했다. 이후 미국 아메리칸 대학에서 영화학제작석사 학위를, 이화여자대학교에서 미디어 문화연구로 박사학위를 받았다. 현재 경희대학교 미디어학과 교수로 재직 중이다.

김해원

이화여자대학교 신문방송학과를 졸업하고 동 대학원에서 언론학으로 석사 및 박사학위를 받았다. 현재 땡스카본 주식회사 대표이사로 재직 중이다.

백지연

이화여자대학교에서 커뮤니케이션·미디어학 석사학위를 받았다. 현재 동 대학원 박사과정에 재학 중이다.

이재원

이화여자대학교 신문방송학과를 졸업하고 동 대학원에서 언론학으로 석사 및 박사학위를 받았다. 스포츠투데이 기자와 스포츠한국 부장, 텐아시아 편집장 등 15년간 기자로 일했다. 현재 이화여자대학교 커뮤니케이션미디어연구소 연구위원으로 재직 중이다.

최은경

성공회대학교 신문방송학과를 졸업하고, 영국 골드스미스 런던대학에서 TV저널리즘, 영국 러프버러대학에서 커뮤니케이션 정치경제학 박사학위를 받았다. 현재 한신대학교 평화교양대학 영상콘텐츠 전공 교수로 재직 중이다.

나은희

성균관대학교 가정관리학과를 졸업하고, 동 대학 언론정보대학원에서 문화콘텐츠, 한국외국어대학교에서 언론학 박사학위를 받았다. 1993년부터 20년간 텔레비전 방송 구성작가로 활동했으며 현재 전북대학교에서 강사로 활동 중이다.

최이숙

서울대학교에서 언론정보학 석사 · 박사학위를 받았다. 2011년부터 동아대학교 사회학과 강의전담 교수로 재직 중이다.

문현영

육군사관학교 영어과를 졸업하고 美조지워싱턴대에서 미국학 석사학위를 받았으며 美윌리엄앤메리대에서 미국학 박사학위를 받았다. 현재 육군사관학교 영어과에서 조교수로 재직 중이다.

김은진

부산대학교 신문방송학과를 졸업하고 같은 학교에서 석사와 박사 학위를 받았다. 현재 부산대학교 신문방송학과 강사로 재직 중이다.

이희은

이화여자대학교 신문방송학과를 졸업하고 서울대학교에서 언론정보학 석사, 미국 아이오와대학교에서 커뮤니케이션학 박사학위를 받았다. 현재 조선대학교 신문방송학과 교수로 재직 중이다.

박소영

미국 텍사스대학교 오스틴 캠퍼스(UT Austin)에서 미디어학 박사학위를 받았다. UT Austin 부속 연구소 Technology and Information Policy Institute에서 객원연구원으로, 중앙대학교 인문콘텐츠연구소 HK+ 연구교수로 재직했다. 현재는 조선대학교 신문방송학과 조교수로 재직 중이다.

〈여성커뮤니케이션 연구총서 19〉

미디어 허스토리 3.0

한국 사회와 여성, 30년의 기록

펴낸날 1판 1쇄 2023년 10월 31일

지은이 박동숙 · 강혜원 · 정사강 · 정영희 · 이소현 · 한희정 · 홍지아 · 김해원 · 백지연
이재원 · 최은경 · 나은희 · 최이숙 · 문현영 · 김은진 · 이희은 · 박소영

펴낸이 주소현

펴낸곳 이화여자대학교출판문화원

주소 서울특별시 서대문구 이화여대길 52(우 03760)

등록 1954년 7월 6일 제9-61호

전화 02) 3277-2965(편집), 02) 362-6076(마케팅)

팩스 02) 312-4312

전자우편 press@ewha.ac.kr

홈페이지 www.ewhapress.com

책임 편집 이혜지

디자인 신성기획

ISBN 979-11-5890-503-3 93300

값 28,000원